【白寿彝讲中国通史】

简读中国史

远古时代

白寿彝 口述
白至德 编

中国经济出版社
CHINA ECONOMIC PUBLISHING HOUSE
·北京·

图书在版编目（CIP）数据

简读中国史：精编典藏版．远古时代 / 白寿彝口述；白至德编．-- 北京：中国经济出版社，2025．8．
（白寿彝讲中国通史）．-- ISBN 978-7-5136-8205-3

Ⅰ．K209

中国国家版本馆 CIP 数据核字第 20251D1R77 号

责任编辑 张 丽
特约编辑 张 华 文 健 冯 雪
责任印制 李 伟
封面设计 刘树栋

出版发行 中国经济出版社
印 刷 者 涿州市京南印刷厂
经 销 者 各地新华书店
开 本 710mm × 1000mm 1/16
印 张 16
字 数 300 千
版 次 2025 年 8 月第 1 版
印 次 2025 年 8 月第 1 次
定 价 68.00 元
广告经营许可证 京西工商广字第 8179 号

中国经济出版社 **网址** http：//epc. sinopec. com/epc/ **社址** 北京市东城区安定门外大街 58 号 **邮编** 100011
本版图书如存在印装质量问题，请与本社销售中心联系调换（联系电话：010－57512564）

序 言

文明之经纬，史家之温度

“让历史成为沟通的桥梁，而非封闭的高墙。”这是著名历史学家白寿彝先生给自己的寄语，也是他历年来编纂历史著作的宗旨。

翻开这套简明中华通史，宛若面对一条奔涌千年的长河。从中华文明的曙光到辛亥革命的惊雷，从黄河岸边的粟粒到海上丝路的帆影，历史在纸页间舒展着它波澜壮阔的肌理。

这部皇皇巨著的背后，是一位九旬老人半个多世纪的守望——白寿彝先生以毕生心力凝铸的史学丰碑，既是对中华文明的深情回眸，亦是对后学晚辈的殷切嘱托。当我们翻开这套兼具史家风骨与文人情怀的历史著作时，触摸到的不仅是王朝更迭的脉络，更是一个民族生生不息的心跳。

1. 史笔春秋：从汴梁少年到史学泰斗

1909 年的开封城，白寿彝诞生于一个回族经学世家。幼年诵读《资治通鉴》时，他总爱在书页间夹入西域商旅的见闻笔记；青年时负笈燕京大学，又常携着《洛阳伽蓝记》去听顾颉刚的“古史辨”课程。这种跨越族别与地域的学术自觉，早早埋下了他日后“大历史观”的种子。他于1937年发表的《中国交通史》，以“驼铃舟楫”为线索，串联起华夏文明的血脉，被傅斯年称为“为通史写作凿开一扇新窗”。

抗战烽火中的云南大学成为白寿彝学术思想的熔炉。在与同辈或前辈经历战火而觅得一方学术净土之后，在师从顾颉刚、冯友兰研习中西哲学的间隙，他逐渐形成自己独特的治史理念：真正的通史不应是汉白玉碑刻，而应是彩陶——既要有中原文明的底色，也要有四方族群的纹样。这种思想在20世纪50年代酝酿，至20世纪80年代结出硕果：他主编的《中国通史纲要》一举突破了传统王朝史框架，将匈奴、突厥、契丹等民族的历史进程编织入中华文明经纬，开创了“多元一体”的叙事范式。

在动荡不安的岁月中，白寿彝确立了毕生志向：哲学追问终极真理，而历史揭示人间正道。正是这份抉择奠定了他日后“以史为镜，以文化人”的治学底色。恰如谭其骧所言：“白公之笔如绣娘穿针，在断裂处缝合出完整的文明图谱。”

2. 史观如镜：照见古今的智慧

白寿彝的史学大厦建立在三块基石之上：对司马迁“通变”思想的继承、对唯物史观的创造性转化，以及对民族史料的深耕。在他看来，历史分期不应是冰冷的年代切割，而应如观察树木年轮般辨析社会肌理。在中国封建社会形态研究中，他主张以土地制度、人身关系、文化认同三重维度来界定社会形态，为解读周秦之变、唐宋变革等重大历史转折提供了新范式。

白寿彝先生尤其擅长在宏大叙事中捕捉人性的温度。他考证郑和下西洋，不仅详述宝船建制，更从《瀛涯胜览》的字里行间看到水手们的乡愁；书写“安史之乱”，必兼及粟特商队带来的异域文明。这种“见制度亦见人”的笔法，让严耕望赞叹：“白公之史如《清明上河图》，既有汴河漕运的浩荡，也有市井斗茶的烟火。”

3. 破茧成蝶：通史写作的范式革新

这套简明中华通史的编纂体例，堪称传统史学与现代学术的完美交融。丛书以“文明演进”为主线，将这十一本书分为奠基（原始时代至先秦）、塑形（秦汉至隋唐）、融汇（宋元）、转型（明清）、觉醒（近代）五大阶段。每本书开篇的引言明晰地勾勒出时代气象，总结时代精神，令读者瞬间如回到历史现场。

4. 史观之光：在传统与现代之间

白寿彝的史学思想恰似一座飞架古今的虹桥。他推崇司马迁“究天人之际”的史家精神，却反对将历史简化为帝王将相的流水账簿；他吸收唯物史观的科学分析方法，却警惕机械的经济决定论。在《关于中国封建社会的几个问题》中，他主张以经济形态、政治制度、文化特征的复合变迁作为历史分期的依据，这一创见被戴逸喻为“为断代史研究开辟了新航标”。

白寿彝先生尤其重视历史书写的当代价值。20 世纪 80 年代，当“文化热”席卷学术界时，他谆谆告诫弟子：“切莫将五千年文明熬成一锅鸡汤，历史的真味在于启示未来。”这种“经世致用”的史学观，使他的著作既保有学术的严谨，又充满现实的温度。对此，季羡林感慨道：“读白老的通史，如同与智者对谈古今，字里行间皆是智慧的回响。”

5. 薪火新篇：写给当代人的简明通史

在“快餐式”阅读盛行的今天，这套简明中华通史犹如一坛陈年佳酿，需要读者静心品酌。它拒绝将历史简化为权谋故事的堆砌，而是引领我们思考：

江南圩田如何塑造了唐宋经济格局？元代的驿站制度怎样加速了东西方文明的碰

撞？明清小说的兴起与白银货币化有何隐秘关联……

这些问题的答案编织成理解传统中国的文化密码。

这十一本书恰似十一级台阶。我们跟随白寿彝先生的指引，从蒙昧初开的远古走来，在青铜器的饕餮纹中触摸商周的神秘莫测，于敦煌飞天的衣袂间感受盛唐的恢宏气度，最终站在黄河、长江之畔聆听现代中国的晨钟暮鼓。

这套书不仅是史学殿堂的里程碑，更是一把打开文明之门的金钥匙——当我们理解了过去如何塑造现在，也就懂得了未来将向何处延伸。

导 论

在本书开篇之前，我们对史学的基本知识要有个初步的了解，到底什么是史学？历史又是什么？史学的任务和范围是什么？学习和研究史学，需要从哪些方面着手，具体研究哪些问题？这一系列问题，将在下文加以说明和解答。

1. 史学

什么是史学？史学是指通过史料研究历史发展过程本身的学科。如果客观的历史是一个有机的发展过程，史料只是历史过程留下的一些残骸或遗迹，那么史学的任务就是通过历史的遗骸或残迹，去重新认识那些活生生的历史，并以文字为主要手段将它重现出来。这与电影的摄制和放映的原理颇为相似。客观的历史过程犹如演员的真实活动，史料犹如一些断断续续的电影片段，而史学的任务就是让历史的角色在史书的银幕上重新开始活动。因此，从史料到史学，是历史表现自身形式的一种飞跃，是人类对历史认识的一次升华。

从实际历史发展过程来看，自从有了人类和人类社会，人们就通过自身的生产生活留下了物质的遗迹；在文字产生以后，人们为了生产和生活的需要而记录了许多事情，并留下了文字记录。文字记录的日益增多，逐渐在空间、时间和事情本身上有了连续性。一旦这种连续性出现，就具备了撰写历史作品的可能性，因为史料的积累达到了一定程度。不论是在中国还是外国，编年体大事记往往都是由零星记录转向成熟的历史作品的过渡形式。这种情况正如动作连贯的一张张胶片顺序排列，就为电影的放映准备好了条件一样。

有了反映客观历史过程的历史作品，就开始有了史学。史学本身就包含历史观点、历史文献整理、史书编著和历史文学等内容。

通过以上分析，我们可以看到，史学本身就包含矛盾：史学就其内容而言是客观的，就其表述而言是主观的；史书的首要要求是如实，是符合客观历史的，而要达到这个要求的条件却在于史学家的主观，在于史学家治史能力的性质和限度。在一定的意义上甚至可以说，史学本身就是在这种矛盾不断展开的过程中发展起来的。不同时代、不同阶级的历史学家以不同的立场、观点、方法研究历史，写出不同的历史作品。他们之间，有沿袭，有变革，逐渐使史学有所发展。直到无产阶级的马克思主义唯物史观的出现，人们才真正获得了如实认识和重现客观的、有规律的历史的可能性。

我们研究史学，有必要正确认识和对待史学发展的过程。这个问题也就是正确认识和对待史学遗产的问题。

2. 历史

历史，就本身而言，是客观世界的发展过程。马克思、恩格斯在《德意志意识形态》一书中说过："我们仅仅知道一门唯一的科学，即历史科学。历史可以从两个方面来考察，可以把它划为自然史和人类史。但这两方面是不可分割的；只要有人存在，自然史和人类史就彼此相互制约。"

自然史是自然界永不停止地发展的客观存在。宇宙中的一切天体都处于不断运动变化之中，在空间和时间上是无限的，因而宇宙本身拥有无限的历史。但是，宇宙中每一个天体都有其从发生、发展到衰亡的过程，在空间和时间上是有限的。因而它们拥有有限的历史。空间和时间无限的宇宙，正是由无数个空间和时间有限的天体构成，宇宙的历史也就是无限和有限的辩证统一。

地球，是人类居住的家园。地球上的生命由地球上的非生命物质发展而来，生命是物质发展到高级阶段的表现。从非生命的物质发展成为具有新陈代谢机能的原始生命，需要很多亿年。再经过 30 多亿年从低级到高级的发展和分化，到距今约 300 万年前，地球上出现了直立行走且能制造工具的人类。

有了人类，就会有人类的历史。史学以人类历史为研究对象，当然与自然史也有着密切的关系。在人类历史发展的过程中，人与自然的关系和人与人的关系是始终存在的。人的劳动和自然界组合在一起，就是一切财富的源泉。自然界为人的劳动提供材料，人通过劳动把材料变成财富。生产活动是人类最基本的实践活动。人的认识主要依赖于物质生产活动。人们经过生产活动逐渐了解了自然现象、自然规律，以及人和自然的关系；经过生产活动，在不同程度上也逐渐地认识了人与人之间的相互关系。

作为在时间中发展的过程，自然史和人类史都有其一度性，即一去不复返的性质。但是，自然史和人类史也表现出巨大的差别。首先，自然界（如天体、地质、物种、气候等）的变化比人类历史的变化速度慢很多，在短时期内，甚至难以为人们所发现。其次，自然是没有意识存在的，自然界中的矛盾运动相较于有意识的人类社会来说，后者比前者无疑要更加复杂。自然科学家可以在实验室里使自然史上的现象相当准确地重现出来，而历史学家在人类历史上却看不到这样简单而又确定的重现现象。因此，史学工作者研究人类历史必须从社会发展客观过程的实事中研究其各种复杂的具体联系，以求得历史发展的规律。

3. 史料

人类过去的社会已经过去，而且无法重现。史学研究的基础是史料，即人类社会历史在发展过程中所遗留下来的痕迹。史料包括史迹遗存与文字记录或历史文献两类，它们各有特点，虽难以互相代替，但可以互相补充。

史迹遗存大体上可分为三种：一是遗址，指古代人的活动遗迹，如居址、村落、作坊、游牧民族活动遗迹等。二是墓葬。三是遗物，即历史文物。这些为研究人类社会历史的某些方面提供了大量的历史资料。

我国历史悠久，国土广阔，史迹遗存丰富。史迹遗存不仅可以补充文字记载的不足，纠正文献的谬误，还能增强人们对历史的实感性，对于没有文字记载的历史时期更是仅存的重要资料。

历史研究必须使用史迹遗存的材料，但这类材料具有很大的局限性，因此，在有文字记载的情况下，一般来说，必须以历史文献为主。虽然我国文献史料数量极多，但是外国人有关中国的著述及流散到国外的书籍和史料，也是不能忽视的。

文字记录的史料对历史研究具有十分重要的作用。正是由于文献史料的丰富，且具有高度的连续性和系统性，中国古代的灿烂多彩、可歌可泣的历史才得以在世界史上获得无可比拟的地位。文献的发现可以丰富或匡正人们对历史的认识。历来，史家都十分重视文献史料。治史不仅要依靠文献史料，还应以分析的态度对待它。

除历史、史料、史学方面的研究外，还有史学遗产的批判与继承，其中包括历史遗产和史学遗产、如何对待史学遗产、史学工作的继承和创新等。

中国是一个史学大国，拥有连续不断的、丰富厚重的史学遗产。所谓“史学遗产”，是指历史上流传下来的前人在史学活动中的创造和积累，是文化遗产的重要组成部分。把史学遗产从历史遗产中“分离”出来，并把它作为一个专门的学术问题和理论问题进行研究，白寿彝先生不仅开其先河，而且从理论上和研究对象上奠定了探讨这一领域的学术基础，因而产生了较大的学术影响。

首先，研究史学遗产，可以更具体、更深刻地理解史学在社会中的作用。

其次，研究史学遗产，可以逐步摸索出中国史学发展的规律。

最后，研究史学遗产，可以把历史上人们提出的一些史学问题视为当前研究的资料，丰富我们的研究内容。这些见解在今天看来仍有重要的启发意义。

马克思主义已经为史学工作开辟了科学的大道。老一辈的马克思主义史学家在许多方面做出了成绩，树立了榜样。新的、正在成长的马克思主义史学工作者应该自觉地承担起史学领域的继承和创新任务。

4. 史学的任务和范围

史学的任务是研究人类社会发展过程及其规律。它的范围包括历史理论、史料学、编纂学和历史文学。

历史理论，首先是史学领域的哲学问题，主要是指社会存在和社会意识的关系问题、人民群众在社会历史上的地位、历史进程有无规律可循的问题。

历史理论一：社会存在决定社会意识

马克思主义认为，人类社会的历史，归根结底，是物质生产和物质生产者的历史。这是“社会存在决定社会意识”在史学领域里更为具体化的运用。我们经常说的人民群众是历史的主人，就是这个意思。

历史理论二：物质生产和物质生产者的历史

唯物主义历史观认为，人类社会历史的进程是有规律可循的。辩证法就是“关于外部世界和人类思维的运动的一般规律的科学”。马克思主义经典作家写了大量著作，不仅总结历史经验，揭示社会的发展规律，引导国际工人运动不断发展，也指明了全人类向未来进军的道路和前进的方向。

历史理论三：社会历史之辩证的发展及其规律性

史料的运用、史书的编纂和历史的文字表述，都应该在史学理论的指导下进行。而且，无论史学家是否自觉地意识到这一点，事实上，他们就是这样做的。但史料的运用、史书的编纂和历史的文字表述都有其自身特点，都有相对的独立性，即有各自的理论、方法和作用。尽管它们还没有形成比较完整的科学体系，但在长期的实践过程中，已经具有了一定规模的雏形。因此，我们也可以分别称它们为史料学、编纂学和历史文学。

5. 重要的专题

与中国史学有关的九个方面：

（1）统一的多民族历史

① 关于中国民族史撰述的回顾；

② 党的民族政策和民族分布现状；

③ 统一的多民族历史的编纂。

（2）历史发展的地理条件

① 地理条件与历史发展；

② 中国地理条件的特点及其与中国历史发展的关系。

“历史发展的地理条件”首先从普遍意义的层面论述了地理条件与历史发展的关系，进而从理论的层面阐述了中国地理条件的特点及其与中国历史发展的关系，包括地理条件对经济、政治、民族、社会发展变化的影响。

（3）人的因素、科学技术和社会生产力

① 作为直接生产者的人；

② 科学技术和社会生产力。

“人的因素、科学技术和社会生产力”着重论述了中国历史上的直接生产者在不同时代所呈现的不同特点，这些特点都具备技术性和社会性两个方面；同时，还论述了科学技术与社会生产力的相互关系，以及中国生产史上的科学技术及其特点。

（4）生产关系和阶级关系

① 生产关系；

② 阶级结构和阶级斗争。

“生产关系和阶级关系”论述了生产关系、阶级结构和阶级斗争。比如，关于中国封建社会中多种生产关系的并存、封建社会阶级结构的等级制度，以及地主阶级在封建社会的社会矛盾中处于主体地位等。

（5）国家和法

① 国家性质和政权形式；

② 国家的职能；

③ 法。

“国家和法”论述了国家职能的起源演变，研究其发展规律，通过对国家职能的具体分析，肯定了它在历史发展中所起的作用。国家具有统治职能和社会职能，二者有不可分割的密切联系。

（6）社会意识形态

① 马克思主义关于意识形态的学说；

② 中国哲学、社会政治学说的历史发展；

③ 中国哲学、社会政治学说的特色。

“社会意识形态”论述了马克思主义关于意识形态的学说，以及中国哲学、社会政治学说的历史发展及其特色；唯物主义的优良传统，社会政治思想的革新进取精神，人性论及道德学说的丰富遗产。

（7）历史理论和历史文献

① 历史理论的探索；

② 历史文献和历史文献学。

“历史理论和历史文献”论述了历史理论的两个基本问题——历史的客观性和历史的可知性，进而，中国史学得以在其中探索；中国历史文献的发展和历史文献学的形成。

（8）史书体裁和历史文学

① 史书体裁的综合运用；

② 多体裁配合、多层次地反映历史；

③ 历史文学。

“史书体裁和历史文学”阐述了史书编纂体裁的具体构思，介绍了中国历史上各种优秀的史书编纂体裁的缘由，并说明运用多种体裁相互配合，突出多层次反映历史面貌的必要性；同时，反映了历史进程与历史发展的规律性、丰富性，力求达到贯通古今的目的和要求。

（9）中国与世界

① 中国历史的特点；

② 中国史和世界史。

“中国与世界”论述了中国历史的特点，即中国历史的延续性；国家统一的发展和巩固；中国史和世界史的关系，即中国史有结合世界背景考察之必要；中国史在世界史中的重要性。

综上所述，前六个方面是从物质到精神——从经济基础到上层建筑，再到意识形态的逻辑思维，并在历史唯物主义的指导下，对中国历史发展中的一些重要理论问题进行展开，取得认识；第七和第八两个方面结合中国史学遗产，阐述了对历史编纂中理论文献的体裁、表述等多方面的理论性认识，以及对这些方面的设想和要求。第九个方面阐述了对中国历史在世界历史中的重要地位的认识。

6. 创新的理论

运用历史唯物主义的基本原则，结合中国历史的实际发展，系统地论述了关于中国历史的一些重要理论问题，填补了中国历史研究和历史理论研究这两个方面的空白。具体的历史理论之突出创新，表现如下：

（1）关于中国历史的范围

中国是一个统一的多民族国家。中国的历史是中华人民共和国境内各民族共同创造的历史。

（2）关于中国历史上的统一问题

统一的多民族国家的形成必定要经过一个漫长的过程。我们的祖国出现过各种形式的多民族的统一，也有过很多次的分裂，但在分裂时也是具有统一性的。我们经历过的统一有单一民族内部的统一、多民族内部的统一和多民族的统一，多民族的统一又包含区域性的多民族的统一和社会主义的全国性的多民族的统一。

（3）关于中国历史的分期

历史分期是研究历史发展的重要问题。但对这个问题的讨论，基本上是关于中原地区奴隶社会与封建社会的分期问题。我们应当放开视野，努力在全国范围内考察这个问题，不要局限于中原地区。封建社会的历史很长，记载很多，对中国历史的发展影响也很大。我们应该重视封建社会内部的分期问题。近代史距离我们的时代近，与如今的现实关系十分密切，因此我们更应该重视近代史的分期。

历史上，我国各民族的发展是不平衡的，然而，不平衡是社会发展的正常现象。各民族之间的发展不平衡，一个民族内部的发展也不平衡，我们应当从不平衡的状态中掌握一个历史时期的整体性。

（4）关于地理条件与中国历史发展

中国的地域范围是在漫长的历史过程中逐步形成的。该地域范围内的地理条件及其变化，对中国历史的发展产生了很大影响。

中国地域辽阔，但经济文化的发展并不平衡，造成这种情况的因素是多方面的，而地理条件的复杂性便是主要原因之一。

中国地理条件之局部的独立性和整体的统一性的特点，是一个不可忽视的原因。

（5）关于人的因素、科学技术和社会生产力

生产活动是人类的基本活动。人类有了生产活动，才开始有了自己的历史。

中国历史上的直接生产者有农民、牧民、渔民、盐民、矿冶劳动者、林业劳动者，有各种手工业劳动者，还有车船等运输业劳动者及其他直接生产者。这些直接生产者在不同的时代有不同的特点。这些特点具有技术性和社会性两个方面。生产者和生产资料相结合的技术状况、生产规模和生产技术，都属于技术性方面，也属于社会生产力问题，而直接生产者的身份，即在生产过程中的地位，属于社会生产关系问题。就具体情况而言，直接生产者的技术性方面和社会性方面的特点是密切结合的。

（6）关于生产关系和阶级结构

在人类生产过程中，有人与自然的关系，也有人与人的关系。

在整个人类的历史发展过程中，不论处在任何历史时期，人们在生产中都形成了一种与当时生产力状况相适应的社会关系，即生产关系。它不仅是其他社会关系的决定因素，也是一切社会的基础。

在历史上，一定的生产关系的性质取决于生产资料所有制的性质。因此，每一种社会的生产、交换、分配及消费的性质，都是由生产资料所有制的形式而决定的。

随着社会生产力的发展，生产资料所有制的形式也在发生变化。

从原始社会到现在，人类的历史上相继出现过五种社会形态，即原始社会、奴隶社会、封建社会、资本主义社会和社会主义社会。每一种社会形态都是生产力和生产关系的矛盾统一体。在每一种社会形态里，都有与生产力发展相适应的最基本的生产关系，使这种社会形态与其他社会形态相区别。

在每一种社会形态中，往往不存在单一的生产关系，大多是两种及以上的生产关系并存。这些生产关系虽然对社会的变化和发展都各自产生一定的影响，但并不是所有的生产关系都能成为社会的经济基础而决定社会的性质。

鸦片战争以后，随着外国资本主义势力的侵入，中国社会经济开始了新的变化。这种变化需要一个漫长的历史过程，总的趋势是:一方面，封建地主经济依然保留下来，地主阶级仍然占有大部分的农村土地，仍然以种种特权和超经济来强制攫取农民的大部分收入，并且同放高利贷的、商人、买办、封建官僚勾结在一起，对农民及其他劳动人民进行剥削和压迫；另一方面，外国资本主义侵略势力霸占了中国的领土，勒索赔款，驻扎军队，开设银行、商行，控制海关和通商口岸，掠夺中国的各种资源，并向中国倾销大量过剩的商品，使中国经济日益走向殖民地化。与经济变化相对应的，社会的阶级结构也发生了新的变化，中国既保留着原来的基本阶级，如地主阶级、农民阶级等，也出现了一些新的阶级，如工人阶级和资产阶级。在一定的阶级内，仍保留着封建的等级制度，但也有新的阶层出现。

世家地主、门阀地主、品官地主、官绅地主，被视为封建社会中地主阶级变化的四个阶段。

（7）关于国家职能

国家是人类历史发展到一定历史阶段的产物，从国家产生的历史就可以看出其性质。

国家是在社会出现阶级之后，分裂出剥削者和被剥削者的时候才出现的。

国家的职能是国家发挥作用的具体体现。一个国家如何运用它的职能，直接关系到它的治乱兴衰。国家职能可分为两大类：一类是社会职能，另一类是统治职能。二者往往有着密切联系，不可分割。

简单地把剥削阶级掌权的国家看作一无所取，是不符合历史情况的。

（8）关于史书编纂的形式

回顾我国史书体裁发展的悠久过程，笔者深深感到：单一的体裁不足以反映我国历史的丰富性。我们应该发展综合运用的优良传统，多体裁配合、多层次地反映历史。

（9）关于中国与世界

中国史是世界史的重要组成部分，我们不能脱离世界史而单纯研究中国史。

在世界各文明古国中，中国文明发展的连续性是十分特殊的，主要表现在两个方面：一方面，中国作为一个政治实体在其发展过程中未曾为外来因素所中断；另一方面，中国文明在文化发展史上也未出现过断裂现象。

目 录

远古时代

这是从考古资料中探索到的、有文字记载之前的原始社会的状况。上起人类的原始社会，下与夏商周对接，涉及中国史前考古学及其相关学科研究对象的方方面面。

远古时代主要描述了我们的远古祖先（约公元前180万—公元前1万年）、新石器时代（约公元前1万—公元前3500年）、铜石并用时代（约公元前3500—公元前2000年）和周边地区（东北、甘青、东南、华南、西南）远古文化的辉煌。

在远古时代，中国境内已有分布广泛的人类活动，他们留下了原始社会的踪迹。

元谋人是中国远古遗存中所见最早的古人类，距今170余万年。这是现在所知的中国历史上最早的年代。之后，又出现了举世闻名的北京猿人，距今四五十万年。

母系氏族公社逐渐形成，距今四五万年。再之后，父系氏族公社的出现，替代了母系氏族公社，距今约5000年。

在原始社会时期，由于生产力水平低下，还没有出现剥削阶级，而是以生产资料公有制为生产关系的基础，共同生产、共同消费。

这是考古学家与历史学家联袂对中国远古时代撰述的成功尝试，这对重建真实与科学的中国远古时代具有极为重要的意义。

在中国考古学研究工作发展的历程中，考古学者不仅辛勤地耕耘，还做出了卓有成效的开拓工作。他们的理论创新为研究工作注入了新的活力。他们尽最大可能概括了考古学在远古时代的研究成果，坚持实事求是，从考古学文化入手，厘清了中国史前民族、文化以及社会的发展脉络。这在以往的史学撰述中并无先例，在考古学方面也是一项创举。

第一讲

环境与发展是一个极为重要的问题

中国地域辽阔，经济文化发展很不平衡，造成这种情况的因素是多方面的，其中，地理条件的复杂性是主要原因之一。

1. 相对独立的环境与走在一条封闭独立的道路上

中国地处欧亚大陆的东方。中国的西部、西南、西北分别有帕米尔高原、青藏高原、喜马拉雅山、阿尔泰山，绵延不断；北部为蒙古戈壁沙漠，浩然一片；东北为大兴安岭、小兴安岭和长白山，山脉相连；东部和东南是汪洋大海。其整体形成了一个相对独立的地理环境。

在这幅员辽阔的地理大环境内，西部和北部高寒干旱，远古的人类缺少生存和发展的必要条件，与外界交往更是困难重重；中部偏东的黄河中下游和长江中下游气候适宜，土壤肥沃，具备人类生存和发展的最佳条件，也就成为我国史前文化最为发达的地区。这些因素决定了我国史前文化起源的本土性，以及在世界诸史前文化中的独特性，并决定了在很长一段时期内，中国都在走一条比较封闭且独立的发展道路。

2. 多元化的史前文化之起源与不平衡的发展

我国的地势西高东低，山脉和河流的走向大多自西向东，这就形成了四个与纬度大致平行的自然区域，具体如下。

第一个自然区域是“塞北区”，大致是指我国东北地区、内蒙古自治区和新疆维吾尔自治区等地，均属温带气候，常年平均温度为 0 ～ 10℃，大部分地区的年降水量不足 400 毫米，为草原或荒漠，植物的年生长期一般少于 210 天。青藏高原虽然纬度低，但地势很高，自然条件比较适于农业或牧业的发展，现为牧区或农牧混交区。

第二个自然区域是“华北区”，是指长城以南至秦岭—淮河一线以北的地区，基本是黄河流域范围，均属暖温带气候，常年平均温度为 10 ～ 15℃，年降水量为 400 ～ 800 毫米，为半干旱地区，植物的年生长期为 210 ～ 270 天，现为旱地作物的主要产区。

第三个自然区域是“华中区”，是指秦岭—淮河一线以南至南岭山脉以北的地区，基本是长江流域范围，均属亚热带气候，常年平均温度为 15 ～ 20℃，年降水量为 800 ～ 1500 毫米，植物的年生长期为 270 ～ 300 天。该区域温暖湿润、四季分明，现为水稻的主要产区。

第四个自然区域是“华南区”，是指南岭山脉以南的地区，如福建南部、广东、广西南部、云南南部、海南岛、台湾岛和南海诸岛，均属热带气候，常年平均温度为 20 ～ 25℃，年降水量为 1500 ～ 2000 毫米，植物一年四季都处在生长期，是我国水稻和热带作物的主要产区。

上述四大自然区域内的地形、气候、水文、土壤、植被等都有很大区别，再细分下去，可分为若干个亚区。这种情况自然而然地决定了我国多元化的史前文化之起源与不平衡的发展。

3. 自然地理条件与远古历史的进程

人们对地理条件与历史进程之间关系的认识具有重大意义。

从历史发展的趋势来看，环境与发展是一个极为重要的问题。

在远古时代，我国的自然地理环境发生过巨大的变化，这个情况与世界上其他许多地区大致相同。在全国范围内，也和其他国家一样，发现了许多古冰川的遗迹。这些古冰川的遗迹大体可以分为五个时期：①龙川冰期；②鄱阳冰期；③大姑冰期；④庐山冰期；⑤大理冰期。这些冰期的年代范围是 300 万～ 1 万多年前。每一次冰期都会造成气温大幅下降，海平面迅速降低。随着地理环境的突变，诸多自然条件也发生变化，迫使动植物群落也发生极大的变化，特别是纬度较高的地区，变化尤为明显。但在每两次冰期之间的间冰期，气温又会明显上升，雨量也会明显增加。能够适应这种气象变化的喜温动植物，会更容易繁殖和生长。除此之外，在每一次冰期或间冰期，都会有较轻微的气候波动，而这种气候波动和由它引发的生态环境变化，都会给史前文化的发展和人类的迁徙带来意想不到的巨大影响。因此，人们对地理条件及其促使历史发展的进程，以及对它们之间关系的认识，其意义同样是巨大的。

那时，相对于世界上其他国家和地区而言，我国已经形成了一个独立的地理环境，这决定了我国史前文化起源的本土性。1929 年，在北京周口店第一地点发现了著名的北京猿人。德国人类学家魏敦瑞在仔细研究大量的北京猿人化石后指出，其体质特征至少有 12 项与蒙古人种相关联，铲形门齿就是最显著的特征。在中国境内发现的人类化石，无论是比北京猿人更早的元谋人、蓝田猿人，还是大体同北京猿人时代相近的早期智人，或更晚出现的晚期智人，它们的化石无一例外都是铲形门齿。在属于新石器时代的标本和现代中国人的标本里，铲形门齿占有极高的比例，高于其他种族。其他许多体征也有类似的现象。原中国古脊椎动物与古人类研究所研究员吴汝康（1916 年 2 月 19 日—2006 年 8 月 31 日）在比较了这些体征的相似性之后总结道：“上述这些在现代蒙古人种中出现率极高的体征，在中国发现的直立人、晚期智人中都较为常见。这就表明，它们与黄种人、现代中国人之间存在连续性，有着亲缘上的继承关系。当然，在漫长的人类发展过程中，他们必然也与其邻近地区有不间断的基因交流。”

所谓发展的连续性或亲缘的继承关系，换种说法就是，在人类发展史上，中国和邻近区域存在一个独特的体系，不是从其他任何地方的某种远古人类中派生出来的。这个体系能不能再往前追溯呢？人们注意到，在印度、巴基斯坦和我国云南省都发现过一种比较接近人类的腊玛古猿，在欧洲西南部和东非也发现过。1975 年，云南省发现了禄丰古猿化石，吴汝康认为，它“可能是接近于非洲大猿和人科成员的共同祖先的类型”。

中国既然存在接近于人类的古猿化石，又发现了非常早期的直立人化石，之后的发展更是自成体系。由此可见，中国在人类起源及其发展这个问题的研究上，处于十分重要的地位。

中国的地理环境决定了其史前文化起源的本土性和在世界诸史前文化中的独特地位，决定了它在很长一段时期内走在独立发展的道路上。

中国历史与世界历史的联系，并不单指中国历史与世界历史行程的相同与区别。中国远古历史的事实表明中国完全有可能是世界文明发源地之一。现在，我们只能这样说，要探索人类的起源，非洲和亚洲是最有希望的区域，其中也包括中国在内。因此，有人提出，中国（特别是中国西南地区）是人类起源的摇篮之一，并非没有道理。

中国的远古历史涉及两个重大的理论问题：一是从猿到人；二是从民族到国家。尽管它们是世界范围的课题，但都与中国远古历史密切相关。

第二讲

中国是人类起源的摇篮之一

1859年，达尔文出版发行了著作《物种起源》，明确提出人是由猿进化而来的，打破了上帝造人的神话；1884年，恩格斯发表《劳动在从猿到人转变过程中的作用》一文，科学地论证了猿能变成人的根本机制。从那以后，古人类学获得了长足的发展，其中，包括中国境内一系列人类化石的发现及其研究成果。

据考古发现，至少在180万年以前的中国大地上，就已经有了人类的足迹，此时期正是地质史上的更新世早期龙川冰期后的一个时期。

1. 人类的起源地应在非洲和亚洲

在很长一段时间里，我们只知道北京人是中国最早的人类，距今已有约50万年的历史。后来，又发现了蓝田人，距今已有100万年的历史。北京人和蓝田人都属于更新世中期出现的人类。贾兰坡于1957年提出，研究人员应该到更新世早期地层中去寻找更早的人类足迹。结果是，在更新世早期的地层中，陆续发现了西侯度文化、元谋人和小长梁石器，它们距今已有170万～180万年的历史。通过对西侯度石器的观察和研究发现，虽然当时的古人类在制作工具的技术和类型上都表现得古拙而原始，但他们已经开始注重选料，并运用不同的方法制造出了不同类型的石器。从这一点来看，他们应该已经经过了相当漫长的历史时光。因此，有些学者就提出，应该到更古老的地层中继续寻找，那里可能也会发现我国最早的人类遗骸。这是有科学根据的推测，应该抱有期望。

当今的非洲已经发现了更多和更早的古人类化石及文化遗存。其中，最著名的是在东非发现的能人，距今已有200万年以上的历史；在埃塞俄比亚阿法尔地区发现的石器则有260万年以上的历史。由此可见，根据目前所掌握的人类考古资料来看，大众认为的人类起源地应是非洲或亚洲，而非洲的可能性似乎更大一些。

2. 最早的人类及其文化

今天的人类是由类人猿发展和进化而来的，但究竟是由哪种类人猿进化而来的呢？是什么机制致使类人猿向人类转化呢？哪个地方最具备从猿转化为人的客观条件，才出现了最早的人类呢？这些一直是学术界极为重要的研究人类学的课题，然而，至今还没有取得一致的结论。

在所有古代类人猿中，旁遮普腊玛古猿是比较接近人类的。有的学者认为，它们是生活在1000万～1500万年前的古代类人猿，应是人类的祖先。旁遮普腊玛古猿于印度旁遮普地区被发现，在我国云南省开远市小龙潭及禄丰地区（开远腊玛古猿化石产地）也发现了类似的化石。不过，由于在禄丰石灰坝发现了大量的古猿化石，学术界已将其重新定名为禄丰古猿，其所在地层属最晚中新世，距今有700万～800万年。

禄丰古猿的化石数量多、形态完整，这在同类的古猿化石资料中极其少见，十分珍贵。经过整理和研究，已确定所拥有的禄丰古猿化石共有颅骨5个，下颌骨10个，颅骨和颌骨的碎片47块，上下齿列29组和牙齿650颗，还有肩胛骨和锁骨各1根，指骨2根。禄丰古猿的体征不但有雌雄之区别，还存在许多个体差异，呈现相当复杂的情况。但总体而言，有许多性状接近南方古猿和非洲大猿，也有一些性状接近巴基斯坦和印度的古猿与亚洲现代大猿，因此，禄丰古猿的化石为探索人类起源的谱系提供了重要的、全新的依据。

分子人类学的研究表明，人类绝不是由某一种古猿直接演化而来的，而应该是某种人猿超科不断分化的结果。现如今，考古发现和研究已经远远超过了过去的水平，但仍然不能完全搞清楚人类起源。到目前为止，探索人类的起源地这个课题，非洲和亚洲是最有希望的区域，也包括中国在内。因此有人提出，中国西南地区应是人类起源的摇篮之一，这是有一定道理的！在更新世早期的地层中陆续发现了西侯度文化、元谋人和小长梁石器，无疑给这种理论提供了有力的支持。

西侯度文化（西侯度遗址），是因发源地西侯度而命名的。西侯度村位于山西省运城市芮城县西北隅的中条山阳坡，黄河从它的西边和南边流过。西侯度村后的人疙瘩岭北坡中广泛分布着河湖相沙砾薄层和交错砂层，出土了一批石制品，共计 32 件。其原料主要为各色石英岩，也有少量的脉石英和火山岩，类型包括石核、石片和石器。这些石制品的打制技术比较原始，有锤击法、砸击法和碰砧法，都是我国北方旧石器时代早期常用的几种打制方法。石器种类已初步有所分化，可大致分为单面或双面的砍斫器、凹刃，直刃或圆刃的刮削器及三棱大尖状器等，多由石片加工而成，并以单面加工为主。到目前为止，它们是在我国发现的年代最早的一批石器。此外，还发现了带有切割痕迹的鹿角、烧骨和大量动物化石。这说明，当时的人类在猎取动物之后，会经过肢解、烧烤，乃至砸开脑髓果腹，食余的碎骨随地抛弃，而动物的长角则被加工为某种器具。共存的动物化石主要有鸵鸟、大河狸、刺猬、兔、纳玛象、李氏野猪、双叉麋鹿、晋南麋鹿、山西轴鹿、平额象、鬣狗、山西披毛犀、古板齿犀、三门马、三趾马、古中国野牛、粗壮丽牛、步氏羚羊和步氏鹿等，种类颇多，十分奇特。其中，绝属的占 47%，绝种的占 100%，并且有十分古老的步氏羚羊种属，因此，它们被定为更新世早期的西侯度组。根据古地磁法的测定，西侯度组的年代距今已有 180 万年。

西侯度只发现了人类的文化遗物，并没有发现人类自身的遗骸，而在云南省元谋县上那蚌则两者兼有，发现了元谋人及其文化的遗址（元谋人文化遗址）。这里提到的上那蚌位于云南北部元谋盆地的东缘，是个由棕褐色黏土构成的小山丘，四周被冲沟包围，南边有那蚌河流入龙川江（金沙江的支流）。在那里，研究人员发现了 2 颗人类牙齿的化石、若干石制品、带有人工痕迹的动物骨片、烧骨和大量的动物化石，出土层处于元谋阶第 4 段下部的第 25 层，属更新世早期，距今已有 170 万年。发现的那 2 颗人类牙齿的化石应属同一个体（一个人）的上中门齿，石化程度很深，形体相当粗大，磨蚀程度不高，切缘刚露出齿质，并呈现浅灰色，很可能是一位青年男性的牙齿。这 2 颗牙齿的特征是齿冠基部肿厚，底结节发达，呈圆丘状隆起，有发达的指状突，舌面有铲形舌窝，基本形态同北京直立人比较接近，却又具备一定的原始性，应为早期直立人，或由南方古猿纤细型向直立人过渡的一种形态。因此，被命名为元谋人（*Homo erectus yuanmouensis*）。

在云南省元谋县上那蚌发现的石制品，基本是石英岩打制的刮削器，也有尖状器和石片，主要用锤击的方法制成，加工方法粗糙。随之发现的大部分是哺乳动物的肢骨碎片，其中也不乏明显的人工切削的痕迹，说明元谋人同样会用器具分割猎物。除此之外，还有一些烧骨和大量炭屑，由此看来，元谋人和西侯度文化的主人一样，都已经懂得了用火。懂得用火对于人类来讲，是极其重要的、巨大的进步。值得一提的是，那里发现的大量哺乳动物化石主要有云南马、爪蹄兽、野猪、水牛、纤细原始鹿、剑齿象、豪猪、竹鼠、鬣狗、斯氏水鹿、云南水鹿、山西轴鹿、最后枝角鹿等，它们大多为食草动物。对植物孢粉的研究表明，松属占 33%，桤木属占 13%，草本植物则占 40%，其中，有禾本科、藜科和艾属等草甸植物。由此看来，只有当时的气候温和适宜，才能见到森林、草原等诸多美好景象。

在河北省张家口市阳原县小长梁地区（小长梁遗址）发现了石器，这是华北更新世早期的标准地层泥河湾组中的遗留。石器的原料以燧石为主，也有脉石英、石英岩和水晶，其是用锤击或砸击的方法制作而成的，其中有不少石片尚未经过加工便直接使用了，现如今，依旧能看见清晰的使用痕迹。石器用来刮削、砍砸等，但形体都比较小，个别的制造有所进步。小长梁遗址发现的石器，所在地层较厚，跨越时间较长，还可能存在年代较晚的石器。与小长梁石器伴生的有鬣狗、三门马、三趾马、腔齿犀、古菱齿象、羚羊、牛类和鹿类等动物，但大多是已经灭绝的动物，由此可见，石器产生的年代应该是更新世早期。

继小长梁石器被发现之后，1981 年，在河北省泥河湾盆地对岸的东谷坨西北侧又发现了一处面积极大、遗物十分丰富的石器地点。石器发现于距地表约 40 米深的灰绿色砂质黏土和黄绿色粉砂互层靠下部的黏土层中，下层与侏罗纪砾石不整合地接触着。据测定，其距今约有 100 万年，可能属于更新世早期到中期的交界期间。在那里发现的石制品有石核、石片和废弃的碎屑。石器以刮削器最多，类型也很复杂，还有不少尖状器，砍砸器比较少。总体特征是体积较小，加工较精细，已经可以分出明确的类型。很显然，这不是最早的石器。与同时或稍早的石器相比，显而易见地不同于西侯度和元谋县上那蚌的石器，而与附近的小长梁遗址的石器十分相近。鉴于东谷坨石器最为丰富，故称之为东谷坨文化。

中国旧石器时代的人类化石和物质文化的发展，既有明显的阶段性现象，又有不平衡的现象。以人类化石为例，从早到晚，属直立人的有元谋人、蓝田人、北京人、和县人、郧县人、郧西人等，属早期智人的有马坝人、大荔人、长阳人、许家窑人、丁村人等，属晚期智人的有柳江人、资阳人、山顶洞人、河套人等。可以说，我国人类化石代表了人类体质发展的所有阶段和全过程，还有一些过渡形态。辽宁省营口市大石桥市金牛山遗址所处的地质年代应为更新世中期，一般来说，那是直立人生活的年代，而金牛山人虽有一些直立人特征，但大部分与早期智人相似，应是体质特征进化最快的代表之一。

3. 中华民族的起源以及国内外之纷说

对于中华民族的起源这个问题，一个多世纪以来，曾有多种说法，至今未有定论。不过，目前古人类学与旧石器时代考古学界已公认：在从猿到人进化的过程中，腊玛古猿和南方古猿是人类的直系祖先。自 20 世纪 60 年代在云南发现了腊玛古猿化石之后，1975 年，在云南禄丰也陆续发现了腊玛古猿化石，此处不仅化石的数量多，而且至今是世界上唯一发现腊玛古猿（雌性禄丰古猿）头骨的地点。

1987 年，又在云南省元谋县小河村蝴蝶梁子发现了蝴蝶腊玛古猿。在地理上，它与元谋直立人发现的地点相距很近。近年来，在湖北省建始县、巴东县等地方也发现了南方古猿化石。1990 年 5—6 月，在湖北郧阳区曲远河口学堂梁子又发现了一个人类头骨化石，经初步研究断定，与 1989 年 5 月在同一地点发现的人类头骨化石属于同一类型，定名为郧县人。在郧西也发现过直立人化石；距湖北省十堰市郧阳区、郧西县不甚远的陕西蓝田县也发现了蓝田直立人。这些从猿到人相衔接的各个环节的发现，加上其他多处直立人的发现，证实了我国应是人类起源的地区之一，中华民族绝非来自中华大地以外的任何一个地方。

那么，在中华大地上，中华民族是从一个中心起源，还是从多区域起源发展的呢？司马迁在《史记·五帝本纪》中综括先秦史料，叙述共工、驩兜、三苗、鲧有罪，“于是舜归而言于帝（尧），请流共工于幽陵，以变北狄；放驩兜于崇山，以变南蛮；迁三苗于三危，以变西戎；殛鲧于羽山，以变东夷”。这种古代的正统观影响非常深远，是关于中华民族起源的一元说。

自17世纪起，欧洲开始有人提出，中国人种与文化应该是来自埃及。这是欧洲人主张中华文明“西来说”最初的假说。到19世纪，法国的东方学学者拉克伯里提出，中国人种与文化来自巴比伦的巴克族。20世纪二三十年代，瑞典地质学家、考古学家安特生依据中国仰韶文化彩陶艺术的某些图案与西方某些新石器文化中的彩陶风格有相似之处，便断言，仰韶文化是由西方传播而来，首先开化于中国的新疆，然后才东移并发展于中原地区。这就是关于中华文明与中华民族的“新西来说”。由于安特生对中国新石器时代考古学做出过开拓性贡献，其假说曾流行一时；随着考古学的发展，安特生后来对其“新西来说”有所纠正。此外，还有关于中国人种与中国文化起源于中亚、南亚等说法，均可归入“西来说”；起源于缅甸、印度尼西亚等处，略可称为“南来说”；起源于西伯利亚等处，可称为“北来说”。凡此种种，均可概括称为关于中国人种与中国文化的“外来说”，其中以“西来说”最为流行。

上述各种“外来说”的产生，一方面受当时流行的学说与方法论的影响，另一方面受西欧中心史观的支配，同时也受限于当时的学术水平与资料的缺乏。这些假说提出之后，当时在中国与西方已受到了驳难，终因考古资料的贫乏而未能消除其影响。

在当代，关于世界文明起源的学说有很多，其中，英国考古学家格林·丹尼尔在《最初的文明：关于文明起源的考古学研究》一书中认为，世界上有六大文明是独立起源的，即美索不达米亚（两河流域）、埃及、印度、中国、墨西哥（包括奥尔密克文化和玛雅文化）和秘鲁。值得注意的是，丹尼尔所举的六大文明中，中华文明既不像两河流域与埃及那样地处五海三洲相接、四通八达之区，因希腊、罗马文明受其启发而臻于发达，与印度文明也有着较密切的联系；也不像美洲印第安文明那样被两大洋隔绝，在哥伦布发现新大陆之前不为世人所知。尤其令人瞩目的是，在上述六大古老的文明中，唯独中华文明从起源发展到今天，一脉相传，从未中断。中华民族这种独树一帜的特点，在起源时代就已经萌芽了。

有了人类，就开始有了人类的文化。正如中国的远古人类化石有其自成体系的特征一样，中国的旧石器文化也有其自成体系的特征，而且表现得更为鲜明。“多年积累的旧石器材料，已使我们认识到，虽然在不同时期存在反映区域特点的文化，但以向背面加工的小石器为主的组群，分布于我国南北方的各个文化发展阶段，成为我国颇具特色的旧石器文化发展的主体，使华北是否存在两个平行发展的文化传统、我国南北方旧石器文化的异同的趋势等问题的讨论成为可能。”这一阐述很好地表述了中国60余年来旧石器时代考古的主要成果。一是中国旧石器文化发展的基本特征是“以向背面加工的小石器为主的组群”；二是“华北地区两个平行发展的文化传统”现象，表明中国旧石器文化传统问题的研究与古人类化石传统问题的研究相互照应。这是一个良好的开端，并且为今后的研究打下了扎实的基础。

华北的所谓周口店第一地点——峙峪是出现小石器最早的地区。辽宁海城小孤山有很好的骨器，其中带鼻的骨针可与北京山顶洞人的骨针媲美，而年代却比山顶洞人早许多，说明当时文化的发展是不平衡的。

旧石器时代的人类生产力水平低下，活动范围有限。但由于时间久远，有些文化因素也可以在不知不觉中传播到很远的地方。如四川省一般不出细石器，而那里的富林文化却有大量北方风格的细石器，这显然是文化传播的结果。由于中国东北的旧石器文化有时表现得比较先进（如金牛山人和小孤山文化），对周围的影响自然会比较大些，如朝鲜和日本的旧石器文化就曾受中国东北旧石器文化的影响，甚至有人类迁移过去。

第三讲

从蓝田人到北京人

地质史进入更新世中期，距今大约 100 万年，这个时期的中国史前文化已经有了一个较大的发展。在相当丰富的人类化石和文化遗存中，最重要的是较早时期的代表——蓝田人及其文化以及较晚时期的代表——北京人及其文化。

1. 蓝田人：较早时期的代表

1963—1964 年，在陕西省蓝田县发现了猿人的头盖骨、上颌骨、下颌骨和 3 颗牙齿化石，还有旧石器和动物化石。这里的猿人被称为蓝田猿人，距今五六十万年。

较早时期的代表因为是在陕西省蓝田县被发现的，所以称为蓝田人。发现的具体地点是蓝田县的公王岭和陈家窝，具体时间分别是 1963 年和 1964 年。

公王岭是在蓝田县城东南 17 千米处的一个小土岗，前临灞河，后依秦岭。登上这个小土岗，即可发现砾石层，厚约 30 米，它的上面覆盖着大约 30 米厚的红土。红土下部夹有两层埋藏土，埋藏土间发现了一个比较完整的 30 岁左右的女性的头盖骨（头骨壁极厚，额部明显后斜，前额低平，没有额窦，眶上圆孔硕大粗壮，在眼眶上方几乎形成一条横行的眉嵴，圆枕两侧向外延展，向后明显缩窄，头骨高度较小，脑容量为 778 毫升）和 3 颗牙齿化石，还有石器和许多动物化石。

在陈家窝还发现了一个比较完整的老年女性的下颌骨化石，具有很多的颏孔，有明显的联合部突起和联合棘，下颌明显向后倾斜并有明显的颏三角，但从整体来看，要比在公王岭发现的头骨所显示的稍有进步。由于二者的主要特征基本相似，可以定为同一类型，统称他们为蓝田直立人（*Homo erectus lantianensis*）。据古地磁法测定，公王岭和陈家窝之蓝田人，分别距今已有 98 万年和 53 万年，或者是 110 万～ 115 万年和 65 万年。

在蓝田人发现地伴有石核、石片和石器，其中石器呈大尖状、大型多边砍斫状、中小型多边砍斫状和单边砍斫状，还有刮削器和石球等。石器使用的主要原料是石英岩和脉石英，加工的技术较粗糙，有单面加工和交互加工的，器形也多不规整，对原石料的利用率相当低。石器共有 34 件，可见当时的石器制作技术仍然处于比较原始的水平。发现的动物有三门马、大熊猫、鼢鼠、李氏野猪、葛氏斑鹿、中国鬣狗、东方剑齿象、剑齿虎、中国貘、爪兽、硕猕猴和兔等，并有着鲜明的南方动物群特色。根据动物群及其所在的地层判断，应为中更新世早期。

再说匼河石器，其特点为个体较大，类型较明确，与蓝田人石器相比，有着不少相似的地方，应该是同蓝田人一起发展起来的石器文化。

匼河石器，顾名思义是在山西省芮城县黄河岸边一个叫匼河村的地方发现的石器。1959 年在这个村落发现了若干个石器的地点，并于 1960 年在其中的 11 个地点共发掘出石制品 138 件，以及烧骨和许多哺乳动物化石。除其中的一个地点是发现于红色土之下的泥灰岩层中外，其余的地点都是发现于红色土之下的砾石层中。前者很少受水冲磨，而后者则多有不同程度的冲击与摩擦的现象。石制品的原料极少数为脉石英，绝大多数是来自当地河滩的石英岩砾石，不少制品还保留有原砾石的岩面。匼河石器的制作方法主要是锤击和碰砧，也有砸击，有的用原砾石的平面作台面，有的则用已打过石片的疤痕作台面。石片大多宽短。石器成形为砍斫、刮削、大三棱尖状、小尖状器和石球等，大多是用石片加工而成，也有用石核制成的，如石球等石器。其中的砍砸器又分单面刃和双面刃；刮削器多为单面加工，即从劈裂面向背面加工而成。在匼河村发现烧骨 1 块，其表面呈灰褐色，骨壁中呈灰蓝色或黑色，应是用火烧过，此为用火之证据。

在匼河石器发掘处还发现了动物化石，如披毛犀、三趾马、肿骨鹿、斑鹿、剑齿象、纳玛象、水牛和野猪等，与蓝田人的年代接近，也应属于中更新世早期。

2. 较晚时期的北京人

在河北、山西、河南、湖北、贵州等省份，也都有中国猿人遗迹的发现。举世闻名的是北京猿人。

在北京西南郊发现的北京猿人，距今有四五十万年。新中国成立前后，经过十数年的发掘，北京发现了丰富的猿人化石及其文化遗存。1966 年，在北京再次发现了 1 个比较完整的头盖骨化石。到目前为止，这里先后发现了不同年龄和性别的属于 40 多人的人骨化石、10 多万件经过人工打击的石片、石块、石器及 100 多种动物化石，还有用火的遗迹。

北京猿人的体质结构已经具备了人的基本特征，但仍然遗留着一些猿类的性质。他们的身材较矮，男性平均身高 1.558 米，女性平均身高 1.435 米。他们的面部比现代人稍短而嘴巴却特别前伸，没有下颏，前额比现代人低平，向后倾斜。他们的脑壳大约比现代人厚一倍。头盖靠下部膨大，上部收缩。平均脑容量为 1075 毫升，约相当于现代人平均脑容量 1400 毫升的 77%，而比现代类人猿的平均脑容量 415 毫升大 1 倍以上，比蓝田猿人的脑容量 780 毫升也要大一些。他们脑部结构的完善程度更是现代类人猿所不能比拟的。北京猿人的眼眶上缘有两个互相连接的粗大眉骨，遮着两眼，鼻子扁，颧骨高突；牙齿粗壮，齿面的构造也比较复杂。

北京猿人的下肢骨已经基本上具备了现代人的形式，他们的股骨在大小、形状、比例和肌肉附着的地方都与现代人的股骨相似，但还有若干原始性质。他们的骨壁比现代人的厚，而髓腔较小。他们的股骨中段，左右直径略大于前后直径，与现代人之前后直径大于左右直径者不同，这一点是接近猿的。北京猿人虽然已经能够直立行走，甚至善跑，但多多少少还有点儿屈膝。

在长期的劳动中，北京猿人的手因适应复杂的动作变得灵巧。他们上肢骨的肱骨、锁骨和月骨都具有现代人的特征。但肱骨仍有一点原始性，那就是髓腔较小、管壁较厚。依脑内膜的研究，北京猿人的大脑左侧比右侧大，说明他们常用右手劳动，这一点从使用的石器上也可以得到证明。

北京猿人身体各部分发展的不平衡性，是由于他们在劳动中之不同情况而形成的。手的劳动引起上下肢的分工，上肢就比下肢发展得快。脑的发展是随着手的劳动和四肢分化而逐渐发展的，因而北京猿人头部的原始性质就更明显些。劳动在人体发展过程中所起的作用，证明了恩格斯所说“劳动创造了人本身”这一真理。

北京猿人已经能够制造、使用工具，他们使用的工具有木器、骨器，更多的是石器。他们制作石器已经有了多种不同的方法，用一块石头去敲击或垂直砸击另一块石头，或拿一块石头在另一块较大的石头上碰击，从而打下大量可用的带刃石片，并修制出各种石器。大部分石器是石片经过单面修理制成的。只有一部分是石片未经修理就直接拿来使用的。根据不同的形状和用途，石器大致可分为砍斫器、刮削器和尖状器等类型。有的石器可以用来砍斫和修制狩猎的木棒，有的石器可以用来割兽皮和兽肉。北京猿人制造和使用的工具，证明他们与动物有了本质的区别，在走向人类的道路上已经经历了漫长的过程。

在北京猿人住过的山洞里发现了很厚的灰烬，有的成堆，有的成层。灰烬里有火烧过的一块块颜色不一的兽骨和石头、一粒粒朴树籽以及紫荆树木炭块。看来，他们经常在这里烧烤兽肉，并且已经能够保存火种，使用火和管理火了。

火的使用使北京猿人可以制熟食，从而缩短消化食物的过程，有利于从食物中吸收更多的营养，促进体质的进步和健康。同时，火可用于御寒、防御猛兽侵袭，并能有效地帮助狩猎。

北京猿人彼此之间已经产生了其他动物所没有而且也不可能有的联系——共同制造工具、共同使用工具，并且在共同劳动的过程中产生了语言。北京猿人脑膜上语言区部位的隆起，表明他们已经有了语言。语言是劳动、共同劳动的产物，反过来，它又可以促进人的机体完善化，尤其是对人的头脑发展有很大影响。狩猎和采集是北京猿人主要的生产活动。在他们住过的山洞里发现大批被打碎或被烧过的鹿类骨头，可见鹿是他们经常狩猎的对象。他们最得力的狩猎武器可能是火把和木棒，木棒虽然没有被保存下来，但由于发现了很多砍斫器和适于刮削木棒的大型凹刃刮削器，可以间接证明。

北京猿人的生活是极其艰苦的原始集体生活。他们不仅要用原始的劳动工具、贫乏的劳动经验、简单的劳动协作，去对付自然界的种种灾难，抗击猛兽的频繁袭击，还要去猎取必要的食物。在我们发现的 40 多个个体的遗骨中，他们的寿命一般都不长，约有 1/3 的人活不到 14 岁就死去了。

比蓝田人及其文化较晚时期的北京人及其文化，更为丰富多彩。

瑞典地质学家安特生于 1918 年来到周口店鸡骨山，发现了许多哺乳动物的化石。1921 年，安特生等再一次来到鸡骨山，并在鸡骨山北约 2 千米的龙骨山找到了一个化石更为丰富的新地点。1927 年正式发掘开始了。1929 年 12 月 2 日，由裴文中发现了完整的直立人头盖骨，此后发掘工作一直延续到 1937 年。

新中国成立后，考古活动更富有活力。考古工作者对周口店遗址又多次进行了发掘，前后发现了 6 个比较完整的人头盖骨化石以及大量的头骨碎片、肢骨和牙齿化石等，代表 40 多个不同年龄和性别的个体。同出的石器和石制品数以万计，还有大量的烧骨、成堆的灰烬、被烧过的石头和朴树籽等，伴出的动物化石达 100 余种。北京周口店的第一发掘地点，至今仍为我国发现的资料最丰富的旧石器时代早期遗址。北京人显然比蓝田直立人进步一些，但仍属于直立人范畴，被命名为北京直立人（*Homo erectus pekinensis*）。

当时，与北京直立人伴生的动物化石达 115 种，称为周口店动物群。其中有中国鬣狗、肿骨鹿、梅氏犀、水獭、剑齿虎、三门马、李氏野猪、硕猕猴、葛氏斑鹿、德氏水牛、居氏大河狸、转角羚羊和豪猪等，现已绝种的动物占 63%。这个动物群代表的年代大体上相当于更新世中期。

周口店第一发掘地点的堆积厚达 40 米，按其质地和颜色又可分为 13 层，这是经过很长的时期才形成的。依据古地磁法、热释光法、裂变径迹法和铀系法等多种方法测试的结果，其年代距今 23 万～ 71 万年。在此时期内，人类经历了三个主要的活动期：

（1）第一活动期的文化层主要在第 8 ～ 9 层，少量在第 10 层；

（2）第二活动期主要在第 4 层；

（3）第三活动期只在表层的局部地方。

每个活动期也许还有几个小期，如第一活动期还可细分为几个小期，而期与期之间在年代上并不连续，很难说后来的北京人一定就是此前居于同一洞穴的北京人的子孙，更不能简单地用洞穴中发现的全部人骨化石所代表的 40 多个个体，来估算北京人实际社会群体的大小。由于时间很长，因此每次进入洞穴居住的人数和连续居住的时间都无从查考；每次居住的气候条件和自然环境也都有可能发生较大的变化。据分析，最初住人的约前 70 万年，到最后住人的约前 23 万年，大致发生过 4 ～ 5 个冰期旋回的气候变化，每个旋回包括温暖的间冰期和相对寒冷的冰期。而下文化层、上文化层和表层大致处在间冰期内。总的变化有大陆性气候程度逐渐加强的趋势。

3. 我国广泛分布着的直立人

我国的人类起源与进化，自直立人（猿人）到早期智人（古人），再到晚期智人（新人），每一个进化的阶段都延续着，从无断缺；从旧石器时代到新石器时代，远古居民的体质基本上是在蒙古人种主干下发生和发展的。

在我国广泛分布着直立人的踪迹。直立人距今有百万年以上，为人类进化的最早阶段，也被视为直立人的早期阶段，而中晚期阶段，应在数十万年前。

（1）元谋直立人，距今 170 万年，为我国已得到确认的年代最早的古人类。

（2）蓝田人，距今约有 100 万年（前文已叙述）。

（3）郧县人，1975 年在湖北省十堰市郧阳区梅铺龙骨洞发现了 4 颗古人类牙齿化石，鉴定为直立人遗骸，属于直立人早期。还有 1990 年在郧阳区曲远河口学堂梁子发掘出土的 1 个古人类头骨化石和 1989 年在同一地点发现的古人类头骨化石，经鉴定为直立人类型，定名为郧县人。

（4）北京人，在全世界同一阶段人类的遗址中，其材料最为丰富（前文已叙述）。

（5）和县人，1980 年发现于安徽省和县龙潭洞。年代与北京人相近，比北京人略有进步性。

（6）金牛山人，1984 年发现于辽宁省营口市永安乡金牛山，其头骨形态较北京人有进步，而与大荔人比较接近，伴生的古生物物种未越出早更新世。目前，尽管将金牛山人谱列于直立人还是早期智人未定，但这对于我们研究从直立人到早期智人的过渡具有重要的意义。

1979 年，在距发现金牛山人不远的辽宁省本溪市庙后山发掘出的古人类化石，其形态与金牛山人接近，两者都是东北地区目前已发现的最古老的人类。此外，在安徽省巢县、山东省沂源县、河南省淅川县和南召县、贵州省桐梓县等都发现了直立人化石，这些也属直立人中晚阶段。

早期智人，又称古人。从我国的材料来看，这一阶段的人类生活在距今 4 万～ 10 万年以前。早期智人有大荔人，其与金牛山人大体同时存在，在陕西省大荔甜水沟被发现。那是一个基本完整的头骨化石，为一个 30 岁以下的男性。头骨粗壮厚实，属长头型，颧骨不高，眉嵴厚重，额骨低平，额部后倾，头顶有矢状脊，骨壁厚度大于北京人的平均值，脑容量约为 1120 毫升，应属早期智人的一种古老类型，被定名为大荔智人（*Homo sapiens daliensis*）。与大荔人同出的石器多以石英岩和燧石为原料，多用锤击法打制，器形主要是包括直刃、凹刃和凸刃等在内的各种刮削器，个体较小，加工也比较简单。伴出的动物化石有鸵鸟、肿骨鹿和古菱齿象等，应该在中更新世末期或晚更新世初期。

还有许家窑人，他们被发现于山西省阳高县许家窑的黄绿色黏土层中，有顶骨 11 块和枕骨、颌骨、牙齿等，分别属于 10 多个不同年龄和性别的个体；其体质特征是骨壁较厚，顶骨曲度介于北京人与现代人之间，脑动脉分支比北京人复杂，后肢比前肢长；枕骨圆枕不像北京人那样宽而突出，位置也比较高；上颌骨粗壮，吻部仍然前伸，但不及北京人那样显著；牙齿粗大，嚼面纹理比较复杂，同样是在由猿人向早期智人过渡的阶段。同出的还有大量石器、骨角器和动物化石。石制品非常丰富，前后发现 3 万多件，以脉石英、燧石、火山岩等为原料。制法以锤击法和砸击法为主，打下的石片一般较小。石器器形有刮削器、尖状器、石球、雕刻器、石钻、小型砍砸器等，其中石球发现 1500 余件，成为许家窑文化的一个重要特色。许多骨片有锋利的刃口，刃部有时还有加工痕迹，当为骨器，也有少量角制品，种类大约有刮削器、尖状器、三棱尖状器和镞形器等。伴生的动物化石有鸵鸟、古菱齿象、披毛犀、许家窑扭角羊等，应该在中更新世末期或晚更新世初期。

此外，丁村人，发现于山西省襄汾县丁村；长阳人，发现于湖北省长阳土家族自治县；马坝人，发现于广东省曲江县（现韶关市曲江区）马坝。

晚期智人，又称新人。生活在距今 1 万～ 4 万年以前。在我国已发现的范围远比直立人与早期智人更为宽广，如山顶洞人、峙峪人（发现于山西省朔县峙峪）、河套人（发现于内蒙古自治区乌审旗萨拉乌苏河一带）、哈尔滨人（发现于黑龙江省哈尔滨市阎家岗）、安图人（发现于吉林省延边朝鲜族自治州安图县）、建平人（发现于辽宁省建平县）、柳江人（发现于广西壮族自治区柳江区）、兴义人（发现于贵州省兴义县）、丽江人（发现于云南省丽江市）、东山人（发现于福建省东山县）、左镇人（发现于台湾省台南市左镇）。

上述的直立人中，元谋人地处金沙江南岸，属长江上游；其余的比较集中于黄河中游和长江中游。早期智人比较集中于黄河中游的黄土高原。晚期智人的分布极为广泛，西南至云贵，东南至闽台，东北至黑龙江，北方至内蒙古；若以与晚期智人相应的旧石器时代晚期文化分布而论，则已有较晚期智人遗骸化石的发现，其范围就更广泛了。可见，到了晚期智人阶段，也就是旧石器时代晚期，我国已普遍有了人类的分布。

自发现了北京人、河套人等古人类化石以来，古人类学界就已注意到我国古人类的体质不仅一般地表现了人类进化各阶段的特征，还越来越与蒙古人种的体质特征相联系，从中已初步追溯出蒙古人种起源与形成的过程。我国是蒙古人种的故乡，同时也具备了鲜明的中国土著起源的特点。

距离现在大约10万年的时候，中国的远古文化进入了古人阶段。人类体质的发展大体分为猿人、古人、新人三个阶段。有些学者认为，从人类制造工具起的体质发展，可分为三个大的阶段，即“南猿”阶段、直立人阶段和包括现代人在内的智人阶段。古人阶段的人类化石在我国分布较广，其中著名的有，在华南有广东省曲江县的马坝人，在华中有湖北省长阳土家族自治县的长阳人，在华北有山西省襄汾县的丁村人。他们的体质形态已经不同于北京猿人了。马坝人的颅骨比北京猿人薄了，前额也比北京猿人更加突出。长阳人的上颌骨已不像北京猿人那样显著地向前突出了。丁村人的牙齿，无论是齿根还是齿冠，都比北京猿人进步，接近现代人。

丁村人生活在太行山西边的汾河流域。石器仍然是他们的主要工具。他们在打制石片和石器加工上，都比北京猿人有所进步。石片的打制常用摔砸法，把大石料用力在石块上摔击。在石器类型上也比北京猿人有了比较明显的分化，出现了三棱尖状器和石球一类的石器。

我国经历了一次庐山冰期（中更新世末期）之后，气候变暖，人类在体质、文化发展等方面都进入了一个新的阶段。人类的体质普遍由猿人或直立人发展为早期智人；而文化则发展为旧石器时代的中期文化。

第四讲

我们的直系祖先

距今大约5万年前，地质年代进入了晚更新世晚期，人类体质也发展到了晚期智人阶段。此时，世界上的三大人种已基本形成。中国境内的人骨化石全都属于原始蒙古人种，而现代中国人基本上属于蒙古人种，可以说中国的晚期智人应为我们的直系祖先。这个时期的文化已进入了旧石器时代晚期。

从距今大约4万年起，中国远古文化就进入了“新人”阶段。从此以后，渔猎经济有了显著进步，母系氏族公社逐渐形成。在中国辽阔的土地上，有不少地方已发现了当时的人的遗迹。在华南，有广西壮族自治区柳江区的柳江人和来宾县（现来宾市兴宾区）的麒麟山人。在内蒙古自治区乌审旗萨拉乌苏河一带和宁夏回族自治区灵武县有河套人。在华北，有距今28000年的山西朔县峙峪文化。在北京周口店龙骨山的顶部洞穴里，有距今18000年的山顶洞人。

貌似奇特的山顶洞人化石发现于北京西南周口店龙骨山顶，紧靠发现北京直立人的第一地点。

山顶洞人“貌似奇特”表现如下：全部化石包括相当完整的3个头骨及许多头骨残片、下颌骨、牙齿、脊椎骨和肢骨等，至少代表了8个人。3个比较完整的头骨具有不完全一致的形态。根据著名人类学家魏敦瑞的观察，101号男性头骨在测量上很像某些西欧智人化石，从外形观察应确定为原始蒙古人种；102号女性头骨很像美拉尼西亚类型；103号女性头骨则像因纽特人类型。

1.“貌似奇特”的奇怪推测

“貌似奇特”又得出了奇怪的推测：这些山顶洞人是由外地迁来的居民，因受原住当地的蒙古人种的攻击而绝了种，所以后来的中国人的体质特征同他们没有直接的继承关系。

“貌似奇特”又得出了新的结论：经过重新研究山顶洞人的3个头骨，认为魏敦瑞过分地强调了三者的差异而对其共同性估计不足。三者的头骨都应代表原始蒙古人种，与中国人、因纽特人、美洲印第安人特别相近，都属于蒙古人种，而晚更新世晚期的人种刚刚形成，一些形态细节在形成之中难以像现代人那样分出许多明确的支系。因此，山顶洞人应该为上述几种人的共同祖先，而不是几种人聚集到了一个山洞里。

山顶洞人的身体结构和外貌，跟现代人没有大的差别。在肢骨方面，由于手的劳动和直立行走的结果，骨骼上肌肉附着力的负荷在逐渐减轻，因而肢骨的管壁逐渐变薄，髓腔逐渐扩大。在头骨方面，脑容量逐渐增加，脑内结构也日趋复杂和完善。北京猿人脑容量平均为1075毫升，而柳江人、山顶洞人则为1300～1500毫升，属于现代人脑容量变异范围之内。由于脑容量的逐渐增多，前额也就日趋增高，头骨日益变薄，宽度则由耳孔上方移到顶骨结节附近。眉嵴骨逐渐由粗壮高突而趋向薄平，牙齿缩小和简单化，嘴部后缩，像现代人那样具有明显下颏和前鼻棘。他们的头骨已经具备了现代人头骨的基本特征。从人种上说，他们的头骨有蒙古人种的原始特征，他们是蒙古人种体质类型形成中的一个重要阶段。

山顶洞人的劳动经验和技能超过了前人，取得了不少新成就。他们的石器基本上还是用打制和粗糙的修制方法，但是他们已经有了磨光、刮削、钻孔、刻纹和着色等新技能。在他们残留的一些劳动工具中，有磨光的鹿角和鹿下颌骨，这是两件残缺的骨角器。磨光的鹿角上还刻有弯曲和平行的线纹道。最能反映山顶洞人制造工具技术提高的是骨针。骨针长82毫米，直径3.1～3.3毫米。针身圆锐，是刮削和磨制而成的。针眼窄小，是刮挖而成的。这种骨针的制成，必须切割兽骨，加以刮削，挖穿针眼，再加以磨制。这是一套复杂的技术。骨针可作缝制兽皮衣服之用。

在山顶洞里发现的装饰品，有钻孔的小石珠、砾石、青鱼眼上骨，有挖孔的兽牙和磨孔的海蚶壳，也有刻纹的鸟骨管。这些装饰品的制作过程包括选材、打制、钻孔、研磨、着色等，其中有些装饰品还用赤铁矿染成了红色。

渔猎是山顶洞人的主要经济部门。他们猎取最多的是兔、赤鹿、斑鹿、野猪、羚羊、獾、狐狸等大小野兽。他们还能捉到鸵鸟和其他鸟类。他们捕捞的鱼类中，有长达一米以上的青鱼。他们不仅要捞取河蚌，还要采集植物果实和块根作为辅助的生活资料。

山顶洞人或在他们以前可能已经会人工取火了。从保存火种到人工取火，人类支配自然的力量又大大地前进了一步。恩格斯认为，取火的发明比蒸汽机的发明还重要。他说："就世界性的解放作用而言，摩擦生火还是超过了蒸汽机，因为摩擦生火第一次使人支配了一种自然力，从而最终把人同动物界分开。"取火的发明和使用使此后许多重要的发明，如陶器、金属工具等成为可能。

山顶洞中发现的海蚶壳，不产于附近，而是要到相当远的海边才能取得。这些东西不管是交换还是采集得来的，都说明当时人们的活动范围扩大了，交往增加了，与自然斗争的本领提高了。

山顶洞，长约 12 米，宽约 8 米，面积为 90 多平方米，可容纳十几个人居住。洞里自然分为上室和下室。上室在洞口处，是他们的住室。下室在洞的深处，是他们的墓地。山顶洞周围的广阔地区是供他们狩猎、捕鱼、采集的生活基地。

山顶洞下室的墓地里，埋葬着一位青年妇女、一位中年妇女和一位老年男子。在这些死者的周围，撒着赤铁矿粉粒。随葬品有石器和装饰品。对下室死者的安排，正是上室生者的生活写照。这种男女老少埋在一起，随葬生产工具和装饰品的现象，不仅反映着血缘亲族关系密切，还反映着共同劳动、共同消费的生产关系。随葬品没有多大差别的现象，意味着氏族成员的平等。死者周围有赤铁矿粉粒和随葬品的现象，表明他们有了埋葬的习惯，进而表明他们思维的进一步发展，此时已经产生了原始宗教观念，有了迷信色彩和一种对超现实存在的意识。

2. 柳江人和资阳人

柳江人发现于广西柳江通天岩旁的一个洞穴中，包括 1 个头骨、两段股骨以及髋骨、椎骨、骶骨等。除股骨可能属于女性外，其余的都属于一位男性，其年龄在 40 岁以上。柳江人已基本上具有现代人的特征，但也存在若干原始性。依据体骨和股骨得知，其身体比较矮小，与现代华南和东南亚人比较接近，应属于蒙古人种中的一种较早的类型。

资阳人发现于四川资阳黄鳝溪，主要是 1 个头骨，属于一位 50 岁以上的老年女性。资阳人的基本特征已同现代人接近，但也存在若干原始特性，应属于晚期智人中的蒙古人种。

3. 中国人的直系祖先

中国境内发现的晚期智人化石，除山顶洞人、柳江人和资阳人外，还有内蒙古伊克昭盟（现鄂尔多斯市）乌审旗萨拉乌苏河岸边发现的河套人、吉林安图明月镇附近洞穴发现的安图人、山东新泰县（现新泰市）乌珠台附近发现的新泰人、云南丽江木家桥附近发现的丽江人、安徽泗洪下草湾发现的下草湾人、贵州普定发现的穿洞人，以及台湾台南左镇菜寮溪发现的左镇人等，分布地几乎遍及全国。

晚期智人的共同特点虽为脑容量增加，但仍在现代人脑容量的变异范围之内。脑内动脉支也同现代人接近，说明其智力发达程度已与现代人相近。这一变化使颅骨变高，厚度减薄，头骨最大宽度上移，额部丰满，眉弓变矮，吻部后缩，牙齿变小，颏部突出，这些特征都与现代人已经十分接近。各地晚期智人又或多或少地存在某些较原始的特征，个别特征甚至与欧洲晚期智人相近，但蒙古人种的大多数基本特征已具备，因此被称为原始蒙古人种，应是现代中国人的直系祖先。

4. 旧石器时代晚期的文化

旧石器时代晚期文化比中期文化又有明显的进步。如在石器制作中普遍修理台面，许多地方出现了细石器，能用间接打击法生产出细长石片，还能用压制法加工石器。

石器的种类丰富多样，不仅有各种类型的刮削器、尖状器、雕刻器、锥或钻等，甚至还有个别的箭头，其中不少应为复合工具。这些石器技术的进步和类型的分化，反映了狩猎经济的进一步发展。与此同时，骨角器也大大发展起来。例如，在辽宁海城小孤山、北京周口店山顶洞、四川资阳黄鳝溪、宁夏灵武水洞沟、贵州兴义猫猫洞和普定穿洞都或多或少地发现骨器，有时也有一些角器。其种类包括锥、针、鱼叉、刀、铲等，是采用锯、切、削、磨、钻等一系列工艺制作出来的。这表明当时的人们已经掌握了骨、角材料的特性，使用了不同于石器制造方法的特殊工艺。同时，也说明当时人们使用的工具已更加多样化了。

旧石器时代晚期文化发展的又一重要标志，是装饰品的出现，周口店山顶洞和海城小孤山都发现了许多这类物品。如山顶洞人的装饰品有穿孔石珠（将 13 色小石珠从一边钻孔，再将另一边稍稍磨平）、穿孔砾石（将一块黄绿色小砾石从两面对钻穿孔，将一面稍磨并涂朱红彩）、穿孔兽牙（有一百几十个，在齿根两边对挖成孔）、穿孔青鱼上眼骨、穿孔海蚶壳（孔在砂石上磨穿）、鸟骨管（将鸟骨截断，刻有短纹道）、鱼脊椎骨。这些装饰品大多发现在人骨化石旁，应是头颈部的佩饰、项饰、坠饰。当时的人们已有爱美之心，设法用各种装饰品来打扮自己。

当时，由于技术的进步，人们开发自然的能力也大为提高。许多过去没有人去过的地方也已被广泛占领。至今发现的旧石器时代晚期遗址远超旧石器时代早期和中期遗址的总和。其分布范围除华北、西南等传统地区外，最北到黑龙江北界的漠河、呼玛十八站，东到江浙、台湾，南到云贵、两广，西到青藏高原。在这样广泛的地域内，文化面貌自然更新，地区性的差别也更为明显。我国旧石器时代晚期出现的若干因素，如复合工具、细石器镶嵌技术、磨制和穿孔技术等都为以后的新石器文化所继承和发展。随着考古工作的开展，这两大阶段文化的承袭演变关系将越来越明朗。

第五讲

新石器时代的辉煌创举

1. 开始向新石器时代过渡

气候变暖，自然环境也一定会随之发生变化，原始人群的生产生活方式也应该随之有所改变，久而久之，旧石器时代逐渐衰退，开始了向新石器时代的过渡。旧石器时代向新石器时代的过渡，就是从单纯天然产物的掠夺经济逐渐转变为以种植农业、饲养家畜为主的生产经济的过渡。

新石器时代的特征是出现了长期定居的村落，生产和使用磨光石器，烧制陶器，从事原始农业种植和饲养家畜，而与旧石器时代不同的是狩猎、采集、捕捞活动已经逐步退居到了次要地位，文化面貌也有了极大改观，它们之间的巨大差别也是随着人类生产能力的进步而逐渐形成的。这些新石器时代的特征不是同时出现的，同样需要一个漫长的时间过程，学者们为此提出了“中石器时代”这样一个概念。因此，中石器时代的文化在许多方面表现出了明显的过渡特点，石器向细小化发展，在石器制造方法上，大量采用间接打击、压削法，广泛应用于当时的一些主要生产领域；发明了弓箭这一远射程狩猎工具；狗成为人类最早驯养的动物；等等。这些都是中石器时代特有的现象。

石器向细小化发展，石器的间接打击加工比起过去直接打击的方法，在技术上是重大的进步；所采用的生产工具也相应进步了，并反映出了当时对以细石器加工为主的工具的新需求。旧石器时代晚期就已经崭露头角的复合加工过的工具，在中石器时代得到了极大的发展。那种用极薄的小石叶镶嵌在木柄或骨柄上组成的复合工具，具有刃口锋利、便于使用、轻便灵活等优点。

当时，人们发明了弓箭这一远射程狩猎工具，也是其所使用的众多复合工具中很重要的一种。弓箭提高了人们捕获野兽的能力，“使狩猎也成了普通的劳动部门之一”，同时促使了人们将吃不了的猎物暂时豢养起来，并不断地了解动物的习性，逐渐将野生动物驯育为家畜，为将来的饲养业或畜牧业打下了良好的基础。至于长期采集植物籽实、根茎，也促使人们了解植物的生长规律，开始掌握栽培植物的技术，为将来的农业打下了良好的基础。这一切为进入新石器时代做出了极大的铺垫，并提供了极为有利的关键条件。

在我国，目前中石器时代的遗址发现得不多，因此研究材料也就相对较少，对其总貌也就知之不多。从已经发现的材料来看，人们比较倾向于把以灵井、沙苑为代表的遗存看作我国中石器时代文化的代表，并加以充实和研究，补充中石器时代所存在的明显缺环。

2. 新的文化类型

前述的“倾向于把以灵井、沙苑为代表的遗存看作我国中石器时代文化的代表”，其中所说的“灵井”“沙苑”是指河南许昌的灵井、陕西大荔的沙苑。这两个遗址的发现，为我们提供了一种新的文化类型。这两处遗址的遗物分别发现于地下 10 米深处的砂层和地面流动的沙丘处，遗物基本上是石器。灵井和沙苑两地石器的原料并不相同，灵井的石器以石英为主，沙苑的石器大多以燧石为主，但两地石器在制法及类型上，有着许多共同之处。两处遗址中的细石器和产生细石器的石核，都是相当丰富的。灵井的细石器占全部石器的多数。在制作方法上，几乎所有的细石器采用间接打击石片的技术，而第二步加工则以削制法为主，加工方式主要为单面加工。石核以圆锥形、半锥形、扁锥形、柱形、楔形、扇形（亦称船底形）为典型。在这几种石核上，采用间接或直接打击法，就可以打下形状规整、厚薄均匀的石片，这些石片再经压削加工，就形成了适于各种用途的细石器。遗址中典型的细石器有各种形状，如刮削器、尖状器、雕刻器等。另外，在灵井遗址又发现了一种特小型的窄长石片，个别的有使用过的痕迹，这应是一种复合工具的刃部，与沙苑遗址的石叶是同一类的器物。

沙苑遗址与灵井遗址的细石器基本上相同，如锥状石核、小圆刮削器、石叶等的形制很接近，加工方式也以单面为主，只是两地部分石器的种类及数量略有区别，沙苑遗址发现较多的石镞，在灵井遗址中却是见不到的。

灵井与沙苑两地石器均系采集，遗物在各自遗址中是否属于同一时期亦难准确判断。沙苑遗址发现了轻微石化的桡骨。灵井遗址还采集到两段人类股骨化石，从其石化程度和本身形态来看，介于新人与智人之间。根据几方面材料综合推断，这两个遗址的年代应该介于目前所知的旧石器时代晚期之后与新石器时代早期之前这样一个阶段。

峙峪遗址在山西峙峪地区，是旧石器时代晚期具有代表性的遗存。那时的峙峪人已经使用间接打击法制作石片了，只是石片的体积稍大。这里发现的原始扇形石核、带有柄部的斧形器、小圆头刮削器、雕刻器及石镞等，都被认为接近于灵井和沙苑两地的同类器物，它们之间具有一定的传承关系，但在灵井、沙苑遗址发现的细石器中最有代表性的是锥状、柱状、楔状石核及窄长小石片，这些在峙峪遗址是见不到的。与峙峪石器相比，灵井和沙苑的石器应该更进步一些，主要表现在以细石器为主，品种齐全，制作方法相比之下较为先进等方面，这也明显地构成了区别于旧石器时代晚期阶段遗存的独特文化面貌。

3. 石器制造场

鹅毛口石器遗址位于山西省北部怀仁市境内、桑干河的支流鹅毛口河附近几个相连的小山包上，山包高出河床 80 ～ 100 米，山体主要由岩石构成。在现今鹅毛口村附近的两条冲沟的源头及附近山包地表，分布着大量的打制石器，整个遗址的范围约 2 万平方米。尤其重要的是，发掘结果表明，在这一带的全新统地层中，也埋藏着大量的石器，而晚更新世地层中未发现任何石器，这就为判断这批石器的时代提供了重要的依据。鹅毛口遗址内未发现人们日常生活的遗迹、遗物，只发现了大量的石料及未完成或废弃的石制品。可以认为，这里是一处制造石器的场所，生活于附近的人们长期利用这个合适的原料产地，加工制作生产中所需的各类石器。

在这个石器制造场中，用直接打击巨厚石片的方法，把器身两面加工成手斧及厚尖状器等工具，其形制及制造工艺早在旧石器时代初期就已存在，虽然显得有些原始，但是这里石器的某些品类，如锄、斧、镰的形制基本上等同于新石器时代磨制的同类制品，如石锄及磨制石斧等，无疑又是一些很进步的生产工具，具有新石器时代的某些特征。同时，这里的石器均出于全新世地层之中。综合考察，石器制造场的年代与新石器时代十分接近，或者属于新石器时代的早期阶段。

虽然鹅毛口只是一处石器制造场，但通过这里的石器还是可以看到一些当时居民的经济生活状况的。在制造场中，用于翻土的石锄的数量最多，而石镰的数量则最少，这十分明显地显示，它们是用于农业生产的。这应该与某种形态的农业生产有关。各种形式的刮削器、砍砸器、尖状器等，都是用于狩猎、采集的工具。从那里的工具种类来看，可以反映出当时人们的生产门类已有了进一步的扩大。在狩猎、采集的同时，或许已经出现了原始的农业。

鹅毛口遗址发现的石器，多由较大的厚石片加工而成。这里石器的加工方法及器物类型与某些时代相近的遗址中以细石器为主的现象相去甚远。这是一处以大型厚重石器为主要特征的文化遗存，据此将其归入“匼河—丁村系”石器系统，并认为它是这一系统在新石器时代早期阶段的继续和发展。

4. 出现最早的农业

我国远古时代农业的出现，是由于黄河中游的地理环境与世界上农业发生最早的西亚地区的扇形地带接近，具备产生早期农业文化的适宜条件，是勤劳的人们在黄河中游地处黄土高原的东端坚持进行文明生产的结果，是人类改造大自然的具体体现，我国也是世界上农业出现最早的地区。

黄河流域是中国文明的发祥地，其中当然也包含农业出现的伟大创举。1958年，在陕西第一次发现了早于仰韶文化的老官台文化；随后于20世纪70年代中期，在黄河中下游地区又发掘了磁山、裴李岗、大地湾、北辛等一系列新石器时代较早阶段的遗址，其中出土了大量的农业遗迹、遗物，为探索前仰韶时期的农业提供了大批的资料。从地层提供的材料来看，这类遗存都叠压在仰韶时期遗存堆积之下，碳-14测定数据表明，这些遗址的年代在公元前6000—公元前5000年前期；它们都处于平原与丘陵或平原与浅山的交界地带；其范围并不太大；遗址形成的堆积也比较薄。这类遗址内的房屋稀疏，可见当时的村落规模比较小，人们在这里居住的时间并不是很长。在这个时期的遗址中，普遍发现了粮食的遗骸，鉴定结果都属于耐旱的粟类作物——黄河流域传统的栽种植物，具有很重要的地位。遗址里还有专门用于储存粮食的窖穴，有些窖穴内还可以见到堆积较厚的腐朽谷物。

从遗址中的各类遗物来看，除种植农业外，还有饲养、渔猎、制陶术、纺织、编织等，都是有一定地位的生产部门。当时的生产工具仍以石器为主，在石器制作上虽然已出现了磨制石器，但打制石器仍占相当的数量。打制的石器器形规范，表面较为平整；磨制的石器制作比较粗糙，表面常存打琢痕迹，很多的器物仅在刃部略加磨光，通体磨光的数量较少。磨制石器一般采用砺石加砂，蘸水研磨，将石器磨光，表面光整，器类依照本身的功能确定它的形制，但一般见不到有穿孔的器物。将器物刃部磨光或将器身修治平整，都可以减少生产使用时造成的阻力，提高了工作的效率，这对于工具制作来讲，确实是一大进步。当时用于农业生产的石器占已发现全部石器的绝大多数，主要有铲、刀、镰、凿、石斧等。这时的石斧，其平面多呈上小下大的梯形，斧头多为半圆形。而这时期盛行的，用于谷物加工的石磨盘、磨棒，则是引人注目的加工工具，其中磨盘多数是琢制的，平面呈鞋底形或椭圆形，长度在半米左右，有的带三四个矮足，磨盘表面常见加工谷物时留下的磨蚀痕迹，中部较两端薄浅。

在这个时期的生产中，骨质工具所起的作用也是很大的。它们主要用于狩猎、捕捞、纺织、缝纫等，主要器类有镞、锥、针、鱼镖、梭、匕、凿等。

在各遗址中，普遍发现了大量的陶器。陶器的发明和使用是人类掌握取火技术和饲养家畜、栽培植物之后，或同一时期取得的又一划时代的进步。

当时的人们虽已定居生活，但造房的技术还比较落后。房屋的形式和建筑的方法都比较简单。这里所谓的“房屋”，基本上是一种圆形半地穴式的窝棚，其内面积很小，只有 5 ～ 7 平方米，仅能容纳 2 ～ 3 人，最大的也只有 11 平方米，房内还发现了成套的日用陶器及生产工具，这无疑是一个相对独立的生活单位。

定居及农业生产促进了家畜饲养业的发展，其在这个时期已经很普遍了，遗址中均发现了不少人工饲养的猪、犬的骨骼。有些地方还出现了用猪骨随葬的现象，这反映出猪与人在日常生活中的关系，猪不仅用来食肉，还可能具有财富的象征意义。

总之，在公元前 6000 年前后，黄河流域的中下游地区普遍存在农业文化遗存，从其农业和家畜饲养业的发展来看，脱离其起源的阶段已有一段进程了。在这个区域内，还应存在早于公元前 6000 年的农业文化。至于真正早期农业文化的面貌，还是一个未解之谜。

5. 相对稳定的历史文化传统

黄河下游的北辛文化，得名于山东滕县（现滕州市）的北辛遗址。1978—1979 年在该遗址发现了窖穴、灰坑、墓葬等遗迹及大批遗物。石器中虽不见镞类，但骨镞的数量居骨、角器之首。骨、角器不仅数量多，形式也很复杂。制作过程一般是先截切骨料，再用劈、削、刮等方法制成器物雏形，最后打磨表面。骨器种类除镞外，还有鱼镖、鹿角锄、凿、匕、刮削器、梭形器、针、锥、笄等。陶器按质地可分为泥质、夹砂（蚌）两种，以夹砂（蚌）陶为主。

目前，还不清楚北辛文化房屋的形制，遗址中发现很多椭圆形或不规则形状的坑，有些是储存物品的窖穴，还有一些坑内出土了较多的陶、石质的生活用品和工具，因而不能排除其作为居址的可能性。另外，在灰坑中，不止一次发现了成堆的猪头骨。在这里，猪下颌骨是作为财富的象征被储存起来还是埋藏猪下颌骨与祭祀活动有关，尚无定论。

关于北辛文化的墓葬发现很少，成人葬式为仰身直肢，流行用红陶钵覆盖死者脸部的葬俗，多数墓内有 1 ～ 2 件随葬品。婴儿使用瓮棺葬，分别以深腹圜底罐、残陶鼎为葬具。不同地点墓葬的方向都是头东脚西。

北辛文化主要分布在黄河下游、淮河以北的鲁中南及苏北地区。这一地区也是后岗一期文化和大汶口文化的中心区域。地层叠压和碳 -14 测定数据所提供的材料，都表明后岗一期文化和大汶口文化晚于北辛文化。从文化氛围来看，后岗一期文化上承了北辛文化，下传了大汶口文化，大汶口文化无疑是由北辛文化通过后岗一期文化而发展起来的。黄河下游地区，从北辛文化开始就成为一个相对独立的文化区。自此以后相当长的一段时期，尤其是山东及苏北地区一直保持着与黄河中上游相区别的相对稳定的历史文化传统；直到公元前 15 世纪前后，商人，尤其是以后的周人的侵入，才使这个地区自成系统的文化传统逐渐被瓦解，其中的一些元素则被融入商周文化之中。

6. 磁山文化

磁山遗址位于河北省武安县，这里于 20 世纪 70 年代中期发掘的遗物，以独特的文化内涵向人们展示了一种新的考古学文化。

从文化面貌上看，磁山文化早于仰韶文化。磁山文化的年代在公元前 5800 年左右，是该地区目前发现年代最早的新石器时代文化。磁山遗址的发现是继老官台文化之后的又一次重要的发现，为探索黄河流域早期农业文化揭开了新的一页。

磁山遗址地处太行山脉与华北平原的交界处，范围有 8 万平方米。该遗址是古代先民聚居的一个村落，其中分布着房屋、窖穴等遗迹以及集体劳动的场所，并从中发现了近 2 万件遗物。遗址中的房屋分布稀疏，平面布局不像仰韶文化半坡类型的村落那样，看上去排列规整有序，房屋、窖穴大概是几座一组，集中在一起。这种相对集中的房屋内的居民，他们之间的关系可能较居住在同一村落的其他人更密切些，这应该是当时社会组织结构的一种体现。所有的房屋都是圆形或椭圆形半地穴式建筑。不少房屋内还遗留有石磨盘、石磨棒、斧、铲及盂、钵、罐等生产生活用具。发现的灰坑多达数百个，其中最多的平面是长方形的。这类灰坑多半是储存粮食的窖穴。在其中的 80 个灰坑中，发现了腐朽的粮食堆积，其厚度在 0.3 ～ 2 米。有些坑内，还在粮食堆积的底部发现了整只猪、狗的骨架。此外，在一些圆形坑的底部还发现了石材、半成品、残石器等，这很可能是制造石器的场所。

磁山遗址与黄河流域其他早期遗址相同，陶器也是手制的，以夹砂陶为主，泥质陶很少，胎壁厚薄均匀。石器有打制、磨制、打磨兼制三种，以磨制的石器为主。石器中斧的数量最多，几乎占全部石器的50%，基本上以横剖面为扁椭圆形的斧为主。这里出土的石磨盘、石磨棒约60套，也是同时代遗址中发现数量最多的。磨盘长度在0.5米左右，以平面近似椭圆形、一端稍尖、底有四足者最有代表性。在磁山遗址的第二文化层中，发现了石磨盘、石磨棒和陶盂、支座等成组器物45组，这些器物，多则十几组少则三五组集中一地。在分布最密的地方，仅18平方米的范围内就集中了10组。这些集中在一起的成套器物，或者表明这里曾是当时比较固定的集体加工粮食的场所，或者有可能是举行祭祀活动的遗存。

磁山居民在从事农业生产的同时，传统的渔猎活动仍旧占据着重要地位。在这里还发现了很多人们食用后的动物骨骸，其中包括兽类、鸟类、龟鳖类、鱼类和蚌类五大类23种动物。除家犬、猪及鸡外，其余是野生动物，都是一年四季出没于当地的各种飞禽走兽。由此可知，当时的狩猎还是一种全年进行的生产活动。兽骨中家畜的数量并不是很多，猪主要是未成年的幼小个体，狗骨大多比较破碎，那时狗除用于助猎外，也可供人们食用。在这里发现的鸡已脱离了原鸡的形态，是目前发现最早的人工饲养的家鸡。

磁山遗址是华北地区首次大规模的发掘，并于其中发现了前仰韶文化时期的居住遗址。这一遗址提供了大量的推进这一地区早期新石器文化及农业起源等问题的探索的材料。遗址中发现的大量储存粮食的窖穴内残存的粮食以10余万斤计，不难看出，当时的农业生产规模已经非常可观，可以说农业已经在当时居民的经济生活中占据主要地位。正是有了粮食这种比较稳定的食物来源，才保障了当时人们的定居生活。

以磁山为代表的一类遗存，目前还只在河北南部地区发现。以磁山为代表的一类遗存和下面将要介绍的裴李岗那类遗存的关系，在学术界有着不同的认识：一是认为它们各自代表着不同的考古学文化；二是认为它们属于同一考古学文化，只是分属不同类型。至于它们的发展如何，多数学者认为后岗一期文化是磁山—裴李岗文化的继承者。从文化内涵比较及年代考虑，把北辛文化视为磁山文化的继承者，其实更符合历史的客观实际。

7. 裴李岗文化：居址与墓地遗址中的发现

地处黄河南岸的河南中部地区，是以裴李岗遗址为代表的一类遗存的分布区。1977—1979年，它因新郑县（现新郑市）裴李岗遗址的发掘而被研究者命名为裴李岗文化。目前，正式发掘的裴李岗文化遗存主要有新郑裴李岗、密县莪沟等。这类遗存的分布区与磁山文化相邻，其碳-14测定年代稍早于磁山文化。

已经发掘的裴李岗一类遗存，多由居址和墓地两部分组成，但还发现了一座圆形的横穴窑址。莪沟北岗遗址面积约8000平方米，住地在遗址的南部偏东，发掘的6座房子都是半地穴式居址，除1座是方形的，其余的都是圆形的。有的房内有圆形或箕形的灶，无灶的也有圆形烧土面。房的周壁及中央有柱洞，门向南开，进门处都有一条斜坡或阶梯式门道，居住面上都遗留有成套陶器。

与居址对应，遗址中都发现了相当规模的氏族—部落公共墓地。裴李岗遗址面积约2万平方米，墓葬区在遗址的西部。已经发现的数个地点的裴李岗墓葬，头向都偏南方。这样的一致性反映出这一群体内部人们的信仰和习俗具有共性，其内部的联系是相当紧密的。裴李岗、莪沟两地的墓葬都以单人葬为主，两地各发现了一座双人合葬墓，合葬墓内死者的性别、年龄未经鉴定，合葬墓的面积及随葬品数量都居墓地之首。绝大多数墓葬有陶器、石器随葬，有些墓的随葬品放在壁龛内。各墓随葬品在数量、质量上的差别并不明显，但随葬品的不同组合反映了当时的社会业已存在劳动分工的状况。随葬的不同生产工具，已表现出当时在生产中按性别形成分工，并足以证明这种分工由来已久，已成定制。也许正是这种形成定制的劳动分工，使一部分人在生产中的地位不断上升，其社会地位亦随之提高，从而导致人们之间在财产占有及社会地位上的差距越来越大。

裴李岗遗存中发现的石器，基本上是磨制的，大部分只是在表面略加打磨过。而石磨盘、石磨棒则是琢磨兼用。此外，在这类遗址中还发现了一些打制的燧石石片及由这类石片制成的刮削器。这种石器是北辛文化、磁山文化的遗址中没有的。石器种类有铲、镰、磨盘、磨棒、斧、刀、凿等，数量最多的是铲，其次是镰。铲多呈舌形，还有一种凸字形铲。有些铲的两端都磨出圆刃，并都有使用痕迹。镰做得很精致，刃部有细密整齐的锯齿，近尾端有为安柄而留出的缺口。石磨盘平面多呈前宽后窄的椭圆形，底部有四足。

骨制品的遗存没有被发现，仿佛这是一个普遍的现实，与同时代的其他文化遗存相比，这里的渔猎工具在所有工具中所占的比例是最低的。

陶器基本上分泥质与夹砂两类，都是红褐色，烧成温度为 900 ～ 960℃。在各遗址中，泥质陶与夹砂陶所占的比重略有不同。裴李岗居址中发现的粮食遗物很少，渔猎工具也很少，而是以农业工具为主。不能否认，当时粮食种植已是占主导地位的经济活动了。

8. 发现最早的老官台文化

渭河流域的老官台文化，在公元前 6000 年前后，与磁山文化、裴李岗文化遥相对应。

在黄河流域早期的新石器文化中，老官台文化发现得最早，并由陕西省华县老官台遗址的发掘而冠名。近年来发掘的宝鸡北首岭、秦安大地湾等遗址，加强并促进了人们对老官台文化的认识。老官台遗址的陶器都是手制的，为夹砂陶，暗红色。那时的石器大多是打磨兼制的，将石料打成粗坯后，在表面及刃部略加磨光。与其他同时代的文化不同，这一文化诸遗址中很少或几乎没有石磨盘、石磨棒这类工具，却在北首岭遗址中发现了石杵，老官台文化的居民大概是使用杵臼一类工具加工粮食的。石镰这种收割工具也不见于这一文化遗址中，这里的居民是用石刀来收割谷物的，并不用镰刀。有些遗址还发现了为数不少的打制石片及由此加工而成的细石器。

大地湾遗址发掘出的房子都是圆形半地穴式，屋子中部及四壁都有柱洞，四壁的柱洞向屋内倾斜。根据柱洞的位置及倾斜角度推测，房子是圆形攒尖顶。屋内都有一段伸向门口的斜坡门道。室内地面没有灶，仅见一定范围的烧土面。这应当是用于炊事、取暖的处所。那时的居民死后埋在长方形土坑内。北首岭发现的 7 座墓，分成两排，排距明确，同排的墓间距基本相同，显然是人们有意规划的结果。葬式以单人仰身直肢为主，头均向西。墓中一般有 3 ～ 5 件日用陶器及少量工具随葬，已经出现了用冥器随葬的现象，大地湾的一座墓中随葬了 4 件陶器，高度均未超过 7 厘米，这样的器物显然没有实用价值，只是具有象征性的意义。北首岭墓地还发现了合葬墓，是包括5名成年男女的一、二次葬的合葬墓，墓壁有料姜石涂抹的痕迹，局部有板灰痕，随葬品均单独摆放在每具骨架的足部。

那时的老官台居民已经掌握了谷物的栽培技术，遗址中发现了属于禾本科的稷和十字花科的油菜籽，人工饲养的猪已成为人们的主要肉食来源。墓葬中随葬用的猪骨，不仅表明它与人们生活的密切关系，或许还是一种财富的象征。

老官台文化以关中地区为中心，西至渭河上游的陇东地区，向南越过秦岭一直到达汉中。元君庙、北首岭及大地湾等遗址提供的地层表明，老官台文化早于其分布范围内的半坡类型。它们的文化面貌有很多相似性。陶器的演变趋势使人们确信半坡类型就是在老官台文化的基础上发展起来的。

9. 河姆渡和罗家角与稻作农业

河姆渡和罗家角是人们了解得比较多的两处遗址。

河姆渡遗址位于杭州湾南岸的宁绍平原，经1973年、1977年两次发掘，揭露面积达2600余平方米，发现了4个相继叠压的文化层。在第二次发掘中，又将第4层分为上、下两层。河姆渡遗址的第3～4层以新的文化面貌区别于这一地区以往发现的所有新石器时代文化遗存，被命名为河姆渡文化。河姆渡遗址可追溯至公元前5000年前后。其第4层的陶器，除支座外，均为以稻草茎叶、稻壳为掺和料的夹炭黑陶。烧制时缺氧及掺和料的特殊性质是陶器呈黑色的根本原因。陶胎疏松粗厚、硬度低、吸水性强、形制不规整。主要器形有釜、钵、盆、盂、支座等。釜最多，均为圜底，深腹，器身多有一周突脊，依口部的变化可分成敛口、敞口、折沿等。陶器除表面磨光的以外，釜、罐的下半部往往拍印绳纹，花纹也很常见，多数是由植物纹演变而来的圆点和线条组成的各种图案，也有一些器物上刻出动植物形象。堆塑的动物形象在这层极少被发现。除陶质容器外，第4层还出土了一些木碗、盆等器皿。河姆渡的居民当时都住在木结构的地面建筑内。在第4层中，发现了10余排由木桩、圆木、木板组成的建筑群。根据桩木的分布及走向，初步推断，在300平方米的范围内，至少有3栋大体平行的建筑。其中保存较好的一栋建筑，有平行的 4 排桩木，长度在 23 米以上，宽约 7 米。从桩木的分布来看，这是一栋长 20 余米，进深约 7 米，并附带一个宽约 1.3 米的前廊的长屋。在建筑群内，未发现经过加工或由于人们长期踩踏而形成的居住面、墙基和灶址，却发现了大量的有机物堆积、苇席残片等。这种建筑应是一种高干栏式的长屋，上面住人，下面堆放杂物。它的建筑方法是以桩木为基础，其上架设横梁，构成架空的建筑基座，再在上面铺设楼板，在楼板上立柱、做墙、盖顶。木构件之间，建筑构件的榫卯类型采用垂直相交的榫卯及绑扎等方法连接。河姆渡的这种木建筑，是适应当地的气候条件搭建的，这里地势低洼、潮湿温热，干栏式建筑具有良好的通风、防潮性能，是当时人们的理想居所。

第 4 层的生产工具有石、木、骨质三大类，许多骨、木器工具式样新颖，加工精巧，在同时代的遗址中别具一格。骨器是这里生产工具的主体，数量、种类都居同时代遗址之冠，农耕、渔猎、手工工具一应俱全。最有特色的是以偶蹄类哺乳动物肩胛骨、髋骨为材料制作的耕具，共出土了 170 余件。这种骨质耕具长度一般在 20 厘米左右，为便于缚柄，肩臼处多凿一方孔，骨板正中部还有磨出的竖槽及小方孔。发掘时见到了与骨器绑扎在一起的竖直木柄。刃部形状有两齿、四齿、平刃、弧刃、斜刃等，从这些不同形式的刃部推测，可知这些骨器具有耒、耜、锄、锸等农具的不同功能。与骨器相比，石器颇显逊色，数量少，种类单一，只有斧、凿、砺石等。基本为木作工具，一般只磨刃部，器身尚保留打制、琢制痕迹。河姆渡遗址地势低洼，保留了不少完好的木器，从中不难看出，这里的先民掌握了较先进的木器制造工艺。木器中数量最多的是工具，有铲、矛、匕、槌、桨、器柄等，这些器物表面打磨光滑，有的上面还刻有精美的花纹。这里出土的以木、骨、石为原料制作的蝶形器，外形似蝴蝶，两翼展开，上端较平，下端圆弧，正面微微弧凸，错磨平整光滑，背面中部有一道或两道平行的纵向突脊，两脊之间形成一道不通上端的凹槽，脊上往往有钻孔，两翼上端亦常有横脊或钻孔。一般长十几厘米，宽二十几厘米。这种器物的用途目前还不十分清楚，有意见认为是安在标枪头或矛头尾端的定向器，在其飞行过程中起定向和平衡的作用。

河姆渡的居民使用玉、萤石制作璜、块、管、珠、饼形及丸形装饰品，同时喜欢在器物上刻画花纹，除在陶器表面见到的植物、动物刻画纹外，在骨、木器上也发现了不少刻画的纹饰。有的纹饰是利用长短不等的线段组成的图案；有的纹饰是动物形纹样。在一件骨质的器柄上，正面雕刻两组双头凤纹，图案生动，完全称得上是一件精美的工艺品。

在第4层的居住区内，发现大量炭化稻谷、谷壳、稻秆、稻叶的堆积，最厚的地方超过1米，有的地方还发现了米粒。很多稻谷还保持原来的外形，颖壳上稃毛清晰可辨。稻谷经鉴定，属于栽培稻的籼亚种晚稻型水稻，这是迄今为止我国发现较早的人工栽培稻。大量的稻谷堆积及成套农具的存在，反映出这里的农业比较先进。除水稻外，遗址中还发现了成堆的橡子、菱白、酸枣及桃子、薏米仁、菌类、藻类、葫芦等，除个别品种可能为人工所栽培外，绝大部分应来自采集。

发达的稻作农业促进了家畜饲养业的发展。遗址中普遍发现猪、狗、水牛的骨骼，从猪的死亡年龄及陶塑小猪形态来看，其已经是人工饲养的产物了，水牛此时可能也已被驯养。

罗家角遗址位于杭嘉湖平原，总面积约12万平方米，文化堆积亦可分为4层。从遗物的特征来看，这个遗址是同一文化在不同年代形成的堆积，其中第4层为公元前5090—公元前4955年，与河姆渡遗址第4层的年代基本相当，但二者的文化面貌并不一致。

罗家角的陶器中，有一种用氧化镁含量较高的陶土制作的捺印纹白陶豆，陶质及纹饰和洞庭湖发现的大溪文化的同类制品基本相同。罗家角遗址的石器大多磨制光滑，但出自第4层的，多数只磨刃部，石刀基本上用页岩等石片加工，表面大多保留石片的自然面，仅在较薄的一侧磨出单面或双面的刃部。第4层发现的两种残石臼，通体打琢修整，器形大而厚笨，略呈半球形，内壁下凹。

第4层的骨角器主要是镞、器柄、角钩、锥等。器柄为角质，取麋鹿角的角与后枝相连的一段制成，将斧、锛等石质工具安在这种角柄上，会大幅提高其功效。第4层中尚未见到骨制耕具，罗家角第3层的骨耜、骨铲等与河姆渡遗址的同类器物在制法上有明显区别。

遗址的第4层尚未发现居住遗迹。发现的灰坑主要有长方形、椭圆形两种。有些灰坑内埋藏了大量的鱼骨。

罗家角遗址的动物群包括狗、家猪、野猪、水牛、貉、亚洲象、梅花鹿、麋鹿、獐、鲸、龟鳖类、扬子鳄、鸟类、鱼类等。其中狗、猪、水牛是当时已经驯养或可能驯养的家畜。第 4 层出土的一件陶猪是漫画式泥塑珍品。表现的猪，体形肥胖、头部较短、腹部浑圆下垂，体形与现代家猪近似。猎获物中，以鹿科动物的各种遗骨居多。大量的貉下颌骨外侧均发现人工刻痕，是因剥离整张皮子而留下的，推测貉是当时的一种毛皮资源。

罗家角遗址中出土了炭化稻谷。夹炭陶器中夹杂着大量稻壳，同时对第 4 层土壤进行的孢粉鉴定，确定了禾本科植物占孢粉组合的 97%。稻谷鉴定为籼、粳两种，从测定的两批标本所做的数量统计得知，籼、粳比为 2 ∶ 1，这或许反映了当时两类稻种植数量比例的关系。粒形较河姆渡遗址小，估计原千粒重在 20 ～ 21 克。花粉种类单一，数量集中，应当是大面积栽培水稻的结果。

我国水稻的栽培有着悠久的历史，现已发现的史前栽培水稻遗存已有数十处，长江中下游地区最为丰富，河姆渡、罗家角就是其中的典型代表。公元前 5090—公元前 5005 年，在这个年代的地层中都发现了水稻遗存，以河姆渡的发现最为惊人。

在河姆渡第 4 层 4000 平方米的范围内，普遍存在厚厚的稻谷、稻壳、稻草的堆积，最厚处有 1 米以上，经过换算，稻谷的总量达 120 吨以上。稻谷经鉴定，属栽培稻籼亚型种中晚稻型水稻。除此之外，这里还出土了大量的骨制耕具。罗家角的稻谷经鉴定，除籼稻外，还有粳稻。当时的稻谷收获量大，反映了稻谷的栽培规模大，生产技术较为先进：从遗传学的角度来讲，这时籼稻已远离野生种而接近现代栽培稻了。

迄今发现的最早从事稻作农业的年代，长江下游的均在公元前 5000 年前后，分布于长江中游的湖南及湖北的遗存还要更早一些，但难以根据这些发现直接讨论稻作农业的起源。长江中下游以外地区的稻作农业，据目前考古发现都晚于长江中下游，因此，中国稻作农业起源的地点，还只能在长江中下游地区，具体待寻。

中国的新石器文化，当前研究的成果略述为以下四个方面：农业的发生与发展；社会的分工与分化；区系的组合与重组；历史的传说与真实。

农业的发生是人类历史上划时代的重大事件，也是中国历史上的重大事件。在全世界少数几个农业起源中心中，中国独占其二。中国的农业以精耕细作为特色，这在远古时代便已露出端倪。这是因为中国人自己的祖先发明了农业，而不是从外界学习来的。研究栽培作物起源的先驱德康多尔和瓦维诺夫都认为中国北方是粟与黍的起源地，何炳棣更系统地论证了中原是粟、黍等旱地作物起源的核心地区。

在公元前6500—公元前5000年，中国北方已出现一系列发达的新石器文化，其中有不少遗址发现了栽培谷物的遗存。例如，在河北武安磁山遗址的许多窖穴中发现粮食朽灰，经灰象鉴定是粟；河南新郑裴李岗和甘肃秦安大地湾都发现了炭化的黍，最后一处还发现了油菜籽。这些遗址所属的新石器文化都有比较发达的农业工具，其中又以磁山文化所在的中原地区最为发达。由此可见，中国北方农业的起源还可以追溯到更早的年代，而中原应是旱地农业起源的核心地区。

考虑这个地区的自然条件，粟和黍正是符合的作物，它们在中原又有大量的野生祖本。在当地史前文化发展到一定阶段时，人们自然选择了这两种作物进行培植。而且在整个史前时期，粟和黍都是华北地区的主要农作物。

许多人认为，中国南方应是稻作农业起源地之一，但具体范围说法不一。有的主张起源于南岭以南的两广地区，有的主张起源于云南和印度支那北部山地或云南—阿萨姆地区，有的则主张起源于长江中下游，越来越多的考古发现证明后一种说法是最接近历史实际的。

近年来，在长江中游发现了一系列相当于新石器时代中期的遗址，分别称为城背溪文化和彭头山文化，其年代为公元前7000—公元前5000年。在这两个文化的遗址中，已不止一次地发现了稻谷遗存，有的是用稻壳掺在泥土中抹墙壁，有的是用稻壳碎末掺在泥土中做陶器。往后在长江中游的大溪文化和长江下游的河姆渡文化与马家浜文化中，这种做法更为普遍，已成为当地的一种文化传统。同属于长江水系的陕西汉中盆地亦发现有较早的稻谷遗存，分别出于西乡李家村和何家湾遗址，属老官台文化，年代为公元前6000—公元前5000年。这些稻谷遗存的年代都远早于中国其他地区发现的稻谷遗存，也早于一般认为可能是稻作农业发源地的印度恒河流域和东南亚山地所发现的稻谷遗存，所以长江中下游应是稻作农业起源的一个重要中心。

稻米有两个基本亚种，一个是籼稻，或称印度稻；另一个是粳稻，或称日本稻。现已查明粳稻起源于中国，日本的稻谷是从中国传播过去的，所以有的学者建议将日本稻改称为中国稻。一般认为，粳稻是由籼稻演化而来的，而籼稻的野生祖本是普通野生稻。我国普通野生稻最集中的分布区在广东、广西和海南岛，长江流域只发现少数几处。为什么长江中下游在稻作农业的起源和早期发展中的地位反而比华南重要得多呢？因为华南大部分处于北回归线以南，气候炎热，几乎全年无冬，雨量充足，天然食物资源十分丰富，所以，这里的稻作农业反而不发达。

尽管野生稻到处都有，但因为收获和加工都很麻烦，比起其他食物也不见得特别好吃，所以人们不一定采集它。即使发现了它的食用价值，因为到处都可以采集到，所以不一定考虑进行人工栽培。即使偶尔种植一些，也并不迫切地需要把它发展成为一种连续不断的稻作农业。长江流域就不同了，那里有较长而寒冷的冬季，迫切需要有能够长期储藏以备冬天之需的食物。人们一旦发现野生稻的食用价值和能够长期储藏的优点，自然会加以培植并设法扩大再生产。何况长江流域史前文化比较发达，人口较多而野生稻资源又少，就更有进行人工栽培的必要性和迫切性了。这可以解释为什么恰巧在长江中下游发现最古老和最发达的稻谷遗存而不是在别的地方，从而为稻作农业起源于长江中下游找到了事实的根据和理论上的说明。

由于在我国有两个农业起源中心，往后的发展又都各具特色，从而在史前时期就形成了南北两大农业经济文化区和两种农业体系。以中原地区为核心的华北旱地农业经济文化区一直是以粟作农业为主的，那里首先培育了粟和黍，可能还有大豆，园艺蔬菜有油菜、芥菜或白菜，经济作物有大麻等。养殖业是以与农业紧密结合的形式出现的。先后饲养的家畜有猪、狗、黄牛、山羊、绵羊、猫等，家禽有鸡。以猪的数量最多，其他几类很少。农具主要有翻地的石铲，收割用的镰和爪镰以及谷物加工用的石磨盘和石磨棒。

该区农业大体经历了以下三个阶段：

第一阶段，磁山文化时期：已有一系列农村，但规模较小；种植的谷物有粟和黍，饲养的家畜家禽有猪、狗、鸡，翻地用农具主要是舌形石铲，收割用农具主要是石镰，其中不少是有齿石镰；谷物加工工具主要是大型石磨盘和石磨棒，磁山文化中有乳状足的鞋底形石磨盘，是这个阶段的代表性器物。

第二阶段，仰韶文化时期：农业村落遗址显著增多，规模扩大。种植的谷物除粟、黍外，还有从南方引进的水稻。饲养的家畜中增加了少量绵羊、山羊和黄牛。翻地用农具仍是石铲，但形态明显地复杂化了，有舌形、心形、梯形、双肩形和鞋底形等，后者主要分布于燕山及其以北的红山文化范围内，有人称之为耜或犁。收割用农具大量增加，但形态变为两侧带缺口的或长方形的爪镰。石磨盘和石磨棒显著减少，且个体变小，也许这是因为随稻谷的引进而将加工稻谷的杵臼同时引入华北，部分地代替了石磨盘和石磨棒的功能。

第三阶段，龙山文化时期：此时的作物种类和家畜品种虽无多大变化，农具却有明显的进步。翻地农具已规范化为梯形或有肩石铲，后者实为商代青铜铲的祖型。收割用农具主要是石质或蚌质的镰和爪镰，且全为磨制，质量较差的陶质或打制石爪镰都被淘汰了。用碳 -14 方法测定古代人的食谱，得知仰韶文化时期粟、黍类食物只占 50%，而龙山文化时期则为 70%，说明此时粟作农业得到了进一步的发展。

以长江中下游为核心的华中、华南水田农业经济文化区一直以稻作农业为主，后来从北方引种了部分旱地作物（多在缺水的丘陵地区）。这个地区的家畜家禽主要是猪、狗、水牛和鸡，后来又从北方引进了羊。农具中多骨铲或石铲（或臼锹），用以平整水田，后来出现了石犁破土器等。由于稻谷可直接用手采集，故收割农具不发达。加工粮食则主要用杵和臼。

该区农业也经历了类似华北农业发展的三个阶段：

第一阶段，彭头山文化—河姆渡文化时期：农村多在河湖边或沼泽地，种稻，养猪、狗和水牛。用骨铲整治水田，很少见收割用农具，加工粮食用杵、臼。

第二阶段，大溪文化—马家浜文化时期：农村遗址显著增加，规模扩大。许多地方已用石铲代替骨铲整治田地。

第三阶段，石家河文化—良渚文化时期：农业有较大发展，除种稻外，有的地方还从北方引种了粟、黍等旱地作物作为补充。已会养蚕、缫丝、织绸，家畜中又从北方引进了羊。农具因地区不同而有较大差异，江浙良渚文化中出现了三角形石犁，广东石峡文化则有石䦆和石铲等，收割用农具中出现了少量石镰和爪镰。

以上两大农业区的两种农业体系并不彼此孤立，而是互有影响乃至在发展过程中发生互动等复杂情况。这样一种既有区别又有联系的农业格局，一直影响整个历史时期，并且对邻近国家的农业产生了深远的影响。

第六讲

仰韶、龙山文化与母、父系氏族社会

1. 仰韶文化所见母系氏族社会

距今六七千年前，中国辽阔的土地上散布着大大小小的氏族部落，留下了丰富的文化遗存。从东北北部起，经内蒙古自治区、宁夏回族自治区直到新疆维吾尔自治区和西藏自治区的广大地区内，散布着细石器文化（因其有细小的石器而得名。这里所说的文化，系考古学上的用语，指同一时期、同一地区具有共同特征的考古遗存的总体，通常因首次发现地点或特征性的遗迹、遗物而命名）。在黄河中游地区，有仰韶文化，因首次发现于河南省渑池县仰韶村而得名。在黄河上游一带，有马家窑文化，因首次发现于甘肃省临洮县马家窑而得名。在其他地区还分布着不同的原始文化。

仰韶文化比较清晰地反映了母系氏族公社的面貌。仰韶文化的中心区域在陕西省中部、河南省西部和山西省南部一带。它的分布，南达汉水中上游，北至河套地区，西及甘肃境内的渭河上游，东到山东省。在这些地方发现了那时的许多村落遗址，有的地区村落分布得相当密集。

那时候，黄河流域的居民以原始农业为主，兼营家畜饲养。他们使用农具，在掘土时用尖木棒，这时的居民基本上已经不再用过去打制的粗糙石器，而是使用以磨制为主的比较精致的石器。此外，这时还有了砍伐灌木丛林的石斧，松土整地的石铲、骨铲，收割谷穗的各种石刀。农作物主要是粟。1973—1978年，考古工作者在浙江省余姚县（现余姚市）河姆渡村遗址中，发掘出大量已经炭化了的远古稻谷及种植水稻的工具骨耜和木耒耜。这些遗物距今大约7000年，是迄今为止在中国发现的最早的人工栽培稻。那时已发明了一些简单的谷物加工工具。人们把谷物放在石磨盘上，手执石磨棒或石饼反复碾磨，以达到脱壳和磨碎的效果。

人们经营农业之后，便能生产自己需要的食物，能够定居下来。当然，原始农业的耕作方式还处在初期阶段，并且经常受各种自然条件的影响，收获量很低，有时甚至全无收成。这种情况往往引起氏族村落的全部或一部分的迁移。

渔猎是仅次于农业的生产活动，在当时人们的经济生活中仍占有相当重要的地位。他们用的主要工具有弓箭、石矛、鱼叉、鱼钩、束有石网坠的渔网等。家畜饲养也作为副业而产生了。从陕西省西安市半坡村遗址发现的圈栏和动物骨骼来看，当时饲养的主要家畜是猪和狗。牛、羊、马、鸡等也可能处在驯养阶段。采集仍然是不可缺少的生产活动。在半坡遗址的房屋和地窖中，发现了许多榛子、松子、栗子、朴树籽以及螺蛳壳和蚌壳。

生产工具和生活用具的数量及质量的提高，是手工业发展的标志。大量磨制工具的制作，给人们提供了新的生产工具，促进了社会生产的发展。从斧、锛、铲、凿、刀、针的制作来看，已经采用了切、削、磨、钻的技术。有倒刺的鱼叉、鱼钩和穿孔骨针的出现，标志着原始手工业的制骨技术达到了比较高的水平。

纺织和缝纫也有了较大的进步。人们可剥取野麻纤维，用陶、石纺轮捻成细线，织成布匹。兽皮也是人们的衣着原料。人们也可用精巧的骨针、骨锥和角锥，把麻布、皮革缝制成各种服装。

妇女在氏族的地位是比较高的。有一些地方发现了以妇女为中心的埋葬习俗。在陕西省华县元君庙和华阴县（现华阴市）横阵村，发现了几十个母系氏族的迁移合葬墓。这些同坑埋葬的死者都是迁移而来合葬的，人多少不一，男女老少都有，迁移合葬过程比较复杂。人死后，大概是先把尸体做临时处理，当遇到母系氏族中一个地位较高的妇女死亡时，就先直接把她的尸体仰卧埋在葬坑里。然后将同氏族的早死者的尸骨迁来，与她排在一起，同墓合葬。这种以妇女为中心的葬俗，表明她们在氏族中的重要地位。另外，从半坡遗址和陕西省临潼县（现西安市临潼区）姜寨遗址墓葬的随葬品来看，女性一般比男性多。这种现象也是妇女社会地位高的体现。

集体劳动和生产资料公有的性质，决定了母系氏族公社的产品分配必然是全体氏族成员共同消费。半坡遗址和姜寨遗址里储存东西的地窖，密集地分布在房屋之外。有的 10 多个集中地分布在一个地方，形成窖群。这可能就是集体储存的一种形式。从墓葬来看，氏族成员死后大多数以基本相同的葬式埋葬在同一墓地内，随葬品绝大多数是生活用的陶器和装饰品。在半坡遗址的 71 座有随葬品的墓中，多者 10 件，少者 1 件，平均为 4.3 件。

那时，人们的经济生活水平虽然有了一定的提高，但仍然很艰苦。那时的人们由于食物粗，咀嚼费力，下颌骨比现代人粗壮，而且牙齿有严重磨损。各个墓群里的死者情况反映出，多数人的年龄只有三四十岁，还有大量儿童夭亡现象。因为生产力还很低，生活资料还很少，所以只有过着共同生产、共同消费的生活，才有可能维持全氏族成员艰苦贫乏的生活。

2. 龙山文化时期的父系氏族社会

大约在 5000 年前，黄河、长江流域的氏族部落先后进入了父系氏族公社时期。大体上属于这一时期氏族部落的文化遗存，有龙山文化、齐家文化、屈家岭文化、青莲岗文化、良渚文化和大汶口文化，因分别首次发现于山东省章丘县（现章丘区）龙山镇、甘肃省广河县齐家坪、湖北省京山市屈家岭、江苏省淮安县青莲岗、浙江省杭州市良渚和山东省泰安市大汶口而得名。

龙山文化氏族部落的分布很广，东至海滨，西至渭水中游，北达辽东半岛渤海湾沿岸，南及湖北、安徽、江苏三省的北部。主要分布地区是河南、山东、河北等省，山西省南部和陕西省渭水流域。总体来看，它的分布范围比仰韶文化更加广阔，而且地域性的差别比较显著。齐家文化的氏族部落生活在黄河上游甘肃省东部和青海省东北部。西藏自治区发现的新石器时代晚期的文化遗存，其石制工具与陶器都与齐家文化相近。东北乌苏里江流域新石器文化遗存中的玉璧、玉珠等，与黄河流域的类似。屈家岭文化主要分布在湖北省汉水流域。青莲岗文化分布在长江下游，主要在江苏省境内。良渚文化分布在钱塘江下游和太湖周围地区。大汶口文化主要分布在山东省与江苏省、安徽省的北部。

龙山文化时期，生产水平有了新的发展，主要表现在农业和畜牧业的发展与以轮制陶器、冶铜手工业为主要标志的工艺水平的提高等方面。这时出现了石镰、蚌镰等新的农具。人们发明了安柄使用的石镰和蚌镰，这就可把原来摘取禾穗改为连杆收割，这样不仅能提高劳动效率，也为牲畜储备了饲料。龙山文化表现在农业上的发展是收刈工具数量的增多。河北、河南、陕西等省的一些遗址，出现了以石刀为代表的收刈工具和以石斧、石铲为代表的垦殖工具，数量几乎相等。有些地方的收刈工具，甚至有比垦殖工具多近 1 倍乃至 3 倍的情况。龙山文化的石刀不仅数量增多，还有所改进，一般都加宽变长，刃部更加锋利。仰韶文化的农具恰恰与此相反，垦殖工具大体多于收刈工具一倍。龙山文化收刈工具的增多和改进的事实，说明龙山文化在农业的收获量上有了增长。

生活在长江中下游一带的屈家岭文化、青莲岗文化和良渚文化的氏族部落，把草木丛生的沼泽地带开辟成水田，栽种了水稻。

这一时期，饲养的动物种类和数量增多了。各地都饲养了成群的猪、狗，也有牛、山羊，还有马和鸡。河南省陕县庙底沟 26 个龙山文化灰坑所出的家畜骨骼，比 168 个仰韶文化灰坑出土的还多，而这些家畜的骨骼中尤其以猪骨最多。河北省邯郸市涧沟的一个灰坑，出土了 21 个猪的个体。大汶口发掘的 133 座墓葬中有 1/3 以上用猪骨随葬，最多的一座竟有 14 个猪头骨。在家畜中，猪的特点是繁殖快、耐粗饲。饲养猪的增多，为人们提供了肉食来源，减少了对狩猎经济的依赖。

那时，饲养家畜已成为新的谋生手段，并在经济生活中愈加重要。男子在参加农业劳动的同时又从事畜牧业，因而获取生活资料主要成为男子的事情，生产所得的产品也多归男子，而妇女则主要从事家内的劳动。于是这些畜群逐渐成为父系家庭重要的私有财产。

渔猎和采集经济作为人们谋取生活资料的补充手段，这时还在继续进行，并有着不同程度的发展。已发现的打猎工具有石、骨、蚌制成的箭头，磨得很光滑，个别地区还找到一些打制的燧石箭头。浙江省杭州市水田畈、吴兴县钱山漾等地良渚文化地区的人们已经开始乘坐渔船到更开阔的水面上较大规模地捕捞鱼类。

那时，已经创造了转动快的陶轮，借着陶轮急速旋转的力量，把陶土塑成器皿。采用这种方法制成的陶器形状整齐、厚薄均匀，更重要的是大幅提高了陶器的生产效率。人们既完善了陶窑的构造，又掌握了封窑的技术，并且，在高温下将窑密封的结果是使烧坯中所含的铁还原，因而烧成了灰色陶器。山东省龙山文化的氏族部落轮制陶器特别发达。由于陶坯经过磨光，加上窑封得严密，又有意让烟熏黑，所以烧成的陶器颜色漆黑，表面光亮。他们甚至能够制出一些薄如蛋壳的黑陶器。此外，他们还选用高岭土烧制了少量表面很白净的陶。

金属加工业是父系氏族时期生产中的一项突出成就。河北省唐山市大城山遗址发现了铜牌。这种制品已在比龙山文化稍后的齐家文化一些氏族部落的住址和墓葬中，较多地被发现了。甘肃省武威县皇娘娘台发现的铜器有铜刀、铜锥、铜凿、铜环和铜器残片。甘肃省临夏县大何庄和秦魏家发现的有铜匕、铜锥与铜环。这些制品使用的红铜成分很纯，除天然的微量杂质外，没有人工加入的锡或铅。这种红铜质地稍软一些，直接经过锤打就能制成各种工具和装饰品。红铜可展可延，可以随意成型，可以重新改铸，比石器的优点多。红铜的出现突破了中国原始社会若干万年的制石工艺，是个创造性的新工艺，使生产力有了新的提高。在制造铜器的过程中，有采矿、冶炼、锤击、制模、熔铸等一系列程序的需要，生产技术比制石器、陶器要复杂得多。一部分人从事了这项专业，促使了手工业的分工。人们制出了红铜器，由此逐步认识了金属的性能，也为以后的金属制作开辟了道路。

庙底沟龙山文化的氏族墓地位于遗址的西部边缘。在 1100 多平方米内，布满 145 座南北向的墓葬，死者的头向一律朝南。秦魏家齐家文化的公共墓地南北 6 排，共 100 余座，死者的头向一律朝西北。在它的东边 20 多米处，还有另一片规模较小的墓地，东西 3 排有 29 座，死者的头向一律朝西。这些情况意味着不同的氏族严格遵守着本氏族埋葬死者的传统习俗，而氏族成员在一般情况下，是不会轻易离开自己的氏族的。

父系氏族社会的重要标志，是在婚姻关系上更为牢固持久的一夫一妻制的出现，从而确定男系血统的延续。这时，还采取死后合葬的方式。大汶口文化遗址中有不少成年男女合葬墓。属于龙山文化的陕西省华阴市横阵村的遗址中，也有成年男女合葬墓。在齐家文化的秦魏家的成年男女合葬墓中，男子一律在右边，脸朝上直卧，女子一律在左边，腿弯曲着侧身向着男子。这种葬式似乎表明男子是居于统治地位的，而女子则处在屈从、依附的地位。

一夫一妻制的个体家庭与母系氏族家庭完全两样，繁杂的家内劳动已从原来为社会服务变成为私人服务。在属于大汶口文化的大汶口和江苏省邳县（现邳州市）大墩子、刘林等地墓葬中发现，凡头部有装饰品的都有纺轮；反之，无装饰品的则多为生产工具。在属于马家窑文化的青海省海东市乐都区柳湾发现的墓葬中，也是男性的随葬品大多数是磨制的石斧、石刀、石凿，女性的随葬品大多数是陶质或石质纺轮以及骨锥、骨针等。这些体现了男女之间的分工，由于妇女被排斥在社会生产之外，因而失掉了原有的社会地位。另外，象征着男性祖先崇拜的陶石雕塑，在属于龙山文化的陕西省西安市客省庄、华县泉护村和属于齐家文化的甘肃省临夏县张家嘴等地都有发现。这也是父系氏族形成的一个重要标志。

父系氏族公社是原始社会向奴隶社会过渡的社会阶段。私有制、贫富分化、阶级分化和占有奴隶，都是父系氏族公社时期出现的。那时，最主要的私有物是畜群。各地区的氏族部落流行以猪颌骨作为衡量财富的标尺。人们生前聚集了一些私产，死后作为随葬品埋入墓穴。在大汶口 133 座墓葬中，约 1/3 都有猪头骨，多者达 14 个。属于大汶口文化的山东省滕县（现滕州市）岗上村、潍坊市姚官庄的一些墓里，也有数量不等的猪颌骨。属于龙山文化的湖北省郧县青龙泉的一座墓中有 14 块猪颌骨。属于齐家文化的大何庄的一座墓中放置了 36 块猪颌骨，秦魏家的一座墓中多达 68 块猪颌骨。在其他墓地里也有数量不等的猪颌骨。这表明这些猪为墓主人生前所私有，而这种私有物的积聚已达到了相当的数量。

随着私有制的产生，出现了贫富分化。一些富人用粮食酿制酒类。在大汶口墓葬中，有盉、高足杯等酒器成组地被发现，可能是这一情况的说明。大汶口的墓地情况也明显地反映出贫富分化和财产不均的现象。在这里，富人的埋葬最为奢华，墓坑很大，长 4 米多、宽 3 米多，坑内围置和铺垫木材做成木椁，有的椁底还涂抹朱红色。富人的随葬品多达五六十件。最为富裕的随葬品竟达 160 余件，包括精美的彩陶，乌亮的黑陶，洁白的白陶，磨制精致的石、骨生产工具和各种装饰品，个别的还有透雕刻花的象牙梳和象牙筒。与富人的奢华埋葬相对照，在大汶口已经发掘的 133 座墓葬中，有 80 座用一般生产工具和生活用具随葬，有 8 座完全没有随葬品。在柳湾发掘的同一时代、同一类型的墓葬中，也出现了规模大小不同，随葬品多寡悬殊的情况。随葬品的多寡和有无的不同，是死者生前占有财产多寡的记录，是贫富分化的反映，也是某些人剥夺另一些人劳动果实并据为己有的说明。

在父系氏族中滋生着奴役关系。在皇娘娘台的遗址中发现了一座成人合葬墓，一男二女。男性在正中仰卧，左右两侧各有一名女性，均为侧身屈肢，下肢向后屈，双手屈于面前，相互面向男性。在柳湾属于齐家文化的墓葬中，有的男性仰身直肢卧于棺中，而青年女性侧身屈肢，面向男性，卧于棺外。这些墓葬中的女子，无论她们与墓中的男性是否为夫妻关系，显然是居于依附的地位，而且似是居于奴隶的地位。

龙山文化、齐家文化的许多遗址中都发现了卜骨。占卜的方法是，在猪、牛、羊的肩胛骨上面用火灼出裂纹，由裂纹来判断吉凶。这种活动的发展，到后来出现了一些日益脱离体力劳动而专门从事占卜活动的巫者。他们的活动不仅是向自然祈求，而且逐渐具有了阶级压迫的性质。

3. 文化的多元起源与多区域不平衡发展

我国的新石器时代遗址已发现了7000余处。黄河与长江的中游和下游分布较密，尤其是黄河中游，仰韶文化遗址已发现达1000余处。

我国尽管多区域的发展不平衡，但各区域的文化自成系统，并有渊源；区域虽分布明确，但文化的内涵与面貌都是不能互相重合的，因此划分出了几个较大的文化区系。它们之间互相影响和吸收着，多层次地渗透、联系与统一着，并明确地反映着各个区系的文化，拥有共同文化传统的部落集团创造了历史；同一区系中同样存在不同文化的诸多类型，又表现了各大区的部落集团中存在众多的氏族部落或部落联盟。

（1）仰韶文化，黄河中游，以渭、汾、洛诸黄河支流汇集的中原为中心，北达河套及长城沿线，南接鄂西北，东至豫东一带，西至甘青接壤地区。其中，前仰韶文化（裴李岗文化、磁山文化、大地湾文化三种较早的新石器文化），处于公元前6000—公元前5400年；仰韶文化，处于公元前5000—公元前3000年；中原龙山文化（陕西省关中、山西省南部、河南省及河北省南部），处于公元前约2900—公元前2000年。

（2）大汶口文化（青莲岗—北辛文化，公元前5400—公元前4000年），黄河下游以泰山为中心，南至淮，东至海，北至无棣；大汶口文化（公元前 4300—公元前 2500 年）；山东（典型）龙山文化（公元前 2500—公元前 2000 年）；岳石文化（公元前 1900—公元前 1500 年）。

（3）河姆渡文化早期（公元前 5000—公元前 4000 年）、马家浜—崧泽文化（公元前 4300—公元前 3300 年）、良渚文化（公元前 3300—公元前 2200 年），以长江下游的太湖平原为中心，南达杭州湾地区，北以南京市为中心包括苏皖接壤地区，形成了一个新石器文化区系。

（4）皂市下层文化（约为公元前 5000 年）、大溪文化（公元前 4400—公元前 3300 年）、屈家岭文化（公元前 3000—公元前 2000 年）、青龙泉三期文化（又称湖北龙山文化，约为公元前 2400 年），形成了长江中游新石器文化区。长江中游以江汉平原为中心，南包洞庭湖平原，西尽三峡川东，北达豫南与黄河中游，形成了文化相间分布、自成体系的新石器文化区。自 1977 年起，先后在湘西的石门县、澧县等地发现了早于大溪文化的新石器文化，其中石门皂市下层文化经碳 -14 测定（未经树轮校正）为距今 6920 ± 200 年；屈家岭文化，在湘北岳阳市洞庭湖区坟山堡遗址上层发现了属于它的一组连体建筑，在其下层出土一批较大溪文化更早的遗物，与皂市下层文化近似。1989 年初，在湖南省澧县洞庭湖区澧水北岸鸡公垱发现了属旧石器时代中期的文化遗存，距今约 10 万年。此外，在湖北省秭归县、天门市等地也发现了属于皂市下层文化范畴的新石器文化。

（5）新乐下层文化（公元前 5300—公元前 4800 年）、红山文化（公元前 4500—公元前 3000 年）、夏家店下层文化（公元前 2000—公元前 1500 年），形成了红山文化区。由于红山文化有玉龙、积石冢、祭坛、女神庙等重要发现，玉器非常发达，这与商代日常使用玉器关系密切，因此非常重视它在中华文明起源史上的地位。

（6）马家窑文化，以陇西为中心，西至河西走廊和青海省北部，北达宁夏回族自治区南部，南抵四川省北部。它可视为仰韶文化的一种变体，被称为甘肃仰韶文化，年代约为公元前 3300—公元前 2050 年。其后延一般认为是齐家文化，是一种晚期新石器文化或早期青铜文化。其分布与马家窑文化地域重合，然而到底是承袭马家窑文化还是承袭陕西龙山文化，考古学界意见不同，年代上限约为公元前 2000 年。此外，黄河上中游的彩陶艺术在公元前 3000 年以后已衰落，但在黄河上游一带的马家窑文化中更为发展了，对此颇需研究。

燕山以北区系和黄河上游区系，都在新石器时代（包括早期青铜文化）为农耕文化兼有较多的养畜业。青铜器时代主要是游牧民族的文化。燕山以北西拉木伦河流域的夏家店上层文化，一般认为是山戎和东胡人的文化遗存；黄河上游的新石器文化和青铜文化，可能是氐羌部落集团及其先民的文化遗存。

（7）华南地区，以鄱阳湖—珠江三角洲为中心，包括广东、广西、闽台和江西等省（自治区），新石器时代分为早晚两期。其早期遗址多分布于洞穴、贝丘和台地。其特点是大量打制与磨制石器共存，骨角器比较发达，还有蚌器，普遍使用绳纹粗陶，农耕遗迹不明显，也不肯定是否有家畜遗存，多以采集、渔猎为主。其年代都偏早，如江西省万年县仙人洞遗址下层、广西壮族自治区桂林市甑皮岩遗址、广东省英德县（现英德市）青塘洞穴遗址的年代，都距今 8000 ～ 9500 年。其晚期文化，已有了较为发达的农业，其中有些硬陶甚至是在 900 ～ 1100℃高温条件下才能生产出来的。有的遗址中还发现了彩陶。已命名的有以江西省修水县山背村遗址命名的山背文化（公元前 2800 年）；以广东省曲江市（现韶关市曲江区）石峡遗址命名的石峡文化（为公元前 2900—公元前 2700 年）；以福建省闽侯县昙石山遗址命名的昙石山文化（待测定），其文化性质与台湾凤鼻头文化（约为公元前 2000 年）属同一范畴。广泛分布在华南的新石器文化，应为百越先民所创造的文化遗存。

（8）西南地区，包括云贵和川康西藏地区的新石器文化遗址，有待进一步的发现和研究，应有当地的新石器起源的发现。然而，目前所知道的普遍晚于黄河与长江中下游及华南地区，其文化面貌，既与黄河中游与上游地区，又与华南地区的新石器文化有着多层次的联系，同时也别具特色。可分为昌都、甘孜等地区，及川西和滇西北地区的新石器文化，这些地区的居民大概与黄河上游、中上游的居民同属氐羌部落集团的先民。

1990 年，在西藏自治区拉萨市北郊曲贡遗址（距今约 4000 年，即约公元前 2000 年），出土了大量打制与磨制石器，陶器有双耳罐、单耳罐、高领罐，制作精美，还发现一件猴头陶塑品，可将西藏古蕃人关于人类起源于猴的神话传说推到新石器时代。细石器是与卡若文化不同的另一文化遗存，其发现填补了西藏腹地细石器的空白。

川东属长江中游新石器文化区。四川盆地的新石器文化受陕甘影响较深，而又具有独特的风格，至商周发展为蜀文化。今大理以东、以南和滇中、滇东北及贵州和长江以南的川东南地区，成为我国西北与东南的新石器文化的交汇地带，受来自黄河上游与中游的明显影响，而来自长江中游、下游及华南的文化影响占有一定优势。这可能是一支受氐羌先民影响较深的、由三苗与百越集团的先民们创造的文化分布区。

（9）东北北部、蒙古高原、阿拉善平原和塔里木盆地东缘，普遍分布着以细叶石器为代表的遗存，是北方各游牧与渔猎部落集团先民的文化遗存。其除东北北部有些地方有农业的发展外，大多仍以采集、狩猎为主；进入青铜时代，为游牧区和渔猎区；塔里木盆地东缘，有着较发达的农业文化遗存。

以上各区系，发现与研究都不平衡，然而多元起源、多区域不平衡发展确是学术界共同的观点。

第七讲

新石器居民迈入了新的历史时期

约在公元前 5 千纪（1 千纪为 1000 年）前叶后段至公元前 4 千纪中期，黄河及长江中下游地区新石器时代居民，迈入了新的历史时期。

1. 新石器时代的文化归类

新石器时代的居民，依照考古学文化归类，分别划归为前期仰韶文化、后岗一期文化、早期大汶口文化、早期大溪文化与马家浜文化。

前期仰韶文化，包括半坡类型（或称为半坡文化）及其后继者——庙底沟类型前期（或称为庙底沟文化）。半坡类型的分布以渭河流域为中心，东起太行山西侧及郑州左近（或向东推进到达太行山东麓），西止渭水之源，南至武当山北侧，北达河套及熊耳山地带；庙底沟类型前期的分布地区较半坡类型向东推进，至少到达太行山东麓。

后岗一期文化，分布于东至山东半岛，西越太行山而达晋中及长治盆地，南逾黄河，北达河套、桑干河—永定河沿线。

早期大汶口文化，分布于山东及苏北地区，是与后岗一期文化属同一谱系先后衔接的两种考古学文化遗存。

早期大溪文化是出于长江中游的遗存。大溪文化的分布地区是西起瞿塘峡两岸，东达洪湖之滨，北自荆山南麓，南抵洞庭湖畔，处在中国东西、南北交通的腹地，面积约 5 万平方千米。

马家浜文化是出于长江下游的遗存。

2. 仰韶文化

谈及仰韶文化，历来的学者对其含义存在不同的认识。有的把后岗一期文化和老官台文化及秦王寨类型（鉴于首先发现于秦王寨便以其称之，或称王湾二期文化），归入仰韶文化，分别称为后岗类型、北首岭类型和秦王寨类型。这种认识扩大了它的文化范畴，并混淆了它的文化含义。后岗一期文化不仅在文化面貌、特征方面区别于仰韶文化，在谱系方面也有区别。老官台文化及秦王寨类型虽和仰韶文化同属一个谱系，但它们的文化面貌、特征的差别，已超出了考古学文化的界限。

仰韶文化的范畴应包括目前考古学的以半坡类型、庙底沟类型和半坡遗址四期为代表的遗存（或称西王村类型）。上述的三个类型是按由早至晚的顺序发展而来的三个阶段，有的学者分别以仰韶文化早、中、晚期命名。在此所讲的仰韶文化前期，包含半坡类型及庙底沟类型中期（陕西华县泉护村遗址庙底沟类型遗存分为三期。以此庙底沟类型作为分期的基标，庙底沟类型中期约相当于泉护村遗址庙底沟类型遗存二期）以前的遗存。

半坡类型，1954—1957 年因发掘西安半坡遗址而得名半坡类型。1958 年，在此成立了西安半坡博物馆，这是鉴于这一遗址的重要性，以使其得到永久的保护。渭河流域、汉水上游及涑水河流域是半坡类型分布的中心地区。渭河流域的半坡类型遗址分布最为密集，陕西华县东西长 20 千米范围内就有 5 处，相隔 4 千米就有 1 处。由此推测，如果遗址数量和实际的遗址数量相同，那么当时村落分布的密度是很可观的。

随着时间的推移，半坡类型的基本器物不断地发生局部性的演进。依此显示的半坡类型发展进程，可以早晚两期标示它的一些重要变化，晚期改变了早期几何形图案的严整特点，使用圆点、曲线三角及曲线条带构成几何形图案，开始展现出把彩绘图案推向多样、活泼方向发展的轨迹。至今发现的所有半坡类型和庙底沟类型的层位关系，前者当在公元前 5 千纪，后者为公元前 4 千纪。这两种类型存在的亲缘关系，即庙底沟类型是半坡类型的直接继承者的事实已被清楚地揭示出来，从而被考古学界广泛承认。

从半坡类型发展到庙底沟类型，经历了逐步积累量变而进入质变的过程。在半坡晚期已孕育了形成庙底沟类型的因素，并在不断完善的同时，又渐渐地扩充着它的种类，以至于处在一定时期的某些遗存，既具有半坡类型特点，又显示了庙底沟类型的特点，成为两种类型的过渡时段。庙底沟类型是由半坡类型发展而成的，庙底沟类型的房屋、陶窑、石器和陶器的形制以及陶器的纹饰，大多可以从半坡类型那里找到渊源及演化过程中的具体环节。然而演化的途径是相当复杂的。在多数情况下，有从一种器物或纹饰（因素）变成另一种器物或纹饰（因素）的，有不同品类的部件组合成新的品类的，也有的是受外来因素的影响而改造原来的品种的。

各地半坡类型向庙底沟类型的过渡是不平衡的，导致有些地方的庙底沟类型前期偏早阶段的遗存，不同程度地保留了半坡类型晚期阶段的元素。这种不平衡性还表现于过渡中的各地半坡类型的新元素成分的差异，只有它们之间交往，相互借用彼此的新元素，才有可能较快地促进庙底沟类型的形成，并产生大体一致的文化面貌。

庙底沟类型遗存，最早见于渑池仰韶村遗址，后又见于夏县西阴村。20 世纪 60 年代初期，在讨论仰韶文化的类型时，有的学者主张将这类遗存命名为西阴村类型。近 40 年来，人们在较广泛的地域内都发现了这类遗存的较多遗址，并对数量相当的遗址进行了较大规模的发掘。由于陕州区庙底沟遗址最先被大面积地发掘，故此也就以庙底沟这一地名命名这类遗存。

庙底沟类型遗址的面积，大于半坡类型遗址，分布又较稠密。在华县境内就达 8 处，比同地半坡类型遗址多出 60%。它的文化面貌基本上区别于半坡类型。这里的庙底沟类型文化特征，基本上是自分布于渭河流域的庙底沟类型遗存概括出来的。至于分布于其他地区的这类遗存的文化面貌，在大体相同的前提下也存在一些区别。汾河中上游以及壶流河的庙底沟类型均存在一些地域性个性。人文地理格局所决定的文化交往的疏密状况，是导致这类个性存在的重要原因。中条山以及崤山西侧的庙底沟类型的文化面貌，基本上与渭河流域相同，同时也显现了汾河流域，尤其是伊洛—郑州地区的一些文化元素，形成了一些过渡地域性的文化特点。

3. 后岗一期文化与早期大汶口文化

首先讲后岗一期文化，它是后岗遗址中被确认的一种遗存；是与半坡文化并存的另一谱系的考古学文化；与北辛文化以及大汶口文化存在源流关系；经大汶口文化依次成长为龙山文化及岳石文化；与史书对照，应是东夷的一个发展阶段。看来，后岗一期文化与后岗遗址，与半坡文化、北辛文化、大汶口文化、龙山文化、岳石文化，以及东夷文化都有着千丝万缕的内在关联。

后岗一期文化的分布，在以河套及山东半岛为犄角，遍布太行地带以东的整个黄河下游地区。后岗一期文化与半坡文化在地理上，处于交错、对峙和相互争夺的状态，并随着半坡文化的壮大，尤其是其后继者庙底沟文化的东侵而节节后退，至大汶口文化（刘林期），已退缩到山东地区及黄淮平原地区的北部。但是在文化上，两者各自保留着自身的特色，彼此又吸收着对方的元素，实际上后岗一期文化吸收半坡文化的影响更多一些。但分布在伊洛—郑州地区的半坡文化，融合了后岗一期文化的不少元素，其中最重要的是陶鼎，并因此使自身在半坡文化中别具异彩。

后岗一期文化的陶器，在质地、颜色、制法和某些器形以及彩绘图案等方面，貌似半坡文化。而一经仔细观察、认真分析，则知它流行陶鼎及具有较多的长颈小口壶。同时，陶盆数量极少，且缺乏小口尖底瓶，在陶器表面装饰方面存在红色彩绘，碗、钵流行“红顶”装饰，而无动物形彩绘图案及罕见绳纹，明确表明后岗一期文化的陶器和半坡文化存在根本的区别。

后岗一期文化的经济门类、制作生产工具以及生活用具的技术水平，基本上与半坡文化相同。从后岗一期和半坡及北首岭遗址出土的斧、铲、刀、锛四类工具彼此数量的比例关系来看，似乎还可以认为它们在生产经济方面存在某些区别。后岗一期文化的农业效益低于半坡文化的农业效益。

早期大汶口文化（刘林期）在黄河下游，继后岗一期文化之后，年代约与庙底沟文化前期相当。由于庙底沟文化的东迁，刘林期的分布范围远较后岗一期文化缩小。目前，只在鲁中丘陵、徐淮平原及胶东半岛见到这时期居民留下的遗址和墓地。同时，刘林期居民积极接受并融合了庙底沟文化的先进因素，将自己的生产力及社会关系推进到了一个新的发展时期，并对江淮地区及长江下游和辽东半岛产生了积极的影响。

刘林期社会的一些特点，主要是男子已任主要职能，在生产中起主要作用，出现了一些具有专业特长的劳动能手，占有较多的财富，享有较高的社会地位。而妇女在生产劳动中则退居二线；家族已分化，有了贫富之别，私有制得以发展，财富还未能集中在少数人手中，贫困人数较少，大多数人都在中等以上的水平。父权制特点的家内，奴隶尚未出现；存在一夫一妻婚姻，基本上男女平等，在家内经济生活中同样有发言权或支配权。

4. 大溪文化

大溪文化以重庆市巫山县大溪遗址命名。其年代，前期可进入半坡类型，后期约和庙底沟类型相伴始终。上述的早期含义，并非该文化本身分期的"早期"，而是指约和黄河流域仰韶时代前期年代相当的大溪文化遗存，即基本上是大溪文化三期以前的遗存。

大溪文化的特征所显示的文化面貌，尤其是以该文化较早阶段的丁家岗下层遗存与石门皂市下层遗存进行比较，可看出两者存在密切的联系，大溪文化是从石门皂市下层遗存生长起来的。自大溪文化居民分布区溯汉水而上，进入汉水上游的陕南地区，沿丹江、淅水与伊洛地区相连，这两地均是半坡类型及庙底沟类型居民的分布区，更有甚者，在湖北境内的汉水流域及河南境内的淅水沿岸，均零散地分布着一些半坡和庙底沟两类型居民的移民点，这有利的地理条件和当时居民分布的格局，为他们进行文化、经济交流提供了相当便利的条件。

大溪文化和半坡及庙底沟两类型之间确已存在相当广而深的文化与经济交流。当然，大溪文化居民还可同四川、江西腹地、广东和位于淮河流域的河南及安徽部分地区，甚至通过中间媒介同长江下游的同时代居民，进行经济、文化的交流。从大溪文化基本内涵来看，沿着汉水，尤其是由淅水沟通和伊洛地区的联系，当是大溪文化居民对外交往的主要方向。只有黄河中上游步入庙底沟类型时期，他们之间的这种交流才达到相当频繁的阶段。同时，居住在江汉地区的大溪文化居民能直接吸收庙底沟类型的信息，使他们和洞庭湖畔的同胞的文化面貌有着显著区别。这种差别分别称为关庙山类型和汤家岗类型。

5. 马家浜文化

因浙江嘉兴马家浜的发掘而得名。其是在半坡类型年代范围内由居住于太湖平原及杭州湾地区的居民留下的遗存，具有鲜明的考古学文化特征。

马家浜文化层位上晚于河姆渡文化。从陶器形态分析，可以认为它直接起源于以罗家角早期为代表的遗存。后者基本上同于河姆渡遗址的早期，同时保持着一些地域性差异，两者当属同一文化的不同的地方性变体。同时，马家浜文化的后继者是崧泽文化。

马家浜文化用石、玉及骨、角、陶等材料制作工具、用具及装饰品；用木材制成木铲及泥抹子等。居民过着以稻作农业为主的定居生活，渔猎采集业也相当发达。据草鞋山及崧泽出土的稻谷及炭化米的鉴定，得知当时种植的稻谷有籼稻和粳稻两种。牛、猪及狗是当时饲养的家畜。

草鞋山发现了 3 块纺织物残片，原料可能是野生葛，织物为纬起花的罗纹织物。织物的密度是，经密每厘米约 10 根，纬密每厘米罗纹部 26 ～ 28 根、地部 13 ～ 14 根，花纹为山形斜纹和菱形斜纹，织物组织结构是绞纱罗纹，嵌入绕环斜纹，还有罗纹边组织。它不同于此时在黄河流域陶器底部印痕所反映的平纹粗麻布，是相当先进的织造工艺的产物。

另外，在圩墩发掘的 62 座墓葬中，存在女性拥有随葬品的墓葬比例较高的情况，很可能是妇女地位较高的反映，或许马家浜文化居民的社会还处于母系氏族阶段。

生产力的发展，表现为两个方面：

其一，出现新的劳动领域，扩大了劳动门类或职业的范围；

其二，更新技术，提高效益，生产纵深发展。

两者彼此联系，结果是出现和发展了社会劳动分工及其日益专业化。

农业技术的更新和家务劳动范围的扩大，最终导致男子占据农业生产领域，妇女成了家务的劳动力。这是一个渐变而又复杂的过程。约公元前 4000 年前期大汶口文化刘林期的大墩子墓地见到的情况，表明这一过程已步入质变阶段。这里只有男性墓葬才用镞、鱼镖一类渔猎工具随葬，纺轮基本上只见于女性墓葬中；妇女也用斧、锛随葬，但比例上少于男性；同时，铲、凿只见于男性墓葬中，并且，仅在男性墓中才见到斧、锛、凿这样成套的石质工具。两座成年男性墓中，在随葬斧、锛、凿的同时，还随葬了碎石片、牙料及较多的骨、牙制品，形象地说明了死者生前是手工业匠人。至公元前 3000 年后半期齐家文化的柳湾墓地，石刀、石斧、石锛、石凿及石钻和纺轮，分别成了男、女各自的专用随葬品。手工业匠人从最初只在男子中出现，就规定了手工业的发展与分工只是男性展现才能的专门领域。

在农、工之间及手工业内部分工过程中的诸阶段的墓葬，凡使用锛、凿随葬的男性，同时也随葬了刀、铲这类农业工具，表明手工业匠人还同时是农人。这反映了当时农、工及手工业内部分工还处在较低水平。同时，在家族、氏族仍是维系人们的社会组织的情况下，手工业分工往往表现为家族甚至氏族之间的劳动分工。

制陶业始终是新石器时代的一种重要的手工业。在技术上，它先后经历贴塑、泥条盘筑及慢轮加工等阶段之后，公元前 4000 年前期后段，已在陕西华县泉护村一期文化的晚期遗存中见到了快轮制品。快轮制陶技术经历逐步发展的过程，至龙山时代才在黄河及长江流域普遍推广开来。不过，即使在这一时期的黄河流域，从它的下游到中上游，这一技术推广及发展程度，也存在逐步递减而显得颇不平衡的情形。

快轮制陶技术的产生，是史前工业技术革命步入一个重要阶段的标志。在此之前，黄河流域的半坡文化及庙底沟文化的陶窑，往往是成群分布的。而随着轮制技术的发展，制陶组织或单位愈益缩小。兰州徐家坪包含 12 座窑址的马厂文化窑场，从其被分割成 4 个由不等数量的陶窑组成的单元来看，当认为这一窑场分属于 4 个制陶组织，同时其制陶规模也存在差别。约自公元前 3000 年前期后段之后，在陇东以东的黄河流域诸考古学文化的陶窑，一是窑室容量扩大；二是以遗址为单位来看，陶窑的数量不仅减少了，而且分布较零散。例如，经过大规模发掘的客省庄及三里桥遗址，分别只见到 3 座和 1 座陶窑。而且，在客省庄文化中见到陶窑成为房屋附属物的现象。随着技术的发展，在制陶日益专业化的同时，陶器也成了交换中的重要商品。

随着使用快轮制陶，制石工艺获得了新的发展，同时出现了制玉和金属制造两种专业。

制石工艺的进步，表现在两个方面：一是使我们见到了日益增多的那种棱角锐利、形制扁薄且整体抛光的石制品；二是单面穿孔技术出现并逐步地推广开来。制石成了需经专门训练才能掌握的技能。

据至今见到的考古资料，可知居住在燕山南北及长江流域的先民，较其他地区的居民更早地从石头中辨识出美石（玉），加工成装饰品，随后在这两个地区的历史进程中，一直保持生产和使用玉的传统，并使之发展，至迟在公元前三四千年之交的红山文化和公元前3000年中期开始的良渚文化，分别出现以猪龙或以琮璧为中心的玉礼器系统。在此之前，制玉和制石两类工艺混杂不分，自玉礼器出现后，一是因为两类工艺要求原本应有所区别，二是由于玉礼器工艺水平要求超过制石，故从制石人中分化出专门从事制玉的工匠。

红山文化和良渚文化是我国史前时代两个玉文化中心，对其他地区产生过不同程度的影响。一是从影响面及影响的深远意义来看，良渚文化超过了红山文化；二是尽管在山西及内蒙古中南部见到导源于良渚文化的影响，然而，从迄今为止的材料来看，受良渚文化的玉文化影响最直接且有相当深度的是黄河下游及淮河流域，至于长江下游和长江中上游的关系，至良渚文化时期，虽可见后者受前者的影响，但从整个玉文化的相互关系来看，则比较复杂，至今尚难窥其端倪。对于玉文化发展的不平衡性，比如其他地区出现玉匠的先后，以及是否产生过独立的玉匠等问题，当作具体分析。鉴于目前的资料情况，我们尚对此加以探讨。

在以农业为基础经济的史前社会，手工业发展的规模和程度最终取决于农业为其可能提供的剩余劳动的状况，同时它在规模和速度两个方面增强了人类聚积财富的能力。除由于它的存在直接产生的社会分工与分化外，还要求产生管理人员和沟通社会各部门生产的交换人员。然而，史前社会分工与分化并未仅在生产领域中停步，基本上在与上述社会生产领域分工与分化的同时又产生了巫师与军事领袖。

早已发生的宗教，至公元前三四千年之交，已发展到一定规模。红山文化的坛、庙、冢和仰韶文化晚期大地湾带有地画的大房子，这类宗教性建筑已表明存在较复杂的宗教礼仪。与之相适应的，当已存在某种形式的巫师。巫师是宗教发展到一定阶段的产物，从为宗教礼仪由选举产生的临时性“业余”巫师到专业巫师是一个历史过程。至公元前3000年中期，宗教得到进一步发展，产生了质的变化。如果不计富河文化卜骨，甘肃灵台桥村发现的当是属于这个时期的迄今为止见到的最早的卜骨，大汶口文化用于祭祀的带有符号的陶尊，以及良渚文化带有墓葬的祭坛，应是宗教已步入新阶段的标志。

琮、钺共为一人的随葬品的现象，与墓主人同时随葬钺和礼乐器的情况，一致显示神权、军权集于一人的事实。福泉山有琮无钺，以及同地的钺、纺轮共存而无琮的现象，从另一方面说明了当时掌握神权的人并不一定掌握军权，某些女性亦能执掌军权。

至此，史前时代社会的分工与分化已具基本规模。然而，这一变革并未到此止步，其后的分工与分化的历程，只是已形成的这一层面的延伸、发展和深化。

第八讲

冶炼术的出现，人类进入铜石并用时代

《史记·封禅书》中虽有“黄帝采首山之铜，铸鼎于荆山之下”的传说，但黄帝是否真有其人，是否真有采铜、冶炼、作铜兵器的事，都是很难确证的，他们所处的真实年代更是难以论定。但是，大约从公元前3500年开始，我国的远古文化进入了一个新的时期，即铜石并用时代，其结束于公元前2000年。铜石之中的铜尤为突出。

1. 概观铜石并用时代

我国的铜器究竟是什么时候发明的，到目前为止，还难以确定。从一些只鳞片爪的远古传说中，我们只能得知古人认为的铜器发明较早。近年来，考古的发现已提供了重要的信息：现在已可大致认定，至少在仰韶文化的后期，即大约在公元前3500年以后的一个时期，我们的祖先已经知道了铜，并且已会制造简单的小件铜器了。

夏使用了铜器，但较多地用于农业生产的可能性不大，不过对农业生产工具的加工是会有帮助的。相传，有些部落向夏贡铜，而禹用铜铸鼎，并说夏已做兵器。制铜器的手工业在夏时似乎已有一定的开展。

铜有美丽的光泽，极富延展性，可以做出很细很薄的各种器具。废铜器还可以回炉重新锻铸，制造新的器具。这些是石器不可比拟的。但铜的原料比较少，天然铜更少；当时对铜矿的认识还不清楚，即使认识，发现了也不易开采，炼铜时所需的温度高达1084℃（熔点），所以在铜器发明以后相当长的一段时间里，能看到的仅是一些很小的器具，如小刀、锥、凿、钻、指环、手镯等，在生产和日常生活中都还没有占据重要地位。

见于马家窑文化林家遗址的经过冶炼并由合范铸造法制成的青铜刀子、源涡镇的铜炼渣和红山文化的冶炼遗存及铜制品，说明至迟在公元前3000年，我国已经掌握了冶炼浇铸铜器的技术，至龙山时期，制铜技术获得了进一步的发展和推广。从获取矿石的冶炼再到铸造铜器的生产，是一个有组织的协作劳动和十分复杂的工艺过程。这一工艺的出现，使手工业分工获得进一步发展，是继快轮制陶之后又一次具有时代性的工业革命，在随后的中国历史发展中将看到由它引起的社会变革较快轮制陶更加深刻。

从铜的成分来看，大多数属红铜（比较纯的铜），其中至少有一部分是从天然铜块中提炼出来的；而有些则含杂质较多，包括锡、铅、锌、铁及某些非金属物质，故有些表现为青铜甚至黄铜的性状。但那多半不是人们有意识地合成的，而是矿石本身不纯所致。这一情况大约延续到夏代以前，约公元前2000年前。此后，人们已经掌握了制造青铜器的技术，从此我国历史进入了光辉灿烂的青铜时代。

在铜石并用的时代，石器制作技术已趋于完善，农业生产进一步得到提高，物质文化的生活逐渐丰富起来。不同地区之间，同一地区或同一人群集团内部的分化明显加深，而家庭的结合则日益稳固。从前分散的部落逐渐结成联盟，中心聚落和城堡相继出现，掠夺性战争愈演愈烈，最后导致原始社会的解体。

2. 铜石并用时代之早期

我国的铜石并用时代，就整体而言还可分为早晚两期。早期从公元前3500—公元前2600年，相当于仰韶文化后期。

这时，在黄河中游分布着仰韶文化，黄河下游是大汶口文化，黄河上游是马家窑文化。在长江流域，中游的两湖地区主要是大溪文化晚期和屈家岭文化，下游包括太湖流域，主要是崧泽文化。

铜石并用时代早期，仰韶村的遗址被发现以后，一直被怀疑其遗存是否单纯，是否还可划分为若干文化期。

河南洛阳王湾遗址于 1959—1960 年被发掘，呈现在人们眼前的是非常丰富的新石器时代文化遗存，其特征与仰韶村的遗存是基本相同的。王湾有着非常清楚的地层关系，据此可将其遗存划分为若干期：王湾一期为仰韶文化前期；王湾二期为仰韶文化后期，而二期本身又可分为前后两段或细分为四段。

郑州大河村遗址于 1972—1975 年被发掘，呈现在人们眼前的也是十分丰富的新石器文化遗存，也同样包含很多的文化时期。大河村的第三期以及第四期大体相当于王湾二期的前段，而第五期则相当于王湾二期的后段或稍晚。

为了搞清楚仰韶村遗址的分期，1980—1981 年，考古工作者又进行了小规模的发掘探讨，最后按照其十分清晰的地层关系，将仰韶村遗址初步划分成四期。仰韶村遗址的第二期相当于王湾二期前段，仰韶村遗址的第三期相当于王湾二期的后段。仰韶村、王湾和大河村的仰韶后期遗存，在河南中西部的伊洛—郑州地区是具有代表性的。其前段曾经被称为豫西仰韶文化，但后来又被称为秦王寨类型或大河村类型；其后段是与庙底沟二期文化相当的一种地方性遗存。这些遗存的共同特征是磨制石器发达，其中最具代表性的是梯形铲、有肩铲和穿孔扁斧。这些同仰韶前期有很大的不同。

仰韶后期遗存分布在陕西、山西、河北等省，其遗存也是非常丰富的，并同伊洛—郑州地区的仰韶遗存有着许多的共同之处，它们的发展阶段也基本上是同步的。它们都可以划分为两个较小的阶段：

前段在陕西是半坡晚期类型，在山西南部和河南西部是西王村类型，在河北南部和河南北部是大司空类型，它们同王湾二期的前段或秦王寨类型是基本同时的。

后段在陕西是泉护二期，在晋南豫西是庙底沟二期，在冀南豫北是台口类型，它们同王湾二期的后段是基本同时的。

但是，各地仰韶遗存又都有着很明显的差异。应当指出，上述地区在仰韶前期的文化面貌也不是完全一致的，其差别不如后期明显，并且发展趋势不同：前期是差别越来越小，而统一性越来越大，后期则是差别越来越大。这种内部分化趋势的加强，以及仰韶文化基本特征的逐渐消失，最终导致仰韶文化的消亡。

仰韶前期对相邻原始文化的影响逐渐加强。仰韶后期，相邻诸原始文化得到了较快的发展，对仰韶文化的影响不断增加。这一变化在山东和苏北的大汶口文化中表现得特别明显。

大汶口文化究竟是从什么时候开始的？有的学者主张从刘林等墓地所代表的时期开始，有的学者主张从大汶口早期墓葬所代表的时期开始，还有的学者主张从所谓景芝期或大汶口晚期墓开始，学术界的说法不一。不论学者们有怎样的说法，又如何划分，公元前3500年的前后165年（大汶口早期墓开始的年代），应是大汶口文化时期的一个重要分界线，而这也正是仰韶文化前期与后期的一个分界线。正是在这个分界线以后，大汶口文化的若干主要特征才逐渐形成。

大汶口文化同仰韶文化及其他相邻原始文化存在相当密切的关系。大汶口文化的发展并不是自我封闭的，它对仰韶文化的影响至少有一部分是伴随人口的流动而实现的。同一时期仰韶文化对大汶口文化的影响在某种程度上虽然小了一些，却是相当明显的。两种文化的密切联系，可从二者发展的同步性体现出来。仰韶文化后期可分为两个阶段，大汶口文化也有相应的两个阶段。只是这种发展既没有相互淹没这两种文化自身的特色，又使这两种文化的自身内容日益丰富，特色反倒更加彰显了。类似的这种情况在长江中游的新石器文化中也看得出来。那里相当于仰韶文化后期第一阶段的是大溪文化晚期，相当于第二阶段的是屈家岭文化。

大溪文化分布于湖北大部、四川东部和湖南北部。大溪文化的居民种植水稻。屈家岭文化主要是继承了大溪文化，同时吸取了一部分仰韶文化而发展起来的。大溪文化和屈家岭文化都同仰韶文化有着非常密切的关联。大溪文化中的典型器物，如双腹杯，屈家岭文化中的典型器物，如蛋壳彩陶杯和粗陶高柄杯，都曾在仰韶文化后期遗存中被发现。长江下游新石器文化发展的序列和阶段性虽然是比较清楚的，但相当于仰韶文化后期的遗存发现较少，似乎也不完全是同步的，同仰韶文化的关系也没有大汶口文化和大溪—屈家岭文化那样密切和直接。

在安徽的江淮平原，近年来发现了薛家岗文化。薛家岗文化是因其典型遗址潜山薛家岗而得名的。薛家岗遗址的新石器文化可分为四期。

第一期文化遗物甚少，年代大体与马家浜文化相当。

第二、三期是该遗址的主要遗存，也是薛家岗文化的主要内容。从某些迹象来看，第二期文化可能同刘林期相当，第三期文化可能同花厅期相当。但这两期的分界似乎不如大汶口文化和仰韶文化那样清楚。

第四期遗存更少，年代应相当于龙山文化早期，都不在本讲讨论的范围内。

在太湖、杭州湾地区，相当于花厅期或薛家岗第三期文化的是崧泽文化和越城期（或称张陵山类型），而相当于大汶口文化晚期的则是良渚文化早期。在这个地区较早的遗存，从河姆渡文化到马家浜文化，近年来都有许多发现，文化面貌比较清楚，而从越城期起则资料甚少，要充分说明这一时期的文化特征及其同相邻文化的关系，还有待于更多的田野考古发现。

总之，在仰韶文化后期，黄河中下游和长江中下游的文化都已有了较大的发展，黄河下游的大汶口文化和长江中游的大溪—屈家岭文化，在某些方面已经超过了仰韶文化，并对仰韶文化产生了较大的影响。这些文化之间一方面有相当密切的联系，且发展阶段也大致是同步的；另一方面各具特色，构成一幅丰富多彩的图景。这可以说是本阶段文化发展的一个总特点。

3. 铜石并用时代之晚期

铜石并用时代之晚期为公元前 2600—公元前 2000 年，大体上相当于龙山文化时期，此时正处于龙山文化及其同时代诸文化活跃的时期。这个时期铜器的使用逐渐增多，除红铜外，还有青铜和黄铜。各地考古学文化都有明显的发展，更加走近了文明的大门，这一时代应称为龙山时代。

龙山时代，是与龙山文化相对应的时代，在黄河流域还分布有中原龙山文化和齐家文化，而长江流域则有石家河文化和良渚文化中晚期，这些文化不仅属于同一时代，还具有相似的发展水平，并且相互间也有着不同程度的联系，存在一定的共同性。这是龙山时代的主要内容。

这个时代的民族文化区已经萌芽，一些考古学文化往往可以与古史传说中的族系相照应。龙山文化分布于黄河下游的山东和苏北一带，应当是东夷的史前文化；黄河中游的河南、河北、山西、陕西等省分布着中原龙山文化，其本身又包含后岗二期文化、造律台类型、陶寺类型和客省庄二期文化等，都是诸夏的史前文化；长江中游在屈家岭文化之后是石家河文化（因首次发现的遗址在湖北天门石家河而得名），应当是苗蛮各族的史前文化；长江下游至杭州湾一带是良渚文化，它可能是古越人史前文化的一支。此阶段在黄河、长江流域已普遍发现铜器，种类包括手工工具、装饰品、个别生活用品和乐器。此阶段在中心部落的基础上出现了城墙设施，这些古城可能是当时的军事、政治中心。

龙山时代分布着许多考古学文化，它们分别同传说中的黄炎、两昊、越和三苗等集团有着密切的关系，它们后来又发展为华夏、东夷、吴越、荆楚等族系。这说明，龙山时代考古学文化的分布实际反映着民族文化区的萌芽和初步形成，而这几个民族文化区在我国古代文明的起源发展中都起过重要的作用。

龙山时代的各考古学文化中（良渚文化除外），均已发现了铜器。铜器分布面之扩大与数量之增加，已显示出它超越了最初的发展阶段，到达了铜石并用时代的晚期。此时，有多处发现铜器或炼铜遗迹，如河南郑州的方形小铜片、登封的一件残铜器片、临汝的炼铜坩埚残片，还有山西襄汾陶寺的铜铃等。至于黄河上游的齐家文化，更在多处遗址中发现了铜器，其种类有刀、锥、匕、指环、斧、镜（青铜）等，亦多属红铜。这一时期的石器几乎都是磨制的，已更加广泛地应用了切割法和管钻法等技术，石器的种类、形态更加多样化，地区性差别也更加明显，已经达到了石器制造技术和应用的顶峰，而过去曾广泛应用于工具制造的骨角器、蚌器和陶器则降到了次要地位。

这时的农具，江南的变化比黄河流域的更明显些。例如，在良渚文化中，已普遍发现犁铧，这是在我国发现的最早的石犁，其他还有破土器（称为开沟犁，大体呈三角形，底边为单面刃，专为开荒使用）和耘田器，这些是根据水田耕作的需要发展起来的。收割农具主要是石刀（石爪镰），也有石镰、石锛，只是石镰数量还比较少。石刀形状多为长方形，一般比仰韶后期石刀长，多数仍穿一孔，也有穿两孔的。在良渚文化中还发现少量半月形石刀。一般说来，石刀是割穗的，而石镰是连茎秆一起割的。

这时主要的武器是石镞和石钺，同时有少量的石矛。此时的箭头变成石制的了，剖面多呈五棱形或菱形，并且锋、身、铤三部分结构明显，它在中原龙山文化中剖面多呈三棱形，而在龙山文化与长江流域诸文化中剖面则多呈菱形。这种远射武器相比近距离使用的矛而言有了较大的发展和改进，这也说明了这个时期的战争较为频繁。

早在旧石器时代，我国北方和南方的文化特征就有所不同；同在北方，也有所谓周口店第一地点—峙峪系和匼河—丁村系的区别。不过由于各地考古发现的不平衡，这种区系的划分难以取得一致的认识，到新石器时代农业发生后，由于自然地理环境的不同形成了三个巨大的经济文化区，即华中、华南的水田稻作农业经济文化区，华北和东北南部的旱地粟作农业经济文化区，东北北部、内蒙古及新疆和青藏高原等地的狩猎采集经济文化区，这是文化区系的第一次重新组合。

在公元前6500—公元前5000年，即相当于磁山文化时期，在三大经济文化区的基础上逐渐形成了若干地区性的考古学文化。地处中原的河南和河北南部有磁山文化或称磁山—裴李岗文化，陕西和甘肃东部有老官台文化，山东有北辛文化，北京地区有上宅文化，内蒙古东南部和辽西有兴隆洼文化，沈阳地区有新乐下层文化，位于长江流域的湖北有城背溪文化，湖南有彭头山文化等。

由于农业的继续发展和人口增殖的加速，到了公元前4千纪，在一些地区形成了移民垦荒的浪潮，从而引起了考古学文化的大传播以及不同文化间的接触、影响与融合。这种现象在甘肃表现得特别明显，那里老官台文化和仰韶文化半坡期的西界仅到陇东天水附近，到庙底沟期便大举西进到甘青边界，马家窑期继续西进到武威，马厂期更到达河西走廊西端的走廊，再往后的马坝文化已分布到新疆的东界。

连内蒙古中南部也有类似的情况，那里因为纬度较高（甘肃是因为地势较高），因而气温较低，雨量也相对较少，早期农业没有传播到这个地区。到仰韶文化的半坡期已有少量农人沿黄河和汾河河谷北上垦荒，到庙底沟期就有更多的农人涌入河套地区，因而在那里出现了一系列与晋、陕庙底沟期遗存十分相似的遗址。

在渤海湾，一些大汶口文化和龙山文化的农人从山东半岛先后渡海移居到辽东半岛，把山东的史前文化传播到渤海北岸。东南沿海史前文化的发展也有类似的情况。至于长江流域本来就有比较发达的文化，在公元前4千纪当地新石器时代的农业又有进一步的发展，并且与黄河流域发生密切的文化交流。上述情况使考古学文化分布图发生了变化，这是文化区系的第二次重新组合。

大约在公元前4千纪，各地前后进入龙山时代，此时手工业有了显著的发展。一是铜器的发明，使神州大地上第一次出现了冶金；二是快轮制陶技术的发明，不但提高了生产率，而且使制作蛋壳黑陶那样精致的器物成为可能；三是养蚕缫丝和丝织品的出现；四是玉器工艺的大发展。此外，还有漆器工业和建筑业的进步，如普遍使用石灰、土坯和夯筑技术等。这些都需要熟练掌握技术的匠人。

一种新技术出现后必定有一个推广的过程，这种推广的过程必定伴随一些匠人的流动和相关文化因素的传播。再者，这些手工业产品既然不是每个人甚至也不是每个公社都能制造的，因而必然会出现趋于经常的商业交换；有些人不满足于一般性商业交换，干脆用武力去掠夺，所以这时的武器有较大的改进，也就出现了城墙等防御工事。

战争固然会造成破坏，但客观上也能促进文化的传播。这是一个大动荡、大改组的时期，考古学文化分布的地图又发生了变化，这是文化区系的第三次重新组合。当战争的机器进一步发展，征服的地方越来越多，社会向两极分化时，文化区系又将重新组合，那已是文明时代的事情了。

第九讲

远古人类建筑的伟大创举

父系氏族公社时期，人们还生活在集体公有与集体分享的原始共产制之下，而维系氏族的依然是血缘纽带。在氏族村落的布局上，住屋和窖穴交错分布在一起，公共墓地设在居住区的附近。

与氏族制度的结构相适应，那时的村落已有一定的布局。半坡遗址是一处典型的氏族村落，总面积约5万平方米，包括居住区、制陶窑场和公共墓地三部分。村内有各种形式的窖穴，是氏族的公共仓库。居住区的房屋，布局颇有条理。有一座规模很大的方形房屋，应当是氏族的公共活动场所。其他中小型房屋是氏族成员的住处。围绕居住区挖筑了一条深、宽各五六米的沟。沟北边是氏族的公共墓地，东边是制陶窑场。这一幅图景反映出氏族成员共同劳动、共同消费，过着平等的生活。死后又埋葬在一起，表示他们同属于一个氏族。

远古人类留下了为不同用途营造的建筑群体的遗迹，例如，民居、宫殿、寺庙、作坊以及范围更大的村寨等各类建筑残迹；人类对自然环境进行利用和加工而遗留了一些场所，如洞穴、采石场、沟渠、仓窖、矿坑等。通过对各种类型的远古遗址的调查发掘，揭示了许多远古遗迹，其中包括各种有代表性的建筑遗址，进而考察了有关的社会状况，丰富了远古时代的历史内涵。

1. 新石器时代的村落与房屋

仰韶时代前期，从华县泉护村、陕州区庙底沟和邠县（现彬州市）下孟村等遗址的发掘来看，庙底沟类型的村落中房屋极少，却有大量的灰坑。即使把部分灰坑归为地窖式房屋，也只能看出村落中的房屋存在并分布得稀疏。从桑干河、汾河及伊洛—郑州地区自 1979 年以来的发掘来看，其与渭河、泾水及中条山的庙底沟类型村落结构有区别。那里的村落房屋较多，分布较密集，房屋似乎东西成行、南北前后成排地分布。但由于发掘的遗址保存欠佳或未经过大面积发掘，因此也难以确认其具体的情况。

伊洛—郑州地区的房屋有单间和双间的，呈方形或长方形，都是从平地上起建，并非坑凹，而墙则为木骨泥墙，门则开在东墙或西墙的中部。屋中设有那种带有挡风矮墙并高出居住地面的灶台。那种双间的房屋，是在正屋的后侧又建了一小间，形成里外两间，用薄墙隔开，并通过门道穿行，一般面积要比单间房屋大。

在其他地区，庙底沟类型的房屋并非一样，大致可分为半地穴式和地穴式两种。半地穴式房屋，从平面来看，一般多呈方形，少数的为扇形；地穴式房屋目前仅见于壶流河流域。半地穴式和地穴式房屋的南面，都延伸出一斜坡式的门道。房屋迎门的一侧却是竖穴式的圆形大灶坑。有的则在灶坑的南边挖出一道连接长方形灶门的沟洞。房屋的门道、地面、灶坑和墙壁的内外墙面都涂抹了加草的泥土，并很平整。这种房屋的墙内和室内的一些地方，被挖了洞，并埋栽了立柱，支撑房屋的顶部。墙内的立柱之间，一般先与藤蔓一类的材料编结的“薦”（席）相连接，再将“薦”的内外表面涂泥，像墙壁一样。这种地穴式的房屋，从平面来看呈椭圆形，面积较小，一侧有坡道与地面连接，地面不平整，一般也涂抹草拌泥；有的穴壁则未经修整，仍留有挖穴时的工具痕迹；烧灶简陋，在一侧穴壁的下方，不经常使用。到目前为止，这种地穴式的房屋仅在泉护村（陕西华县柳子镇）才可见到。

半坡类型的村落不同于庙底沟类型的村落，它布局规整有序，其中，如北首岭遗址总面积约 6 万平方米，由居住区与同期墓地组成。墓地位于居住区的南部；居住区的中央是个 100 米 ×60 米的广场，房屋环绕广场而建，房屋的门均朝中央广场而开。

半坡类型村落除居住区外，还有墓地和窑场，总面积约 5 万平方米。居住区外环，挖有大致呈椭圆形的围沟，沟北为墓地，沟东有窑场；居住区位于围沟范围内北边的一部分，这里的房屋门向基本上是朝南而开，背向围沟。与半坡类型的村落所见的情况一样，姜寨半坡类型的村落，几乎和在北首岭见到的情形完全一致，区别仅在于姜寨广场的西边，并有两块可能是围圈牲畜的地方。

综上所述，这样的村落只有经过统一的规划和实施，才可能有如此整齐划一的布局；根据房屋的门向及房屋间的界距，可将居住区的房屋分为五群，每群都有 20 座房屋左右，其中大型房屋 1 座、中型房屋 1 ～ 2 座及小型房屋近 20 座；中型房屋的周围都有一些小房屋（房群，又可细分为由 1 座中型房屋和若干小房屋组成的单元）。居住区被分割成若干房屋群、组的现象与生活于居住区内的居民彼此存在的亲疏关系有关，即居住在一房屋组的居民，要比住在其所属房屋群的另外房屋组居民的关系密切；住在同一房屋群居民的关系，要亲近于居住区内另外房屋群的居民。

半坡类型的房屋大多为半地穴式，只有极少数是平地起建的。在居住区内，还有用于储藏的窖穴，大多为袋形，除个别的在室内，其他的均建于室外。这或许表明窖穴基本上为某些房屋组、群的居民所共有。

2. 铜石并用时代的分间式房屋

公元前 3500 年后，河南和湖北地区的仰韶文化与屈家岭文化的居民中十分流行分间式房屋，当然，过去的房屋都是单间房屋。那时，不少的地方陆续出现一些分间式房屋，只不过河南和湖北地区表现得尤为突出。

河南郑州大河村曾发现了许多分间式房屋，其中有两间的或四间的，其格局连同室外地坪和窖穴应是一次设计建成的。这些分间式房屋基本上是先平好地基，然后铺垫好较干的草泥，再在上面抹好砂浆，最后挖好墙壁的基槽。在这基槽内先立好木柱，立柱间距为 8 ～ 30 厘米，其间填若干芦苇束，然后每隔约 10 厘米绑一横木，使形成的整个墙壁牢固地联结在一起，同时用木条架起屋顶。屋顶及墙壁内外先用草拌泥涂抹平整，再用砂浆抹平墙皮及屋面。房屋地面用砂浆涂抹数层至平整。最后做好方形灶台及挡火墙，并在房屋的南边挖上窖穴。这种房子复原起来，可能是两面坡或三面坡的。

对于当时分间式房屋的室内布置和常用的器物放置，我们列举其中的一座房屋说明如下：

在西间的灶台上放置了 2 个陶鼎和 1 个陶壶，那是烹制食物的地方。一些器物放在房间的西部，东部没有器物，而且用挡火墙与灶台隔开，这应当是睡人的地方。房间的南部仅有 1 个碗，那里也可睡下 1 个人。这间房子睡人的地方较窄，大约只能睡 2 个人，如果东北角再有个小孩睡下，充其量也只能睡 3 个人。他们入睡的位置是分散的，当是无婚姻生活的老者或儿童。屋里的器物比较丰富，有 7 件鼎、2 件豆、9 件罐、2 件杯、4 件壶、3 件盖、1 个碗、1 个钵、1 个盆、1 个瓮、1 个瓶，还有 1 件不知名的残器，共 33 件陶器（其中有 4 件彩陶器，碗、钵、杯、壶各 1 件）。此外，还有 1 件骨笄、2 个石球，陶球和陶纺轮各 1 件。

房屋的东间，灶台上有 2 件鼎和 1 个钵，显然也是炊事处所。其他器物基本上集中在北部，仅东南角有 1 件彩陶钵，中部偏南有 1 个盆。

房间中南部有较大的空地可以坐卧，较适于过婚姻生活的成人及其婴儿歇息。室内陶器计有 6 件鼎、6 件罐、3 个钵、2 个盆，以及壶 1 件、瓮 1 个，共 19 件。另外，还有石球 1 个，以及陶纺轮和陶插笄器各 1 件。两间房内均没有发现生产工具（可能人们使用的工具在屋外）。

像大河村这种分间的房屋，并不是个例。例如，河南荥阳点军台的房屋就是一座双套间的房屋；唐河寨茨岗有双套间房屋；镇平赵湾有三套间房屋；南阳黄山有双套间和六开间的房屋；淅川黄楝树有双套间和三套间的房屋；湖北丹江口市朱家台和郧阳区青龙泉都有双套间房屋。这些分间房屋属于仰韶文化后期或屈家岭文化时期，即铜石并用时代的早期。可见，这时家庭形态的变化已是一种比较普遍的现象，已呈现出一种鲜明的时代特征。

这里应注意的是，这些分间房屋往往是同单间房屋同时存在的，分间房屋并没有完全取代单间房屋，有的地方甚至单间房屋是主要的建筑形式；这种单间房屋有些可能为新分离的小家庭建造，有些可能是同几座房子一起属于一个家庭所有。还有个别的大房子，如大河村的房子南北 13 米，东西 9.4 米，面积 120 平方米以上。在普遍存在小房子和分间房子的情况下，这样大的单间房子显得格外突出，应当不是一般的住房，可能是原始社会晚期常见的那种男子同盟的集体住所，或氏族的一般公共活动场所。

至今仍没有发现过一个较完整的仰韶后期的村落。

根据一些局部的材料只能看出房屋分布上的某些特点。多数地方喜欢把房屋排成一长排，相互间挤得很紧；并且房屋坏了后，重建的房屋仍然保持着原来排列的位置，而不作散点分布。例如，大河村的5座单间或分间房屋便是依次自西向东排成一长列的；两座双套间房屋也东西排列着，它们年代虽有先后，但仍维持着排列的位置。淅川黄楝树的房屋多为双套间和三套间的，都紧密地排成一个大直角形，由于其余部分没有发掘，不知整体是否排成凹字形或四方形。这种情况应该被认为是氏族组织性和集体观念的一种体现。家庭虽然越来越多地表现出其特有的独立性，但毕竟表现得不够突出，因此不能脱离氏族公社而独立存在，上述住房采取的特有形式，也可以说明这一点。

3. 河南淅川下王岗的长屋

河南淅川下王岗仰韶三期的长屋在房屋建筑中既体现出家庭分化，又反映出社群集体观念。这长屋，坐北朝南，通长约85米，进深6.3～8米；面阔29间，东头向南伸出3间，共有32间，再加上门厅，共49间。这是我国史前房屋遗迹中最长、分间最多的一座长屋。这长屋的正房都有门厅，并形成17个单元的套房。其中12个套房为双套间，即两间内室带一门厅；5个为单套间，即一间内室带一门厅。长屋东头伸出的3间没有门厅，门向也不尽一致，是单间房。这长屋发现时已有一些损坏。大致两头保存较好，中间的正房和东头的单间房破坏得比较严重，使有些房间内部的结构等情况不清楚了。在保存较好的房间里，有10个房间发现有竹席的痕迹，其中包括双套间房、单套间房和单间房。铺竹席的地方应该是睡卧的地方，这三类房间都应该是卧室。有11个房间（有双套间房、单套间房和单间房）有灶，由此可见，它们已经是自成一体的单元房子，所住居民们都是一个个基本独立的生活单位，也可以说，在这座长屋里的居民，不论居住在双套间房、单套间房还是单间房里，都可为一个基本独立的家庭。引人注意的是，长屋中的每个房间，不仅结构不同，面积差别也很大。例如，最大的单间房有18.79平方米，最小的双套间房中两间内室面积的总和也才13.6平方米。由此推测，房间面积的大小应与家庭居住人口的多少相匹配；而房屋结构的不同则应与家庭人员构成的情况有关。单间房或单套间房的人口构成可能比较简单，而双套间房家庭中应有不便住在同一房间的成员。前一种情况应是对偶制的核心家庭，后一种情况可能已是多偶家庭或人口较多的家庭。

长屋的正房门厅的设置可能有两个使用目的：其一，避免内室过分地外露；其二，可存放一些东西。门厅内并没有竹席或火灶，说明它并不是卧室或厨房。从存放东西的功能来看，它同大河村多间房中的库房相近，这种家庭应该已有一定的经济独立性，而且独立性也只能是相对而言的，生产且不去说，单就分配上来说也不能算是完全独立的。因为门厅地方很小，又作过道，能放的东西有限，而长屋西头则有一个公共的仓库。仓库现存 19 个柱洞，围成直径 4.36 米的圆圈。既没有发现居住地面、灶坑，也没有墙壁的痕迹。如果是牲畜圈栏，地面应该有类似粪便的脏土，但并没有发现这样的脏土。况且，17 家人共用这么一个小小的畜圈也不合情理。因此，可以推测它是一种建在柱子上的粮仓。长江流域雨水较多，气候潮湿，不宜挖地窖储藏粮食，必须设法调空隔潮，那么最好的办法就是把粮仓架起来。这种高脚式粮仓至今在南方还很流行。既然有这样一个公共的粮仓，说明当时还可能存在定期分配粮食的制度。因而公社经济依然有它的生命力，家庭经济还处在比较脆弱的早期发展阶段。

4. 甘肃秦安大地湾的殿堂和教堂

仰韶文化后期，在甘肃秦安大地湾除了有分间的住房，还有类似殿堂的大型公共性建筑和宗教性建筑。仰韶文化后期多地多处都发现有这样大型的公共建筑遗迹。

大地湾遗址包含两部分：一部分在五营河岸边，是仰韶文化前期半坡类型的村落遗址；一部分在五营河以南的小山坡上，是仰韶文化后期的大型村落遗址。这个遗址以北边山坡上的房子为中心，向南作扇面形展开。其中又分成若干小区，每个小区中都有比较大的房子和比较小的房子。山坡上的中心房子是一座由前堂、后室和东西两个厢房构成的多间式大型建筑，以前堂的建筑最为讲究。该室宽 16 米，进深 8 米，面积近 130 平方米。正门朝南，有门垛，左右有对称的两个侧门，在东西墙间还各有一扇通向厢房的门。从正门进去，迎面有个大火塘，直径超过 2.5 米，残高约 0.5 米。火塘后侧有两个对称的顶梁柱，柱径约 0.9 米。南北墙壁上各有 8 根扶墙柱，柱径 0.4 ～ 0.5 米，有青石柱础。地面、火塘表面、柱子、墙壁和房顶里面均抹用料姜石烧成的灰浆，显得洁净明亮。地面做工更为考究，先是压实的平整地面，上面铺 0.1 ～ 0.15 米厚的草泥烧土块，再上面是用小石子、砂粒和人造陶质轻骨料掺灰浆做成的混凝土层，厚 0.15 ～ 0.2 米。表面经压实、磨光，呈青黑色，很像现代的水泥地面。经测试，每平方厘米可抗压 120 千克，强度相当于 100 号水泥砂地面。后室和两厢房都已残破，原有面积都比前堂小，建筑质量也较差。地面是黄土硬面，墙壁也仅抹草泥土。这些房子残存的面积连同前堂的面积，共约 290 平方米，是当时规模最大的一座房子。

房子前面还有一个约 130 平方米的地坪，有两排柱洞，每排 6 个；柱洞前有一排青石板，有 6 块，与柱洞相对应。西边后排柱洞旁还有一个露天火塘。房内出土的器物颇为特殊，其中直径 46 厘米的四足鼎、畚箕形陶器、平底釜等都是在一般遗址中见不到的，另有罐、盘、钵、缸等。这房子规模宏大，质量考究，远超一般的居室，应当是一所召开头人会议或举行盛大宗教仪式的公共建筑。其中的大火塘显然不是为一般炊事所用，很可能就是宗教圣火的点燃处。室内出土一些不同寻常的器物也说明了这房子的公共性质和特殊性质。问题是，这房子应是何种范围的或何种级别的公共建筑。它在大地湾遗址是独一无二的，而且那样规模的聚落遗址也是仅见少有的，它应该至少是一个部落联盟的首脑驻地，那室外的柱子可能就是代表各氏族部落的图腾柱，那柱边的青石板和火塘可能是准备牺牲献祭的设施。像这样的公共建筑堪称仰韶后期的原始殿堂。

仰韶后期，除了原始殿堂，还应有宗教性建筑，而宗教性建筑在仰韶文化前期是从来没有见过的。

5. 中心部落与中心聚落

大地湾在仰韶文化晚期应已成为一个中心部落的驻地了。在此之前的部落是分散的，除某种亲缘关系或临时性军事同盟之外，缺乏经常性的经济或政治上的联系。后来，由于专业分工和实物交换的不断发展，财产日渐积累，刺激了掠夺性战争的发生和延展。出于军事行动或集体防卫的需要，人们需要在关系比较密切的部落之间建立起联盟关系，也就在联盟中自然形成了一个中心部落，它既是联盟议事会的聚集地，也是联盟篝火的持续点，也就自然成为一切活动及联系的中心。这也应在考古遗存中反映出来，在甘肃秦安大地湾仰韶文化晚期遗存中，用原始水泥构筑的面积 100 ～ 200 平方米的原始殿堂的圆柱大厅中，就有燃烧圣火的巨型火塘，还有地面涂灰浆并涂人物画的宗教性建筑等，都是同一时代、同一文化性质的遗址，但在其他的遗址是见不到的。其他的遗址仅有一般性的居室。由此可见，大地湾在仰韶文化晚期应已成为一个中心部落的驻地了。

从大汶口文化的侧面也可反映出同样的社会现象。鲁中南和苏北的泰安大汶口、曲阜西夏侯、邹县野店、藤县岗上村和邳州市大墩子等处都发现过大汶口文化的许多墓葬，它们的文化特征包括埋葬习俗等都大体相同，但又存在差别。其一，各处墓葬都有大小和随葬品多少、精粗的差别，表明了当时已普遍存在贫富差距。但在第二个遗址里，没有发现过像大汶口那样的大墓，居然随葬着那么多的珍贵物品，这是空前的，没有第二个遗址能与其相比。这样表现突出、贫富差别之大的只有大汶口，当时最富的少数人也只能集居在大汶口这一个地方。其二，大汶口若干较大的墓有木椁或木棺等，有些大墓中随葬着玉钺、象牙梳、象牙雕筒、鳄鱼皮（蒙鼓用）、白陶等，而其他墓地中没有见到过，其中有些原料是外地产品，只有通过交换或掠夺的手段才可能得到，有些需要高超的工艺和大量的劳动时间才能做成。可见死者是特殊身份和地位的代表人物。由此也可以认为，泰安大汶口应是鲁中南地区的某个中心部落的驻地。

在山东的东南部和江苏边境，也曾发现许多大汶口文化的墓地，如莒县大朱村、陵阳河、诸城前寨、胶县三里河、日照东海峪和新沂花厅村等处。大朱村、陵阳河和前寨墓葬的贫富分化表现得较突出，只有这三个地方在大口陶尊上刻写了图画文字。这几处也像是某种中心部落的驻地，而陵阳河乃是最主要的一个中心。

类似大地湾或大汶口那样的中心聚落在别的地方也是存在的，如河南郑州大河村的仰韶后期遗存和湖北京山屈家岭的屈家岭文化遗存等，都是规模相当大的，只是有些中心聚落可能尚未发现，有些虽已发现，但由于发掘面积过小，尚不能充分表现其已达到的发展水平。这类中心部落的驻地或中心聚落一般表现为经济比较发达，可能是当时经济交流比较活跃的场所；在文化上和军事、宗教等权力上也表现为控制一个地区的核心，从而为往后城市的起源奠定了初步的物质基础。

6. 建筑技术的提高与结构的进化

龙山时代，迄今从来没有发现过大型的房屋建筑，但从普遍的小型房屋基址来看，当时房屋的类型已比过去的复杂和种类多样化了，建筑技术也有了特别突出的进步。

（1）夯土建房

在龙山文化和中原龙山文化中，常常发现夯土的房基。如山东日照东海峪的一些房子就是如此筑法。那里的房屋建筑先筑低矮的台基，然后筑墙体、室外护坡和室内地基。这些台基、护坡和室内地基均为分层筑成，土质坚硬、层次分明，每层上面有不规则形状的凹窝，推测是由不规则形状石块夯筑而成的。至于这时普遍出现的城堡，更为夯筑技术的典型。

（2）土坯筑墙

土坯用深褐色黏土制成，内夹少量小红烧土块。这显然是和泥制坯一起晒干后才使用的。砌墙的方法是用黄泥粘接土坯，错缝叠砌。那时的土坯都没有固定的规格。这种土坯砌筑的房屋一般在村落中常见，多为圆形的单间小屋。如河南永城王油坊、汤阴白营、安阳后岗和淮阳平粮台等地都发现了用土坯砌墙的房屋；上海福泉山和浙江余杭大官山果园等良渚文化遗址中更发现了烧过的红色土坯或砖。王油坊、白营、后岗和平粮台的房屋是建在城内的，有台基，每栋房屋分为若干小间，有的室内甚至设有走廊，比一般村落中的房屋要讲究得多，墙面抹草泥，从外观看已与现代的土坯房没有多大的区别。至于良渚文化的火烧土坯，在福泉山和大官山果园所见到的大小规格也不大一致。火烧土坯经火烧过，外面呈砖红色，里面因未烧透而呈黑灰色。现在难以判断它们是因失火还是有意烧成的红色土坯或砖。

（3）烧石制灰

中原龙山文化的房屋，其地面和墙壁往往抹一层厚白灰，表面光滑平整、质地坚硬、颜色净白，其成分基本上如同当今的石灰。在河北、河南和陕西常见这样的白灰。过去以为用料姜石或贝蚌类烧白灰，但推测并不客观，后在安阳后岗曾发现白灰渣坑，为过滤石灰后残渣的堆积坑，邯郸涧沟曾发现白灰坑，为已调好的白灰浆凝固而成，后岗等遗址更发现过未烧透的石灰石堆积，有些地方还有烧石灰的窑。由此推测，当时的人们已经知道开采石灰石矿用以烧制石灰了。龙山文化的房屋在日照东海峪、栖霞杨家圈、诸城呈子和胶县三里河等地均有发现。一般为方形或略呈长方形，单间。有的先做台基，有的则在平地起建。地基常先经夯筑，地面抹黄泥或草泥而不用白灰，仅接近后岗二期文化分布区的茌平尚庄一座残房有白灰面。中原龙山文化的村落中多为圆形单间房子，且多用白灰抹平地面和墙壁，与龙山文化多为方形而不用白灰的风格颇不相同。但中原龙山文化分布面很广，各地类型也有差别，表现为中原龙山文化和齐家文化的双重风格。

在这些房屋建筑中有两点情况值得注意：一是用小孩奠基，如后岗即有 15 座房子下或附近埋有小孩，从地层关系来看是在建房过程中埋入的，最多一座房子下埋 4 个小孩。这显然不是正常的死亡和埋葬，而是建房时举行奠基仪式的牺牲。当时除用小孩奠基外，还有用大人奠基的，这种用人奠基的现象，到商代得到了很大的发展，这说明龙山时代的社会同商代已有某些相近的因素。二是许多房子内或房子近旁有小的窖穴，其底部和四壁常抹白灰，比较讲究，当是房主人的储藏窖穴。这同仰韶文化前期窖穴成群而不与个别小房子相联系的情况相比，说明以一座小房子为单位的家庭已发展为在消费上更为独立的单位。上述两点，在一些地方的遗址中也同样存在，并不是孤立的现象，很可能是社会发展到一定阶段的产物。

7. 城堡的发现和水井的发明

那时，除了房屋等建筑物的出现，又发现了城堡和水井。发现最早的城堡，经考古学者论证应属于龙山时代。《世本》中提过“鲧作城”，鲧为禹的父亲，应属夏以前的唐虞时代。正如一些学者所说，二里头文化是夏文化，唐虞时代就应为龙山时代或龙山时代的晚期。龙山时代的城堡有山东章丘城子崖、寿光边线王村，河南登封王城岗、淮阳平粮台，内蒙古包头阿善、凉城老虎山，湖北石首走马岭和湖南澧县南岳等处。河南安阳后岗也曾发现一段长 70 米、宽 2 ～ 4 米的夯土墙，可以算是个一般村落的土围子。事实上，上述几处城堡遗址有些也只是个土围子或石头墙围子。另外的一些城堡遗址只发现了城墙，其他情况并不清楚，现时也很难估计。

对城内情况有一定了解的，目前就只有平粮台一处。它的情况显然和一般的村落遗址不同，至少应看作早期城市的一个雏形。这座城市的规模并不算大，每边仅 185 米，正方形，城内面积约 3.4 万平方米，如果包括城墙及外侧附加部分，总面积也仅 5 万平方米。但该城十分坚固，墙体甚厚，现存城基宽约 13 米，残高 3 米多，顶部宽 8 ～ 10 米，如果复原起来，所需土方大约不少于 4 万立方米，工程还是相当大的。

城市规划整齐，全城呈正方形，坐北朝南，几乎与子午线重合。其南门较大，为正门，设于南墙正中，北门甚小，又略偏西，当为后门。此举精心规划所体现的方正对称的思路，一直影响中国古代城市几千年的规划与发展，形成了中国城市建筑的独有风格。

城市就防卫设施来讲，十分严密。城墙本身就是最可靠的防卫设施，为了加强城门的管理，专门设立了门卫房。门卫房用土坯砌成，东西相对，两房之间的通道宽仅 1.7 米，便于把守。门卫房并有灶面，可为门卫餐饮、冬季取暖。

城市建有公共供水和排水设施，这是城市必须具备的。供水水源应为水井，排水设施发现了 5 米多长的一段，整个长度和走向尚不清楚。但仅就现已发掘的一段来看，足以说明当时有了公共的下水道设施。此段下水道正通过南城门，埋设在地面 0.3 米以下。水道本身由专门烧制的陶管套接而成，每节陶管长 35 ～ 45 厘米，直径细端为 23 ～ 26 厘米，粗端为 27 ～ 32 厘米。每节细端朝南，套入另一节的粗端。整个管道北端距城内稍高于南端，此下水道是为了解决城内废水向城外排放建造的。但 1 根管道排水有限，故用 3 根并拢，剖面看起来像倒“品”字形。即下面 1 根，上面并列 2 根。这样做是为了加大排水量，且又避免了陶管太大，难于烧造及易压碎的弊端。

城里比较高级的房屋，可能由贵族或统治者居住，比一般村落的房子讲究得多；有手工业设施，在城内东南、东北、西南都发现了陶窑，并在东南角灰坑内发现铜渣，说明当时在城内制造陶器和炼铜；有宗教活动的遗迹，如城西南角内侧埋一大一小两具完整的牛骨架，当为杀牲祭奠的遗迹；城内还发现了一些小孩埋葬地，有瓮棺葬、土坑葬和灰坑埋葬，是正常埋葬或者祭奠的遗留。由此可以说，像平粮台那样的城址，已经具备早期城市的基本要素。这个城市是政治中心，因有较高级的房屋，有规划整齐的市政建设；同时，可能是经济中心和宗教中心，因其有炼铜（这是当时最先进的手工业）和烧制陶器的遗迹，以及宰杀大牲畜祭奠的遗迹。正因为这个城市如此重要，才会调集众多的人力，来修建对当时来讲是那么理想的城堡，一座比较规范的城市。

这里应当特别关注的是，平粮台遗址的规模并不大，出土器物也不见特别的讲究，龙山时代诸考古学文化中比平粮台大得多的遗址还有许多，有些遗址出土的器物相当精致，有些遗址中还发现了很大的墓葬但对生活区缺乏了解，诸如此类，都预示着龙山时代还应有更大的城址。1930 年发掘了第一个龙山文化的遗址城子崖，就发现了一个夯土城。遗址中还有周代遗存，后来有多人怀疑那个城址是否属于龙山文化。1964 年，经学者详察残留城垣的夯土结构和包含物，提出了其可能属岳石文化。1989—1990 年春，山东省文物考古研究所对城子崖遗址又进行了勘探和试掘，才首次查明那里存在不同时代的多个城垣，分别为龙山文化、岳石文化和周代，其中以龙山文化的城址最大。这一结论一统上述的看法。城子崖龙山文化的城址平面接近方形，东、南、西三边城垣较直，北边城垣向外突出，拐角呈圆弧形。城内东西宽 430 余米，南北最长处为 530 米，面积为 20 万平方米有余。残存的城墙有些已深埋于现今地表以下 2.5 ～ 5 米处，城脚残宽 8 ～ 13 米。大部分挖有基槽，有的部位在原有沟壕上夯筑起墙。夯土结构先用石块夯，再用单棍夯，二者或许不是一次夯成，或许在龙山时期就曾做过部分修补。无论如何，它是足以代表龙山时代发展水平的唯一大型城址。上面所说，平粮台城址已有了不同一般的设施，清楚地显示了城乡的差别；那么对比平粮台城址大 7 倍的城子崖遗址继续进行全面的发掘，将会有更完备的设施和更讲究的建筑遗存显示出来，使我们对龙山时代的社会有更加深刻的认识。

龙山时代的村落遗址不可胜数，其中经过较大规模发掘的有河南汤阴白营、安阳后岗、永城王油坊和陕西临潼康家等处，每处都曾发掘出土数十座乃至 100 余座房址。目前，还没有哪一个龙山时代的村落遗址，发现过像仰韶晚期的那种分间式大房子，也看不到那种在仰韶晚期出现的同一村落中房屋分化的情况。这是由于城市的出现导致物质财富逐渐向城市集中，从而抑制了普通村落中内部分化的进程，使这个时期城乡的分化逐步代替了乡村内部的分化。

与城市几乎同时出现的还有水井。龙山时代晚期，在中原龙山文化遗存中发现了水井的遗址，如河北邯郸涧沟（井为土井，建于陶窑附近，并有水沟通向窑边的和泥坑，看来是为制陶时淘泥用的）、河南汤阴白营（水井深达 11 米，井壁用木棍自下而上层层叠起，累计有 46 层，木棍交叉处有榫，顶视呈“井”字形）和洛阳矬李等处；江苏吴县（现苏州市吴中区和相城区）澄湖属于良渚文化的水井群。有了水井，就不必仅靠江河湖水等天然水源，更可解决当时的生产用水、城乡供水，使人们有可能开辟更多的生存之地。水井是龙山时代意义深远的发明。

城市从不孤立存在，必须以乡村为依托，靠乡村提供粮食、原料和人力的资源，从而又会给乡村以经济、技术和文化等多方面的支持，推动城乡共同发展，建立起社会联系的新格局。由于当时的城市被贵族阶层管制，对乡村进行剥削和压迫，所以这种社会联系又表现为城乡对立，既有社会分裂，又有历史的发展，城市的产生总是一种进步，并意味着推动社会文明的进程。这一切对于龙山时代来讲，仅是刚刚袒露，就已见到了一丝文明的曙光。

第十讲

陶器为新石器时代的主要标志

山顶洞人或在他们以前可能已经会人工取火了。从保存火种到人工取火，人类支配自然的力量又大大地前进了一步。取火的发明和使用，使此后许多重要的发明，如陶器、金属工具等成为可能。

制陶，是当时新的、有特色的手工业。仰韶文化和马家窑文化的特点之一，就在于它们具有各种风格的彩色陶器。许多氏族村落中都留下了陶窑的遗迹。那时，人们选用黏性适度、泥质较细的黄土作陶土。陶土调好后，搓成泥条，圈叠成陶器的粗坯，或盘成陶坯的雏形。小器是直接捏塑而成。接着是修饰陶坯，又趁湿粘上或嵌入把手、耳、鼻等附件。等陶坯半干后，再刮磨器壁内外。人们还用赤铁矿和氧化锰作为颜料，使用类似毛笔的工具，在一些细泥质的器皿上描绘彩画。有时在上彩之前，还涂上一层白色或浅红色的衬地，使整个画面更为鲜艳。由于窑室封闭不严密，陶土中的氧化铁得以充分氧化，从而使烧得的陶器绝大部分是红色或褐色的。

陶器中虽然有一些生产工具，但主要是生活用具。有炊具，如甑、鼎、釜之类，用以蒸煮各种食物。有饮食器，如小钵、盆、盘、碗、杯等。有瓮和罐，是储存东西用的。有口小底尖中间大的瓶，是汲水用的。由于力的平衡原理，空瓶在水面上自动倾倒，使水灌进去。

陶器是母系氏族公社时期的重大发明之一。它表明人们的智慧不再仅限于自然物的加工，而是能完全创造出新的东西来。有了陶器，人们既可以蒸煮食物，使人体更充分地吸收食物中的各种营养成分，又可以储存液体，有助于农业的灌溉，从而促进人们定居生活的日趋稳定。按照烧陶的原理还可以制作纺织用的陶纺轮、狩猎用的弹丸、捕鱼用的网坠。烧土，也可以作为原始建筑的墙基。这一切对于人类生产生活的进步都具有很大的意义。

仰韶时期，由于陶器在人类智力发展和文化进步过程中具有重要意义，因此，一直作为新石器时代的主要标志而受到广泛的重视。

1. 彩陶——世界文化的珍品

彩陶不仅实用，而且是一种美好的工艺美术品。陶器上的彩绘花纹、图案和飞禽走兽，反映了当时的农业劳动和渔猎活动，具有浓厚的生活气息和想象力。陶器上面还刻有许多符号，人们可用作器物的标记。有的学者认为这是一种原始文字。彩陶上有鸟、鱼、鹿、蛙等图像，有的学者认为，就是当时氏族的图腾，是氏族的徽号。

仰韶前期的陶器，指陶制容器，是用来装东西的，可用作饮食、储藏、盛水和炊事等器皿或器具。这几类陶器不仅满足了当时人们生活的绝大多数需要，而且从造型及装饰的角度来说，已达到了高新水准，尤其是其中的彩陶，已成为中国史前文化成就的标志，更为世界历史文化的珍品。

一些学者曾经主张取消仰韶文化的命名，而将其中的半坡类型及庙底沟类型分别称为半坡文化与庙底沟文化，其中的一个重要原因正是半坡类型和庙底沟类型的陶器。因为从两者的种类、形态、装饰及制作的风格等方面加以斟酌，都可以看出两者的源流关系的确存在明显的差异。半坡类型陶器几乎全为红色，极少数呈灰黑色。陶质为夹砂、细泥两种，胎壁较厚。而其中夹砂陶器的表皮，除素面的外，大多为印痕较浅、纹理不甚清晰的粗疏绳纹，也有弦纹的；而细泥陶器的外壁均经打磨（小口器的内壁不便打磨的除外），都显得相当光滑平整，并且有的外壁显眼处还有黑色彩绘及戳印装饰。

半坡类型的器形，除碗、钵、盆、小口瓶、罐、瓮和仅见于伊洛—郑州地区的鼎之外，还有数量不多的盂以及大口瓶尖底器、小口瓶尖底器和平底器，它们的口部形状前者为杯形口，后者为葫芦形或蒜头形。陶器的附件极不发达，只有器盖一种，且数量很少，仅到晚期才增多一些。陶器的肩、身、腹的交接处基本上呈弧形，从而缺乏明显的分界。即使是那些年代较晚的器腹明显内曲的小底罐，身腹之间的曲转线条亦呈弧形。另外，在细泥陶中流行圜底器，外形多为半球形，这反而使人们认为，弧线形是半坡类型陶器造型的风格。半坡类型的制陶工艺的代表，应为着彩与戳印装饰的细泥陶器，其中比较多的陶器在造型和装饰结合上已经十分完善了，应当是史前居民创作中遗留下来的最宝贵的艺术品。

当时，彩绘和戳印配合施于同一陶器的情况是很少见的。大多数装饰陶器只见彩绘或戳印其中一种。戳印装饰，即剔刺装饰，就是在陶坯尚未干透时，用工具或指甲刺压陶器表皮，留下的麦粒形、三角形、方形、锥点、圆洞形及指甲形成的条状、三角形、梯形或方块组合的图案。它们基本被做成带状，位于陶器的显眼部位。或者于器腹以上和口沿下方的器身处施满戳印，状若宽带。这种戳印装饰都是一印一压地刺压成的，排印密集，戳印几乎是等距离的，极少出现刺压错叠的现象。这件陶钵完全体现出了当时工匠们的聪慧和高超技能。

彩陶是一种艺术品，是绘画与造型完美结合的一类艺术创作。考古学家为了区别于后代的烧后绘彩陶器，把烧前绘于陶器上的彩陶器称为彩陶。这种陶器具有颜色不易变、使用时擦磨不易掉的特点。半坡类型的彩陶纹饰可分为两类，其中一类为图案类，是由三角形、菱形、折尺形及直线组成的同一图形对称的几何图案，大多数彩陶只是在口沿边上画出一条黑色宽带。半坡的两件蒜头器，当是几何图案的彩陶中的精品。

另一类为象形类，其纹饰则为鱼、人面、鹿、蛙、鸟及渔网，以鱼纹为主，蛙、鸟纹极少。鱼纹往往绘于陶盆这类盛器上，有储藏丰盛之寓意。鱼纹是半坡类型的标志。象形画中，除单一种类外，还有不同类别的象形的组合，如嘴衔鱼的人面与鱼纹、嘴衔鱼的人面与网纹以及鸟啄鱼等。这些画面栩栩如生，表现出当时生产及生活的情景，具有较强的写实性，具有现代工艺画的一般特点。随着时间的推移，半坡类型的鱼纹逐渐抽象成为由三角形、直线等线条组成的几何形的写意画，从而成为庙底沟类型流行的曲线几何纹饰的一个重要源头。但是，这一演变并未使写实性鱼纹消失。在半坡类型晚期的绘画中，还见到过写实性的鱼纹。不过，有的鱼纹使用了曲线，着笔流畅多了，有的鱼纹笔法虽无变化，但画面上出现了曲线、圆点、弧边三角形及月牙形等曲线型笔画，有时还嵌入鸟头，从而使整幅图画产生了稍为流畅、活泼、多变的效果。

半坡类型陶器还应注意的是陶器上的刻画符号，已发现了 50 多种，绝大多数见于陶钵外口沿的黑色宽带纹上，只有极少数刻在陶盆外壁，多数是在烧后刻上去的。对于这类符号的作用，有种种的说法，有人认为是具有文字性质的符号，或提出它们就是最初的文字，但这类符号只在半坡类型中被广泛发现，而此至甲骨文前约 3500 年被中断使用，故难以将它们推断为文字，或者是甲骨文前身的说法。看来，这类符号的真正含义还有待研究。

庙底沟类型陶器，于不同的地域，存在不同的差异。渭河流域及中条山两侧地带的陶器，绝大多数为红色，还有灰色的；从陶质来看，比半坡类型多出一种泥质陶，陶胎也薄一些。夹砂陶的表皮多有缀纹，还有弦纹和素面的，有少量还附加堆纹，其纹路清晰。细泥陶都经过打磨加工，表面光滑平整，其中大多施彩，少数也有饰弦纹的，多为线纹。大约到了庙底沟类型中期，这些质地的陶器，红色的略有变浅，纹饰也有一些变化，如开始出现了横蓝纹的，及白衣上施红黑色的彩绘的，称白衣彩陶，其纹饰更加繁复而流畅。当时常见的器形有盆、钵、碗、罐、瓮、甑、釜、灶、瓶、杯及器盖。

伊洛—郑州地区的庙底沟类型遗存，以不同形式的鼎代替了渭河流域及中条山两侧地带流行的釜、灶、盆及小口尖底瓶，但从存在的数量来看较多的是直口或敛口鼓肩束腹罐。这类罐既有夹砂的，也有细泥的，肩部或为素面，或着弦纹，或着彩绘。从陶器的表皮来看，伊洛—郑州地区庙底沟类型多为素面，施彩的数量相当多，且在早期就已出现红彩，同时线纹较少，弦纹却较多。

汾河流域，就其上游地区及以北的张家口、河套地区的庙底沟类型的陶器，外观雷同，与上述的两个地区相比，其陶器的外观接近渭河及中条山西侧地带。这里不见釜、灶，也没有鼎，炊器是那种见于伊洛—郑州地区的素面罐，还有不常见的“火种罐”，在其较早的一些遗存中，保留了半坡类型与后岗一期的文化因素，进一步地反映出了这里的庙底沟的渊源以及历史背景。尽管庙底沟类型自身存在不同层次的地域性差别，但其总体风格基本一致，与半坡类型截然不同。两者同类的器物的具体形态，区别也比较明显，同时器物种类也出现了变化，半坡类型的葫芦口及蒜头口平底瓶，基本消失，而是有了釜、灶、鼎和敛口的盆、甑及瓮。在器物造型上，庙底沟类型的陶器，器形轮廓明晰，纹饰也发生了较多的变化，最明显的是到了庙底沟时期，以往清晰的线纹代替了粗浅的绳纹；戳印装饰消失了，增加了泥塑的鸟头装饰；彩绘纹饰的鱼纹没，大增了鸟纹和流畅多变的曲线几何形图案，加之在中期又出现了蓝纹，予以崭新而深刻的印象。

庙底沟的曲线几何形图案，是用圆点、直线或曲线、凹边三角形等绘出的以二方连续方式组织的带状图案。它已高度抽象化，其阴纹或阳纹均自成花纹。阳纹是涂彩的部分，而阴纹则是未涂彩的那部分底色。所谓“自成花纹”，是指把阳纹或阴纹单独地进行观察，均会有完整的花纹的感觉。如果把阴纹当成图案，那么阴纹便成了“阳纹”，阳纹则成了有意涂成的底色；如果把阳纹视为图案，那阴纹就是烘托阳纹的底色，而且也可把这类图案看成由阴阳纹合成的纹饰。就其图案可分为简单和复杂两种。一种是将陶器四分或六分，用同一母题连续作图；另一种是把陶器三分或二分，也以同一母题如此连续作图，复杂的花纹图案往往以交叉斜曲线为界线，不仔细观察则难以拆开，也不易识别。虽然上述花纹的基本图案大多源于半坡类型的鱼纹，但是庙底沟类型用它来表现的，已不再是鱼纹，而是高度概括的植物花纹图案。

在庙底沟类型的彩陶上，还可见到少量的写实题材和写实性的画面。前者是鸟、蛙，尤其以鸟纹常见，基本上被嵌在曲线几何形图案的画面上。后者常以单独画面的形式出现，仅见于伊洛—郑州地区。其中的《鹤鱼石斧图》应是最有名的一幅。这幅画绘于陶缸的一侧，高 37 厘米，宽 44 厘米，约占缸体面积的一半，是一幅很有气魄的作品。画中左立一只白鹤，细颈长喙，短尾高足，嘴衔着一条一身白鳞的细鳞鱼。鹤身稍稍后仰，头颈高扬，鹤与鱼之间的眼神处理得十分微妙，足以张扬鹤征服鱼的霸气；鱼眼画得很小，配合僵直的身体，显得已无力挣扎。在画的右边是斧，其刃部与庙底沟类型所见的石斧比较显得过凸了。这幅画的鹤衔鱼和石斧似乎毫不相干，并且画在专为装殓成人尸骨的陶缸（棺）上，也使人深思。据考，甲骨文中“王”字之初，呈斧形，“戎”字的雏形确与“王”字有关。画中的石斧，斧刃向右侧，为甲骨文及金文中“戎”字的反写，这可能与墓主人的身份相符，既实用又为权力的标志，是墓主人生前所用实物的写真，也可能是墓主人生前事功的写实。

在庙底沟类型的陶器上，有的还附着动物形的泥塑，如造型简练而形象鲜明的鸟头，也有少量蜥蜴及蛙的写实塑像。这类泥塑不像彩陶那样引起更多的关注，客观地说还是庙底沟类型的工匠们过多地把艺术创造力集中在彩陶上的缘故，并把自老官台文化起步的陶器上的彩绘艺术推到了显赫的位置上。

2. 持续近千年的技术革新

新石器时代，到了公元前3500年左右，制陶技术发生显著的变化，即快轮制坯代替了手制；用密封饮窑制造还原气氛的烧法代替了敞口氧化烧法；用拍印纹饰或打磨光滑的方法代替了画彩，并将这一过程持续了近1000年，直到公元前2600年左右才算基本完成。早先的陶器制坯方法，有直接捏塑、泥条盘筑、泥圈叠筑和泥片敷筑等，都为手制。到了仰韶前期许多陶器已开始用慢轮修整。仰韶文化后期、大汶口文化、屈家岭文化和薛家岗第三期文化等都开始出现完全由快轮拉坯制造的陶器，只不过比例还很小，又多属小型器，如碗、碟、杯和小罐之类，后比例逐渐加大。同时，各地陶窑普遍进行了改革。河南郑州林山砦、陕州区庙底沟和山东泰安大汶口等地发现的陶窑，都由火膛伸出两三股主火道，由主火道再分出若干支火道，火道上面筑箅，满布火眼，这就使火力比较均匀。这与仰韶前期只有两股火道相比，已大不相同了。在林山砦和庙底沟陶窑都发现了残窑壁，均为内收，完全不同于仰韶文化前期陶窑的直壁，内收的做法是为了封窑方便。陶器烧到一定的火候，密封饮窑，就会制造出还原气氛而烧出灰陶，此时，如果让大量松烟进入，使其发生渗碳作用，就会烧出很好的黑陶，可见这一时期黑陶和灰陶逐渐增加，与陶窑的改进有着直接的关系。

仰韶文化及其同时代的诸多原始文化是以彩陶著称的，而彩纹最适于画在红陶上，红陶的减少使彩陶也跟着减少。彩陶的风格也发生了很大的变化，色彩普遍单调，线条也逐渐走向草率，直至消失。各地彩陶衰退的速度和消失的时间不同，具体到纹饰内容也有很大差别，可划分为文化类型，进而探索人们共同体的分布及其相互的关系。

到了仰韶文化后期，在陕西渭河流域和山西南部彩陶已经不多了。著名的西安半坡遗址仅在一件宽平缘盆的缘面画了几道平行红色线条。山西芮城西王村也只有几个陶片上画着红色或黑色线条。但在晋中的太原义井和太谷白燕等地，仍保留着较多的彩陶。义井彩陶多用红色粗条画成网格、平行线和重环纹等，也有少数棋盘格纹。而白燕则常用黑色镶边的赭色宽带画成卷曲纹和平行条纹等。

河南中西部的伊洛—郑州地区的彩陶也较多，发展阶段也十分明显。较早的一期，如大河村第三期和王湾二期一段，还保留有仰韶文化前期的若干特色。有些陶器先施白衣，再在上面用黑色、红色画彩，花纹有六角星纹、太阳纹、重圈纹、细腰纹和网格纹（带形、菱形、方形等）等。第二期，如大河村第四期和王湾二期二、三段，已无白衣，多为红彩，纹样以带状网格纹为主，其他还有X纹、水草纹等。第三期，如王湾二期四段或庙底沟二期，只剩带状网格纹一种，并且笔道草率，数量也极少。此后就再不见彩陶了。

山东境内大汶口文化的彩陶多饰红衣，用红色、黑色或用黑、白二色画彩。早期花纹有三角纹、三角形网格纹、带状网格纹、波形纹和折波纹等。晚期在大部分地方已经消失，唯有个别地方的少数大墓中作为工艺品随葬，反而做得特别精致。纹样多用黑白两色画在红色陶衣上，有旋涡纹、菱形纹、三角纹和网格纹等。

长江中游大溪文化晚期的彩陶又分为两种：一种在红陶上用黑色粗线条画成绹索纹、旋涡纹和草叶纹等；另一种在米黄陶上画黑色格子纹、菱形纹等。在某些黑陶上则有朱绘的图案花纹。屈家岭文化由于继承了大溪文化的第二种彩陶而又有所发展，所有彩陶几乎都是米黄色的，胎壁甚薄，称为蛋壳彩陶。其花纹或用红色画网格纹、旋涡纹和棋盘格纹等，而大部分是用浓淡不等的墨色在器内外晕染，有如雨天的云彩，这是屈家岭文化一个突出的特征。此外，屈家岭文化还有大量彩陶纺轮，多用红色线条（少数用黑色）画成中心对称的旋涡纹、重圈纹、交错平行线纹等，也有满天星纹和太极形纹。

长江下游的彩陶本来就不发达，到了崧泽期已只有个别彩陶，而同时发展了较多的彩绘陶。薛家岗三期文化没有彩陶，也没有彩绘陶，而是在某些石钺和多孔石刀上有花果形朱绘。良渚文化早期有个别彩绘，似为漆绘。同时，在某些红陶高领瓮上有深红线条画成的旋涡纹和平行线纹等，与大汶口文化晚期的彩陶有颇多相似之处。

总而言之，各地的彩陶不管有多少差别，也不论其自身有多少变化，在公元前3500年以后均已走向衰落，并且或迟或早地消失了。到公元前2600年以后，也就是铜石并用时代晚期，在黄河中下游和长江中下游的广大地区，彩陶也就消失了，代之而起的主要是篮纹陶，并以黄河中游为多，黄河下游和长江中游较少，长江下游还能见到极个别的。黄河中游除篮纹陶外，还有绳纹和少量方格纹陶器，其他地区则多为素面无纹，表面常打磨得光亮，或者加饰一些弦纹、刻划纹、戳印纹和镂孔等，加上陶色又多为灰黑色，显得素净淡雅，与彩陶那种鲜艳华丽的风格迥然不同。

由于生产的发展，人们对陶器的需求不断增长，对陶器质量的要求也不断提高。陶窑的扩大是提高陶器生产水平极为重要的一部分。当时已开始采用轮制技术，这不但能提高劳动生产率，还能使产品的质量逐渐提高。这两种技术改革以及制陶业人员的相对专业化，使当时的陶器生产发展到了一个新的水平。

3. 陶轮技术的快速发展

龙山文化时期，生产水平有了新的发展，主要表现在农业和畜牧业的发展，与以轮制陶器、冶铜手工业为主要标志的工艺水平的提高。

那时，已经创造了转动快的陶轮，借着陶轮急速旋转的力量，把陶土塑成器皿。采用这种方法制成的陶器，形状整齐、厚薄均匀，更重要的是大幅提高了陶器的生产效率。不仅陶窑的构造比过去完善了，人们还掌握了封窑的技术，在高温下，因窑密封，使烧坯中所含的铁素还原，因而烧成了灰色陶器。山东省龙山文化的氏族部落轮制陶器特别发达。由于陶坯经过磨光，加上窑封得严密，又有意让烟熏黑，所以烧成的陶器颜色漆黑，表面光亮。他们甚至能够制出一些薄如蛋壳的黑陶器。他们还选用高岭土烧制了少量表面白净的陶器。

到了龙山时代，制陶业已广泛使用快轮拉坯，陶窑结构有了改进。陶轮又称陶车或陶钧，是一个圆盘形的工作台。陶轮在仰韶时代便已出现，那时制坯的方法主要是泥条盘筑，做大件器物时利用陶轮可以避免陶工来回转动，画彩也很方便，一般称为慢轮。快轮是利用陶轮的快速转动，直接拉坯，一件器物几秒就拉出来了，即便加上必要的修理，也只需要几分钟的时间，生产效率比慢轮提高了很多倍。尽管至今没有发现当时使用的陶轮，但若观察陶器上遗留下来的制造痕迹，再与现代陶器上的制造痕迹对比，就一目了然了。用快轮拉坯制造出来的陶器（通常所说的轮制陶器），器身光圆，胎壁厚薄均匀，并附旋转时留下的同心周线，即使有的器物表面被打磨得光亮，同心周线在内壁总还是清晰可见的。制坯完成后，一般要用细绳割下，此时轮子还没有完全停止转动，所以总是出现偏心螺旋纹样痕迹。这样的轮制陶器在仰韶文化后期和大汶口文化后期的遗存中已发现极少的标本，到龙山时代则大量出现。不过即使是在龙山时代，各地的情况也有很大差别。无论如何，龙山文化和良渚文化的轮制技术最为发达，差不多都是轮制陶器。即使是最不便于轮制的陶鬶，也会分段轮旋制出各个部位，然后再整体结合成形。即使许多较复杂的器物，如小口高领罐、蛋壳黑陶杯、豆、圈足盘、双鼻壶等也都是分段轮制，然后再粘接起来的，碗、盆、杯等简单器物则一次拉坯即成。器物的附件，如流、把、鼻、足、耳等不便轮制的部分，往往先手制或模制，然后粘接到器身上去。

龙山文化和良渚文化的陶工们不但熟练地掌握了轮制技术，并加以最广泛的应用，而且在陶器造型和表面处理上也尽量表现出轮旋痕迹所特有的美感，所以一般不加其他纹饰，只是用轮子直接旋出竹节状纹、阴弦纹等，有时在局部范围有不同形状的镂孔或刻划纹；而在某些最精美的陶器上则用极细的针刻图案。在龙山文化中，制陶技术最高的作品应是蛋壳黑陶杯了。这种陶杯显然是从大汶口文化的黑陶高柄杯发展而来的，但二者制法不同，造型上也有较大的差异。要制成一件蛋壳黑陶杯是十分不容易的，必须有技艺很高的专门的陶工。推测当时可能只有少数几个制陶中心能做，其他地方要设法去交换。在山东长岛县的砣矶岛上发现过与潍坊姚官庄完全一样的蛋壳黑陶杯，可能就是同一陶工的作品。

中原龙山文化和石家河文化轮制陶器的比例不如龙山文化和良渚文化那样高，大约只有半数为快轮制造；陶器的颜色也不那么深，除黑陶外，还有大量的灰陶，石家河文化中还有较多的橘红粗陶。在中原龙山文化中越是往西，轮制陶和黑陶越少。这两个文化的陶器除素面和磨光以外，还有不少饰有篮纹、绳纹或方格纹，从而造成一种与东方沿海地区的陶器很不相同的风格。这三种纹饰在各地的比例颇不相同，具体的纹样也有差别。

由于黑陶和灰陶大量流行，在中原龙山文化和石家河文化中又多有饰有篮纹、绳纹和方格纹的陶器，但这种陶器不适于画彩，所以曾风行很长时间的彩陶此时已全然绝迹。但在某些比较讲究的陶器上还有彩绘。这种彩绘是在陶器烧后再画上去的，很容易擦掉；所用颜料比较浓厚，类似于现今水粉画的颜料。这种彩绘陶器不适于做生活用器，一般用于祭器或随葬用冥器。

这个时期陶窑的结构与铜石并用时代早期基本相同，与新石器时代晚期又有很大的差别。窑室仍为圆形，有北字形或川字形火道，窑壁呈弯曲的弧形。如内蒙古凉城老虎山的窑，穹隆顶，便于封窑。在基本烧成后的高温情况下密封饮窑，使窑内造成还原气氛，容易烧出灰陶和黑陶，所以这时的陶器以这两种颜色为主，与窑室的结构改变密不可分。龙山时代陶窑的直径为 1 ～ 1.5 米，或者更长，而仰韶前期的窑室直径一般为 0.8 米。在大汶口文化晚期已有专业化的制陶工匠。到了龙山时代，显然专业化制陶的队伍又得到了较大的发展。

到了商代，当时熔铜的坩埚是一种形似顶盔的厚胎红色陶器，可以经受高温而不破裂，但一般只能盛熔液 12.5 千克。要铸造一个巨型的青铜器，要用 70 ～ 80 个坩埚一齐熔铜浇注。在当时的物质条件下，要组织 100 ～ 200 个技术熟练的工匠分工合作，才可能铸成。商代的陶器，除一般的灰陶、黑陶、红陶之外，还有白陶、硬陶和原始瓷器等。白陶、硬陶与原始瓷器都是用烧瓷器的瓷土制作的，火候高、质地硬、不易吸收水分。白陶色泽皎洁，制作细腻，刻有好看的花纹。原始瓷器表面有一层薄薄的青色或黄绿色玻璃质釉，胎色灰白，结构比较紧密坚牢，叩击发出金属的铿锵声。这种器物虽然粗糙，但已是中国历史上的原始瓷器了。

制陶业始终是新石器时代的一种重要的手工业。快轮制陶技术的产生，是史前工业技术革命步入一个重要阶段的标志。在此之前，黄河流域的半坡文化及庙底沟文化的陶窑，往往是成群分布的。而随着轮制技术的发展，制陶组织或单位愈益缩小。兰州徐家坪包含 12 座窑址的马厂文化窑场，从其被分割成 4 个由不等数量的陶窑组成的单元来看，当认为这一窑场分属于 4 个制陶组织。同时，其制陶规模也存在差别。自公元前 3000 年前期后段之后，在自陇东以东的黄河流域诸考古学文化的陶窑，一是窑室的容量扩大，二是以遗址为单位来看陶窑的数量减少了，而且它们往往呈零散分布。例如，经过大规模发掘的客省庄及三里桥遗址，分别只见到 3 座和 1 座陶窑。而且，在客省庄文化中，见到了陶窑成为房屋附属物的现象。随着技术的发展，制陶日益专业化，同时陶器成了交换中的重要商品。

使用快轮制陶之后，制石工艺获得了新的发展，同时出现了制玉和金属制造两种专业。

第十一讲

样样精彩的戴、穿、用、喝

中国人眼里的玉是与众不同的，它已经超越了其本身的价值 ，而成为中华民族的一种文明象征。

生产工具和生活用具的数量及质量的提高，是手工业发展的标志。大量磨制工具的制作给人们提供了新的生产工具，促进了社会生产的发展。从斧、锛、铲、凿和刀、针的制作来看，已经采用了切、削、磨、钻的技术。

纺织和缝纫也有了较大的进步。人们可剥取野麻纤维，用陶、石纺轮捻成细线，织成布匹。兽皮也是人们的衣着原料。人们也可用精巧的骨针、骨锥和角锥，把麻布、皮革缝制成各种服装。

漆木器由于很难保存，至今发现得非常少。但从良渚文化和中原龙山文化的一些发现来看，当时漆器至少在贵族的生活中应已得到了较广泛的应用。

粮食酿制酒类。在大汶口墓葬中，有盉、高足杯等酒器被成组发现，可能是这一情况的说明。

据史料证载，启得了王位后，喜欢饮酒、打猎、歌舞。

大约在公元前 4 千纪，中国各地先后进入龙山时代，此时手工业有了显著的发展。铜器的发明使神州大地上第一次出现了冶金;快轮制陶技术的发明，不但提高了生产率，而且使制作蛋壳黑陶那样精致的器物成为可能；养蚕缫丝和丝织品出现，玉器工艺大发展。此外，还有漆器工业和建筑业的进步等，这些都需要掌握熟练技术的匠人，也才可能使远古人戴的、穿的、用的、喝的样样出彩。

1. 装饰之精妙

山顶洞人使用的工具进步了，装饰品也随之出现了。在山顶洞里发现的装饰品，有钻孔的小石珠、砾石、青鱼眼上骨，有挖孔的兽牙和磨孔的海蚶壳，也有刻纹的鸟骨管。这些装饰品的制作过程包括选材、打制、钻孔、研磨、着色等。有些装饰品还用赤铁矿染成红色。山顶洞下室的墓地里，随葬品有石器和装饰品。

半坡遗址和姜寨遗址从墓葬来看，氏族成员死后随葬品绝大多数是生活用的陶器和装饰品。

铜石并用时代早期，因为经济的发展和贫富的分化，一些较富的人普遍讲究装饰，尤其以氏族贵族为最。当时，大型墓葬中不但其他随葬品多，装饰品也特别多，质地、造型都很讲究；中等墓葬装饰品甚少，小墓葬基本上没有装饰品。

当时的装饰品多为玉器（璜、手镯、指环、珠、管、坠饰和玦等，形态各异），也有一些石器、骨器（骨管和骨珠及仰韶文化的骨笄）、牙器（人骨头部置牙速发器，较大的墓中富人所用）和陶器（陶环，多为穷人所用），主要装饰头部、颈部和胸部，还有腰部和手腕。

当时的工艺品种类相当多。在一些富人的墓中，发掘出一些由玉、象牙和骨料制作的精细工艺品，这是经常的事。如大汶口文化中就有玲珑剔透的象牙雕筒、象牙梳等。斧钺的柄端往往套一骨筒，上面刻着轮箍形花纹，有的还镶嵌绿松石。有些玉牌饰不但穿孔，还刻有一些花纹。

在那时的陶器中，常有动物形状的陶艺品，如胶县三里河的犬尊、豕尊，长岛北庄的凫尊，大汶口的兽尊，还有龟形和鸟形尊等。这些陶器中，有一部分明显是在陶鬶的基础上再加发挥创造的；有些则把动物的头部特意塑造得逼真生动，其他部位则如实稍加变形，富有一定的艺术效果。这些陶器常用来盛水或者贮存温水，可谓装饰之精妙引出的一种生产与艺术完美结合的佳作。到了大溪文化晚期至屈家岭文化以及薛家岗三期文化时期出现了许多陶球。这种陶球为空心，内装若干豌豆大小的陶丸，摇动时发出沙沙的响声，推测是儿童的玩具，或乐器。这种小玩意儿十分喜人，陶球的表面有许多圆形镂孔，孔与孔之间常用篦点纹、锥刺纹或划纹相连；在个别的陶球上，也有附着彩色图案的，这都构成了非常美丽诱人的立体状工艺品，又是装饰之精妙引出的作品。

在屈家岭文化的纺轮中，有一种形体较薄较轻者，呈米黄色，上画各种彩纹，可谓彩陶纺轮。彩纹多用深红色，也有用黑色的，图案多有变化，大致有重圈纹、旋涡纹、交错平行线、爪形纹、格子纹、麻点纹、太极纹、弧形纹等。画面有的浑然一体，有的等分为二分、三分、四分或五分，十分美丽，这也是装饰之精妙引出的一种生产与艺术完美结合的佳作。

2. 玉器之精良

早在旧石器时代晚期，我们的祖先就发现并开始使用玉石了。一般认为，上古时的人们在制作、使用石制工具时发现了玉。那时，可谓玉石并用，玉石不分。玉石比一般石头更为坚硬，于是人们就用它来加工成其他的石制品。玉石又有与众不同的色泽和光彩，晶莹剔透，惹人喜爱，于是人们慢慢就用它来做装饰品。由于玉的数量不是很多，而且加工困难，因此只有族群里少数头人，如族长、祭师才有资格佩戴并使用，这就使它渐渐演变成礼器、祭器或图腾。正是在这种长期缓慢的进化过程中，玉由原来仅是一种特别性质的石头转化为权力、地位、财富、神权的象征。

我们现今看到史前早期的古玉大多是玉工具，如玉刀、玉斧、玉针。之后就出现了玉礼器（祭器），如良渚文化的玉琮、三叉形器，也有部分象形的玉器，如红山文化的玉龙、玉猪等，应是作为族群的图腾而制作的。这一时期的玉器并不完全是由现代意义所指的玉石制作的，它可以是玉，也可能仅是漂亮一点的石头，如与变质大理石矿共生的透闪石原矿。及至新石器时代晚期到青铜时代，在中国主流文化区域内已再难见到玉石工具，代之出现的是大量的玉冥器、玉配饰，此时已采用软玉来制作器物了。

中国玉器最早产生于什么时候？东汉袁康、吴平辑录的《越绝书》记载：“轩辕、神农、赫胥之时，以石为兵，断树木为宫室，死而龙臧……至黄帝之时，以玉为兵，以伐树木为宫室，凿地……”它只是告诉我们：距今5500年前的“黄帝之时”，乃是新石器时代晚期，古人使用的工具中已大量出现用玉石加工制成的器械，但未明确中国的玉器究竟起源于何时。20世纪70年代，辽东半岛新石器早期遗址（经碳-14测定，距今7000年以上）出土的青色斧形器，可以说是迄今为止看到的中国最早的玉器。这件斧形器由岫岩玉琢磨而成，条状，扁形，长13.8厘米，两端呈弧凸形；较宽的一端有两面磨琢的刃，刃部所带缺口是使用后留下的痕迹。这说明，中国人重玉、用玉始于原始社会，中国玉器的滥觞可以追溯到7000年以前的新石器时代。

近百年来考古发现，红山文化、河姆渡文化、大汶口文化、龙山文化、良渚文化都有大量用玉雕刻的动物形状。玉器的地位和作用在中国随着社会的发展，慢慢地上升和神化了。

远古之玉，通过现代学者们的研究和比较，确认大溪文化的玦、璜这类玉饰品，要比长江下游的河姆渡（河姆渡的居民使用玉、萤石制作璜、玦、管、珠和饼形及丸形装饰品）、崧泽及良渚等文化的玉器在种类、形制、用途等各方面都好些，同时也是长江下游文化传播的产物，并体现了大溪文化居民的创造性。当时，大溪文化居民区还可同四川、江西腹地、广东和位于淮河流域的河南及安徽部分地区，甚至通过中间媒介同长江下游的同时代居民进行经济和文化的交流。这一切都表现出大溪文化的魅力。

大汶口的一些玉器加工得甚为精致，尤其是在墓中的随葬品中，发现了一件墨玉穿孔扁斧，这件玉器长19厘米，轮廓方正，厚薄均匀，管钻穿孔，看起来如同机械加工成的一样，洵为精品。薛家岗三期文化的玉器也甚为发达，在发现的168件玉器中，大多是装饰品，而且几乎都有穿孔，有些穿孔的玉器还是管钻的。在当时，如此加工水准已经相当高了。

玉器，就龙山时代来讲，比前一时期的应该更多，制作加工得也更为精美。在龙山文化、中原龙山文化、良渚文化和石家河文化的遗址中都出土过许多玉器，其中以良渚文化出土的数量最多，种类也丰富多彩，曾经只在一个单独的墓地发掘出的玉器就数以千计。

玉器的制作工艺应该是延伸了磨制石器的工艺，并加以升华。实际上，有些加工石器的方法后来也广泛用于玉器的加工。玉器毕竟不同于一般石器，这在制法上就有了很多的差异，更重要的是品类和功能有着十分明显的区别，所以逐渐就形成了一种独特的玉器制作工艺。

龙山时代的玉器多用软玉。这种玉材有美丽的颜色和质感，能够加工成各种形状的器物。

那时玉器的加工主要通过裁料（片锯切割、线切割）、成形（打制毛坯）、作孔（用管钻）、雕刻花纹（透雕、浮雕加线刻）和抛光等工序来完成。在良渚文化的玉器中，以神人兽面纹最富有代表性，其背景纹饰是一个戴羽冠的神人，其乳房和肚脐部分用浮雕做成大兽面形，兽面上又有阴刻纹。整个纹样复杂细腻，有时一个毫米宽度内有四五道刻纹。根据刻线放大的情况观察，应该是用坚硬的石雕刻器完成的，可谓神气活现，十分精美。

这个时代的玉器，第一类用作礼器或仪仗的工具和武器，主要是钺，其次是斧、锛、刀等；第二类是宗教用品，主要有琮、璧等；第三类是装饰品，其数量最多，有头饰、耳坠、项饰、佩饰、手镯、指环等，以及服装上的用品，如带钩、圆扣和各种缀饰。此外还有一些单独的艺术品，如人、人头、鱼、鸟、龟等小件圆雕。各地玉器的种类、形制和花纹不尽相同，应用的范围也有所差别。目前发现玉器最多的是良渚文化，仅余杭反山一处墓地就有 1100 余件（组），按单件计可达 3200 多件。余杭瑶山、上海福泉山、江苏武进寺墩等地也有大量发现，至今发现玉器的良渚文化遗址已达 20 多处。其他地方目前发现得不太多。

在各地区的文化遗存中，在各种常见的玉器中，钺、琮、璧格外显眼，处在非常突出的地位。玉钺在反山和瑶山都曾发现了比较完整的组件，其中包括玉钺冠、玉钺身和玉钺柄端。这种钺做得如此精致，又没有任何砍削的使用痕迹，应当是军事首领的一种权杖。《史记 · 殷本纪》载："汤自把钺以伐昆吾，遂伐桀。"《尚书 · 牧誓》载："（周武）王左杖黄钺，右秉白旄以麾。" 商汤和周武王当时都是指挥军队的最高首领，他们的手里都要紧握钺，而在良渚文化中用钺随葬的墓主人，生前也是一位军事首领。玉钺在他们手里是权力的象征。

良渚文化的玉琮占有极为重要的位置，在所有玉器中最为讲究。

古代琮与璧常常并提，它们都是礼器，并且往往相互配伍，不同等级的人所用琮与璧的大小亦不同。如《周礼·大宗伯》所载："以玉作六器，以礼天地四方。以苍璧礼天，以黄琮礼地……"又如《仪礼·聘礼》中的记录："受享束帛加璧；受夫人之聘璋，享玄纁，束帛加琮，皆如初"，用以表示"君享用璧，夫人用琮，天地配合之象也"。《周礼·考工记·玉人》中载有："璧琮九寸，诸侯以享天子……璧琮八寸，以覜聘……驵琮五寸，宗后以为权。大琮十有二寸，射四寸，厚寸，是谓内镇，宗后守之。驵琮七寸，鼻寸有半寸，天子以为权……瑑琮八寸，诸侯以享夫人。"从上面的这些记载中可知，琮与璧在周代的理想化制度中所起到的作用，在史前时期的良渚文化当然不会如此严格。那时，琮与璧仅出于当时的大墓地，而不是中小墓地，就这一点来讲，完全可以断定，当时只有贵族才能掌握琮与璧的使用权，不同等级的人所用琮与璧的大小和质地亦不同，琮与璧同样是当时权贵的象征。

另外，就玉琮来讲，其意义尤为重大，这是巫师借以通天地的法器，也正是历史上认为有一个巫政结合，并产生特权阶级的"玉琮时代"存在的物证。对于良渚文化来说，"玉琮时代"是足以引起注意的。良渚文化的玉琮有各种形态，可大致分为两类：一类比较粗矮，表面往往有比较精细的花纹，此多出于太湖南岸，以良渚遗址群为大宗；另一类比较细高，往往被分为许多节，花纹简单，玉质也较差，此多出于太湖北岸。这两类玉琮的功用也不完全相同。

另外，就玉璧来讲，绝大部分也出于良渚文化，有时与玉琮同出，有时则不尽然，加工远不如玉琮那么精细。美国弗利尔美术馆的几件玉璧（来自浙江），雕有鸟立于柱上的图案，如同玉琮般雕刻得十分精细，是极为少见的精品。

红山文化的玉器常发现于祭祀遗址，尤其是猪龙、鸮形和勾云形这些造型比较复杂的玉器，在努鲁儿虎山南侧，以及西拉木伦河以北都有发现。虽然两地相隔甚远，但这些玉器的风格基本雷同，形制十分相似。这说明当时各地人们在制作玉器时，都严格地遵循着统一的规格，它们在当时人们的心里有着相当重要的地位，否则不会做到如此严格地遵循传统的地步。这些玉器已经初步具备了礼器的性质，它们的出现或许是因为已产生了某种原始礼制的社会背景，因此也有着更为特殊的含义。

以上种种论述，需要提及的是祭祀遗址的神像，凡能判明性别的，均为女性，对女神的尊奉应是母权制氏族社会精神思想的遗留，这也说明在母权制时代，存在相当规模的宗教信奉。基于这些情况，有学者认为：宜将发生空前变革的红山文化后段晚期称为文明的起源阶段。

那时的东北地区西南和中南部，新乐文化的玉制品也有发现，但种类比较少，有工具类的小型锛形或凿形器，可视为用作雕刻的工具；有玉珠等装饰品。新乐遗址出土的玉器说明，在新乐文化中，制造玉器的人或使用玉质工具的人很可能都被限定在一部分特定的人群之中。

红山文化一些祭祀遗址所出的玉器，是这个时期玉器的制作进入一个全新阶段的代表作。它们很多都具有穿孔，大多数应是佩戴在人身某个部位的装饰物件；品色多有乳白的、白而透明的、淡绿色和深绿色的。那时，最常见的一种玉器是动物类的，另一种是璧环类的。

红山文化中除上述动物类和璧环类的之外，还有玉管、玉珠和做成勾云形、箍形、斧钺形、棒形的玉器。其中，箍形玉器突出地反映了红山文化玉器的工艺水平。这种玉器略呈扁圆筒状，中空，一端口平，一端作斜口，靠近平口一端的器壁上有两个对称分布的穿孔。

总之，在使用快轮制陶之后，制石工艺获得了新的发展，同时也出现了制玉和金属制造两种专业。制石工艺的进步表现在两个方面：一是使我们见到了日益增多的那种棱角锐利、体形扁薄且整体抛光的石制品；二是单面穿孔技术出现并逐步地推广开来。制石成了需经专门训练才能掌握的技能。

根据现今见到的考古资料可知，居住在燕山南北及长江流域的先民，较其他地区的先民更早地从石头中辨识出美石（玉），加工成装饰品，随后在这两个地区的历史进程中，一直保持生产和使用玉的传统，并使之发展，至迟在公元前三四千年之交的红山文化，与公元前 3000 年中期开始的良渚文化，分别出现以猪龙或以琮璧为中心的玉礼器系统。在此之前，制玉和制石两类工艺混杂不分，自玉礼器出现后，一是因为两类工艺要求原本应有所区别，二是由于玉礼器工艺水平要求超过制石，故从制石人中分化出专门从事制玉的工匠。

红山文化和良渚文化是我国史前时代两个玉文化中心，对其他地区产生过不同程度的影响。一是从影响面及影响的深远意义来看，良渚文化超过红山文化；二是尽管在山西及内蒙古中南部见到导源于良渚文化的影响，然而，从迄今为止的材料来看，受良渚文化的玉文化影响最直接且有相当深度的则是黄河下游及淮河流域。至于长江下游和长江中上游的关系，至良渚文化时期，虽可见后者受前者的影响，但从整个玉文化的相互关系来看，则比较复杂，至今尚难窥其端倪。

3. 纺织之技高

我们从石棚山小河沿文化的墓葬发掘中能够了解到，男女两性之间的劳动分工很早就存在。在石棚山发掘的 77 座墓中，单人墓居多。男性墓多有随葬的石铲、石镞和骨刀等农耕、狩猎的工具，而在女性的随葬品中则有纺轮、骨针和骨锥等纺织、缝纫用具。从中可以比较明显地看出，当时的男性承担着农耕和狩猎的较重体力劳动，是生活资料主要来源的生产劳动，而女性则大量从事纺织、缝纫等较轻体力的家务劳动或辅助性生产劳动。这在某种程度上来讲，证明了农业发展已具有较高的水平，随之而来的纺织业也有了很大的发展。

这个时期，在绝大部分的文化遗存中都发现了纺轮。小珠山中层文化的陶纺轮较多，在郭家村下层发现属于生产工具的遗物共 764 件，仅纺轮就达 142 件，约占生产工具总数的 20%，其中只有一件是用陶器残片改制成的，其他已不像过去那样用陶片改制，而是专门做成的。小河沿文化除发现陶纺轮之外，还发现了石纺轮。此时已主要由男子承担农业劳动，从而使女子可以脱身专门从事纺织，这是促使当时纺织业发展的重要原因之一。

至今，我们可以从陶器上的印痕得知半坡类型的纺织品及编织物的情况。元君庙陶器上的布纹印痕，经线清晰，纬线较模糊，每平方厘米经纬线各 12 根，粗细均匀，线径约 0.84 毫米。有的资料表明，当时纱线细的径仅 0.5 毫米，粗的则达 4 毫米左右。纺织品的织法及元君庙织品纱线的粗细，都与现代农家的平纹布差不多。那时织品的粗细应当与织品的用途有关。

目前，我们还不能从发现的遗物中确认哪些属于织机的零件，因而也无法得知当时的织机是否存在。但从当时的发展程度来看，可以推测出半坡类型居民使用的织机应当是水平式踞织机。

据半坡遗址出土陶器上的编织物印痕可知，当时制作编织物的技法比纺织品复杂而又多样，并且已使用了斜纹编织法、缠结编织法和棋盘格式或间格纹的编织法。使用斜纹编织法制作的编织物最为普遍。这类编织物具体又以人字纹编织法、辫纹平直相交法和条带式编织法等方法编织而成。当时，人们已基本上掌握了近代中国农村制作编织物的编织技术，但那时需要和可能制作出的编织物种类，肯定远不及中国现代农村的编织物。

我们在大溪文化墓葬中还发现了纺轮及骨针，这也证明那时还存在纺织及缝纫这类的家庭副业。

龙山时代的纺织品大概有两种情况：一种是麻织品更加精细；另一种是丝织品的出现。可见当时纺织业的进步是显而易见的。

仰韶时代已经有了麻布，根据一些陶器上的印痕可知用的是平纹织法。到龙山时代麻布仍然是平纹织法，但有时经纬线粗细不同，纹理更加细密。

《路史》引《蚕经》说："西陵氏始劝蚕。"历来传说是黄帝的妻子西陵氏嫘祖发明养桑蚕缫丝的，不论这传说是否真实，黄帝究竟又如何，但至少在龙山时代的良渚文化中已有丝织物。浙江吴兴钱山漾良渚文化遗址中曾发现丝带、丝线和绢片。其中，丝带分 10 股，每股单纱 3 根，编成两排平行的人字形纹，宽约 0.5 厘米；绢片系平纹织法，经纬粗细相仿，撚回方向为 S 形，织物密度为每平方厘米 47 根 ×47 根，这已经是相当细的丝织物了，足以说明当时的纺织技术已经相当高了。

当时，用植物茎、秆、叶进行编织应是一项十分普遍的手工劳动。许多红山文化的筒形罐在做成后曾置于编织物上以待晾干，致使罐底常留下类似席子的印痕，从这些印痕来看，编织物之经、纬多呈十字交叉状。

综上所述，此时的手工业技术比前一时期有了显著的发展，但各个部门发展程度不是很一致。从总的方面来看，比同时期黄河中下游地区尚显得有些落后，靠近华北的东北地区西南部手工业水平较高，东北的其他地区则略逊一筹。

4. 漆器之珍贵

良渚文化的漆器基本上发现于较大的墓葬中，能辨别出器形的有盘、觯和杯等，当时有的棺木似乎也是涂漆的。这些漆器一般为黑色，画朱红色花纹，有的还镶嵌玉粒。山西陶寺的大型墓中往往发现漆木器的残迹，有鼓、圈足盘、长方平盘、斗、豆、案、俎、匣和谷仓模型等不同的种类。这些漆器的木胎都已腐朽成灰，只有通过其彩皮才可辨出它们的器形。这些彩皮往往剥落呈卷状，很可能是漆皮。往往以红色为底，上面用白、黄、黑、蓝、绿等色彩勾画出美丽的图案。

关于夏以前即有漆器一说，在先秦的文献中可以见到。《韩非子·十过》中记载："尧禅天下，虞舜受之，作为食器，斩山木而财之，削锯修之迹，流漆墨其上，输之于宫以为食器，诸侯以为益侈，国之不服者十三。舜禅天下而传之于禹，禹作为祭器，墨染其外，而朱画其内。"这段记载告诉了我们什么呢？其一，在尧舜禹的时代，漆器还是很珍贵的，尧舜那样的贵族首领可用作食器，但人们还是觉得过于奢侈了；其二，漆器的用途也只是食器和祭器而已；其三，漆器的颜色主要是黑色和红色，用红色画花纹。上述的这几点，与在中原龙山文化和良渚文化墓葬中所发现的基本上是相符的。

5. 酿酒之兴起

酿酒的历史不像纺织物和漆器的制作历史那样清楚。一般认为，至少在铜石并用时代早期的人们就知道酿酒了，大汶口文化和屈家岭文化墓葬中的高柄杯都应当是饮酒的器皿，酒与酒杯应该是相伴的。到了铜石并用时代，酒器做得更加精致了，龙山文化的蛋壳黑陶杯，良渚文化的某些黑陶杯和漆觯、漆杯等都可能是饮酒的器皿。如果这个推断可以说得过去，那么龙山时代的饮酒风气要比前一时期兴盛，这个时期的酿酒业也应较为发达。

如果用谷物酿酒，那么需要有酿酒的谷物原料，以及酿酒使用的容器。在裴李岗文化时期（公元前 6000—公元前 5000 年）及河姆渡文化时期（公元前 5000—公元前 4000 年），均有陶器和农物遗存，具备酿酒的物质条件。在磁山文化时期（距今 7235—7355 年），有发达的农业经济，有充足的酿酒的谷物原料。在那时的遗址中发现的粮食堆积为 100 立方米，折合约 5 万千克，同时还发现了一些外形类似后世酒器的陶器。因此，有人认为，磁山文化时期使用谷物酿酒的可能性是很大的。

在四川省广汉三星堆遗址中，有公元前 4800—公元前 2870 年的埋藏遗物，其中就有大量的陶器和青铜酒器，其器形有杯、觚、壶等。其形状之大也为史前文物所少见。在山东莒县陵阳河大汶口文化墓葬中发掘到大量的酒器。尤其引人注意的是，其中有一组合酒器，包括酿造发酵所用的硕大的陶尊、滤酒所用的漏缸、贮酒所用的陶瓮、用于煮熟物料的炊具陶鼎，还有各种类型的饮酒器具 100 多件。由此分析，墓主生前可能是专业酿酒者。我们发现，在出土的陶缸壁上还刻有一幅图，经过分析，很可能是滤酒图。

我们从考古得到的资料证实了古代传说中的黄帝时期、夏禹时代，确实存在酿酒这一行业。

纺织技高，漆器难得，酿酒风兴起等，都说明了在铜石并用时代晚期，远古时代的生产技能和社会经济等都得到了快速发展。

第十二讲

“半坡”人口与健康的珍稀材料

对人骨的性别、年龄的鉴定，为研究当时社会居民的健康和居民的性别、年龄结构，提供了相当全面而珍贵的材料。

有关人们寿命的长与短、社会的平均年龄等方面情况的推测，可集中地反映出人们所在社会的劳动、生活及卫生方面的状况。

1. 墓地死者的调研

史家墓地及元君庙墓地死者性别、年龄记录如下：

史家墓地：总人数共计 730，其中老者男女人数分别为 15、3；中年男女人数分别为 414、200；青年男女人数分别为 12、21；儿童人数为 52；不详者人数为 13。

元君庙墓地：总人数共计 211，其中 46 ～ 50 岁以上的男女人数分别为 16、6；31 ～ 45 岁男女人数分别为 33、18；15 ～ 30 岁男女人数分别为 30、31；成年男女人数分别为 12、6；儿童人数为 38；不详者人数为 21。

当时，半坡类型存在将死亡儿童用瓮棺葬于居住地的习惯，史家墓地及元君庙墓地两处的儿童分别占同地死者总数的 7.1% 和 18%，但应当不是当时死亡儿童的全部。此处所举的比例数字，不能反映出当时死于儿童时的人数和死于成年时的人数的比例关系。

半坡类型的姜寨，一期埋葬死者420余人，婴儿有230余人，略小于总数的56%。半坡类型250座墓中的253人，其中婴儿瓮棺葬为75座墓中的75人，略小于总数的30%。姜寨成年人墓区因为有部分坟墓处于现在村落的下面，并没有被挖出。但是，居住区及其边缘的瓮棺葬则已被全部发掘，故此统计的比率比实际数要大一些。半坡类型的情况恰恰与此相反，居住区及其边缘的瓮棺葬还有许多没有被发掘出来，而成年人墓区则已基本发掘完毕，故此统计比率比实际数要小一些。将上述两个方面的结果权衡一下，实际的比率可能在40%上下。当时的考古学家为此做出了推断，可知当时儿童的成活率是很低的。

半坡类型的成年人死后一般被葬在公共墓地。史家墓地及元君庙墓地均已经全面发掘，并对死者的性别及年龄做出了全面的鉴定，上述的记录中成年人的情况，比较接近当时社会的实际情形。

史家墓地能确认的老年、中年、青年的成年人，共665人。其中青年人占4.9%，中年人占92%，老年人仅占3.1%。元君庙墓地已确定性别及年龄的，14岁以上的为134人。其中，14～30岁的占45.55%，31～45岁的占38.06%，46岁以上的占16.39%。由此可见，在14岁以上的人中，将近50%的人活不过30岁，绝大多数的人均在45岁以前就已死亡，而能活到46岁以上的人是很少的。

至此，需要进一步说明，在46岁以上的22人中，大多数人的死亡年龄均在50岁以下，能活到50岁以上的，实在是少到只有几人而已，并且没有一个能够活到60岁的。有的学者对半坡类型横阵墓地死者年龄进行鉴定分析后认为，当时居民的平均寿命为20.3岁或21.8岁，死亡率应当是4.93%或4.59%。由此可见，半坡类型时期的居民寿命是相当短暂的。而且可以从上述史家墓地及元君庙墓地死者性别、年龄的记录中，看出史家青年、中年、老年三种年龄级中的男女比例依次为0.57 ∶ 1、2.07 ∶ 1、3 ∶ 1；元君庙的15～30岁、31～45岁和46岁以上的三个年龄级的男女比例分别是0.97 ∶ 1、1.83 ∶ 1和2.66 ∶ 1。

史家墓地的人骨年龄的鉴定，没有确认死者的具体年龄，也就无法说明所定的老年、中年以及青年的年龄界限，所以史家和元君庙两地各自三个年龄级是否完全对应，或基本对应的情况下，存在的差异程度等问题是难以说明的。如果把两地各自三个年龄级视为各自相互对应，则解释不了它们之间所存在的差异。从两地各自三个年龄级从青年到老年的男女比例关系来看，趋向是基本一致的，这基本上反映了半坡类型社会的实际情形。可知死于青年年龄级中女性和男性的比例，远高于当时成年男女的比例；死于中年年龄级中男女的比例，史家墓地的略低于当时成年男女的比例，元君庙墓地的则高于当时成年男女的比例；死于老年年龄级中女性和男性的比例，两地墓地却均大大低于当时成年男女的比例。如果当时男女出生率均等，那么便可认为当时女性多半死于儿童时期，其次是青年、中年时期，尤其是青年时期，而能活到老年者是远少于男性的。这说明女性的寿命要比男性的寿命更为短暂。

史家墓地能确定性别的成年人为 665 人，其中男性 441 人，女性 224 人。男性占 66.32%，女性占 33.68%。成年男女的比例为 1.97 ∶ 1。元君庙墓地已确定性别的成年人为 152 人，其中男性 91 人，女性 61 人。男性占 59.9%，女性占 40.1%。成年男女比例为 1.49 ∶ 1。元君庙墓地和史家墓地的成年男女比例之间存在差距的原因，或可归于两者所规定的成年年龄下限不同。男女出生率基本相同，男女儿童人数应当相近，元君庙墓地的统计中，把自 14 岁以上的人都归入成年，史家墓地确定青年的年龄下限不明，如后者规定的青年的年龄下限大于 14 岁，自然也就提高了成年男性对成年女性的比例。

恩格斯说：“（成年）男女的数目，不管社会制度如何，迄今又差不多是相等的。”

恩格斯的这一论断自然概括了他当时见到的人口统计的情况，而现在见到的当今人口统计，也不出恩格斯的这一论断。所以，与一般已知的情况相比，半坡类型时期的女性过多地少于男性的成年人性别结构的这一显著特点，似乎可视为一种反常的情况。

2. 半数以上的妇女 15 ～ 30 岁死亡

目前，庙底沟类型前期尚无探讨当时人口问题的材料，暂用基本与其同时的大汶口文化刘林期的资料做些说明。与半坡类型相比，大汶口文化刘林期的成年女性，占当时成年人口总数的比例略有提高。刘林第二次发掘的 145 座墓葬，确定性别的成年人是 121 人，其中成年男性 67 人，女性 54 人，男女比例为 1.24 ∶ 1。在邳州市四户镇大墩子发掘的27座刘林期墓葬中，成年男性14人，成年女性9人，年龄、性别不明的4人，成年男女的比例为1.56 ∶ 1。两地墓葬的成年男女的平均比例为1.3 ∶ 1。刘林期墓葬的成年女性在成年人口中所占的比例，比半坡类型提高了约43%。

刘林期和半坡类型是不同谱系的文化遗存，年代晚于半坡类型，社会发展阶段也和半坡类型不同，而处于父系氏族制初期，它们的成年人口性别结构差异，其原因是地域还是年代或社会制度，目前还不能做出任何肯定的判断。但是，半坡类型妇女除和男人担负着至少同样的繁重劳动并过着艰难的生活外，在当时医疗水平低下的情况下，生育和抚养子女损害了健康，甚至夺走了她们的生命，这无疑是妇女比男人衰老得更早更快，以及能活到较高年岁的越来越少的关键原因。元君庙墓葬，半数以上的妇女死于15～30岁的事实，应是这一种解释的重要依据。刘林期和半坡类型时期成年人口性别结构的差异，或许和妇女劳动条件及妇幼卫生的变化有关。在史家村墓葬见到的股骨变形弯曲，腰椎椎体间形成骨桥、骨刺等的病例，与元君庙墓葬人骨鉴定报告指出的当时居民的牙齿普遍遭到严重磨损，以及有压缩性骨折、骨刺的现象，同当时居民寿命短促的情况，都集中地反映出半坡类型时期人们的生活及劳动十分艰苦。同时，在维护生存的斗争中，半坡类型时期居民已积累了一些医疗知识。元君庙墓葬中所见到的桡骨及颅骨陈旧性骨折，便是说明他们已具有一定的医疗护理知识的例证。当然，至今还无法说明这是自然而成的结果，或是人为的医疗所致。但从当时人们已具有相当好的人体骨骼知识来看，医疗所致的可能性还是很大的。

《横阵墓地试析》蠡测该墓地是一氏族留下的遗存，并估定其存续时间为100年。同时，据年龄鉴定推算居民平均寿命为20.3～20.8岁，当时的死亡率为4.59%～4.93%，依墓地死者为330人计算，当时经常性人口应当保持在56～72人，再考虑这墓地的东南和西南还有个别的墓葬可能未被发现，尤其是出生率应高于死亡率等诸因素的情况下，即可认为横阵氏族的经常性人口应当是70～80人，或80～90人。《姜寨》（考古报告）据氏族居住区房屋面积和数量，及其可容纳人口的数量，推定每一氏族经常性人员应为9～110人，可以认为这里的五个氏族的人口总数为500人左右。经过比较全面的调查，在陕西省华县发现的半坡类型遗址有5处，年代大致在同一时期。那时村落可以有大小之分，如依上述的姜寨和横阵两地人口数加权平均作为半坡类型村落居民的平均人数，便可得知当时华县人口约为1500人。再考虑遗址经历年的破坏以及尚未发现的遗址等诸多因素，这里估计到的人口数应当是比较保守的数字。

上面所提供的难得的、对于人骨的性别、年龄的鉴定，作为研究当时社会居民的健康和居民的性别、年龄结构的材料，是相当全面而又珍贵的，其价值是不可估量的。

社会学家研究人类社会制度，必须同时探讨社会组织，而探讨社会组织则往往从剖析社会基层单位开始。通过前面的叙述，我们了解到墓地、墓区及合葬墓的三级结构，是半坡类型埋葬制度的一个相当重要的方面。通过埋葬制度这个现实社会制度的虚幻反映或缩影，可以帮助我们探索当时社会制度或组织等方方面面的真实情形。

第十三讲

在神与人之间游荡

在龙山文化、齐家文化的许多遗址中都发现了卜骨。占卜的方法是在猪、牛、羊等的肩胛骨上，用火灼出裂纹，由裂纹来判断吉凶。这种活动发展到后来会导致一些日益脱离体力劳动而专门从事占卜活动的巫者的出现。他们的活动可能不仅是向自然祈求，而且逐渐具有了阶级压迫的性质。

在以农业为基础经济的远古社会，手工业的发展规模和程度最终取决于农业，并为其提供了可能有剩余劳动的状况，同时，它在发展规模和进程速度两个方面的增强，促使人类聚积财富的能力不断提高。故此，由于它的存在，除了直接产生社会分工与分化，还要求产生管理人员和沟通社会各部门生产的交换人员。然而，史前的社会分工与分化并未只在生产领域的范围内踏步，几乎与此时的社会生产领域的分工与分化同时并进，远古社会又产生了巫师与军事领袖。

1. 宗教早已产生

至公元前 4000—公元前 3000 年之交时，宗教已发展到了一定规模。那时，红山文化的坛、庙、冢，以及仰韶时代晚期大地湾带有地画的大房子等宗教性建筑，都表明存在比较复杂的宗教礼仪。与之相适应的是当时已经存在某种形式的巫师。巫师是在宗教发展到了一定阶段才有的。由于最初的宗教礼仪的需要，人们选举产生了临时性的“业余”巫师，到后来宗教礼仪增多，专业巫师便产生了。

从业余巫师到专业巫师是需要一个历史过程的。直至公元前3000年中期，宗教得到了进一步的发展，有了“跨越”，产生了质的变化。如果富河文化的卜骨不计在内，那么甘肃灵台桥村所发现的卜骨，应当是属于这一时期的并且迄今见到的最早的卜骨；而大汶口文化用于祭祀的并带有符号的陶尊以及良渚文化带有墓葬的祭坛，应当是宗教已经步入了一个新阶段的标志。

2. 瑶山良渚文化祭坛

瑶山良渚文化祭坛具有下列值得注意的现象：

（1）建筑在瑶山的山顶，祭坛自内而外由红、灰和黄褐色斑土铺垫而成，其附近没有同时期的居住遗迹。

（2）祭坛的南半部有东西成行、南北为两列的墓葬，墓列分布范围与祭坛面积基本一致。

（3）墓葬大小及随葬品数量有别，却都以随葬玉器为主，应当不是这一文化的普通墓葬。

（4）玉琮、玉（石）钺仅见于南列诸墓;玉璜及纺轮又仅见于北列墓葬。由此推测，南列诸墓主人为男性，北列为女性。

男觋女巫都脱离了所在群体葬地，集中葬于祭坛，是巫师阶层已形成才可能出现的现象。女巫一般无琮，这说明男觋的地位一般高于女巫。

在良渚文化中发现了祭坛，这是1987年5—6月在浙江省杭州市余杭区安溪镇瑶山发掘的一处祭坛遗址。瑶山北依天目山，东南临东苕溪，为一高出河面约30米的小土山。其南面为冲积平原，分布着40多处良渚文化遗址群，瑶山为该遗址群中的遗址之一。

这个祭坛建在小山顶上，平面略呈方形，西边和北边还保留有石头砌成的护坡。坛面中心建有一个红土台，围着红土台并有一灰土带。此灰土带外围是黄褐土地，上面能看见散乱的砾石，由此可以推测原来的地面上铺有砾石。此祭坛所用的红土、灰土和砾石都需从别处搬运而来，在当时来讲，工程量可算不小。祭坛上没有发现房屋建筑，也没有发现生活遗物。只是在石头砌的护坡中发现了一些陶片，应当是当时建造祭坛时扔弃的破碎饮食用具。用如此大的人力在山头构筑如此方正的、神圣而庄严的坛台，依据迹象可以推测出最大可能是祭天礼地的场所，是祭司和贵族首领们通达天意以维护其统治的重要设施。这从良渚文化大墓中常有玉琮、玉钺并且上面常刻神徽的情况也可得到一些启示，并萌发一些奇特的感悟。

3. 沟通神与人的法器：卜骨与玉琮

铜石并用时代之晚期大约从公元前 2600—公元前 2000 年，正是龙山文化及同时代诸文化活跃的时期，民族文化区已经萌芽，一些考古学文化往往可以与古史传说中的族系相对照。龙山文化分布于黄河下游的山东和苏北一带，应当是东夷的史前文化；黄河中游的河南、河北、山西、陕西等地分布着中原龙山文化，应是诸夏的史前文化；长江中游在屈家岭文化之后是石家河文化，应当是苗蛮各族的史前文化；长江下游至杭州湾一带是良渚文化，它可能是古越人史前文化的一支。这一阶段的某些墓地的大中小墓葬分化明显，个别出现了殉葬。到处都有乱葬坑，有的地方还发现有做头盖杯和剥头皮的风俗，用卜骨占卜之风十分盛行，而占卜的主要内容可能是战争，由此也说明了这个时期可能已经进入了军事民主时期。

在龙山文化、中原龙山文化和齐家文化等遗存中，常常可以发现卜骨。这种卜骨一般不加修治，均由个体较大的动物如牛、鹿、猪、羊等的肩胛骨做成。占卜时在背面用火烧灼，烧成直径约 0.5 厘米的焦黑疤痕或灼号，正面也出现颜色较浅的灼痕，其中较少的灼号有 5 ～ 6 个，多的可达 50 余个；灼号有的烧得过老，出现裂纹，但多数是没有裂纹的。

同样的卜骨在二里头文化，与其同时的岳石文化和夏家店下层文化等也有发现，数量有所增加。到了商代早期，为了使卜骨易于烧裂，常在背面先钻些圆窝，并在圆窝处烧灼，正面就会出现裂纹，即所谓卜兆。巫师依据卜兆占卜吉凶。到了商代晚期，除肩胛骨外，还使用大量的龟腹甲占卜。占卜之前，先在背面凿出长条并在旁边钻出圆窝，这样在钻凿过的地方烧灼，正面肯定出现卜形兆纹。巫师可用钻凿的深浅和位置控制兆纹，达到假传上帝旨意的目的。当然，龙山时代毕竟还没有这一套故弄玄虚的把戏。但是，他们相信神，相信占卜是沟通神与人的一种手段。由于当时占卜的用具和方式在各地都相当一致，可知当时的人们必定有相似的信仰，而且很可能有专门从事占卜的巫师。

到目前为止，卜骨仅见于黄河流域的文化遗存中，长江流域及其以南似乎主要以玉琮为法器，沟通神与人之间的关系。如良渚文化便有大量玉琮和祭坛，没有见到一件卜骨；黄河流域则相当普遍地发现卜骨而很少有玉琮，这说明南北宗教活动的方式不同。到了商周时代，这两种宗教活动都被继承下来并得到发展。如果就中国古代文明的诸多因素或特征而言，有不少是在铜石并用时代甚至更早一些就已产生，到夏商周才进一步发展的。例如，陶器中的鼎、鬲、斝、甗、盉、豆等，玉器中的璧、琮、璜等，还有卜骨、丝绸、漆器，建筑中的夯筑技术、左右对称和前堂后室的布局，以及埋葬中的棺椁制度等都是如此。由此可见，中国古代文明的根基是深植于遥远的古代的，早在仰韶文化后期就已孕育着某些因素，到龙山时代则更进了一步。这一切说明到龙山时代，已经临近文明的到来了。

4. 巫师类似首领

远古时候，掌握宗教权力的人同时也在日常社会生活中有着一定的职权。正如恩格斯在谈到希腊氏族社会的“英雄时代”时所指出的那样：巴赛勒斯同时具有“军事首长、法官和最高祭司”这三种职能。当时的一些村落中，在部分居民的首领居所中，一些特殊的艺术品几乎都有着宗教色彩。例如，居于小山和新乐的两个村落，都有着类似首领之职的人物，同时也在一定范围内主持着公共的宗教活动，而且他们的生活条件也超出了一般居民的平均水平。

此外，可以说明此时原始宗教情况的还有上宅遗址及其出土遗物和富河沟门所见到的卜骨。在富河沟门遗址发现了一些卜骨，均系鹿的肩胛骨，无钻凿，仅在肩胛骨的一面有灼烤的痕迹，当时人们根据灼烤后在肩胛骨另一面产生的裂纹，来判断所占卜之事将出现的结果。此系我国目前所知最早的卜骨。

当时，齐家文化的宗教已发展到一个新阶段。占卜已成为这个时期的经常活动，遗址中常发现大量的卜骨。这个时期卜骨未加钻、凿，只有灼痕，基本上是用羊肩胛骨做成的。皇娘娘台的墓主人使用羊卜骨随葬，秦魏家随葬的羊卜骨被仔细地放在一个可从腹部扣合的高领双耳罐内。随葬的羊卜骨是墓主人生前巫师身份的标志。这类墓葬的存在应是已存在巫师阶层的例证。

另外，大何庄遗址揭示的5处“石圆圈”遗迹，显然是宗教性质的遗存。这种“石圆圈”建筑，由天然的扁平砾石组成，直径一般为4米，西北方留有宽1.5米左右的缺口。“石圆圈”旁边，一般都有卜骨或牛、羊的骨架。它的东边遗有被砍了头的母牛骨架，腹内还遗有小牛的骨骼，南边发现了两块卜骨。这些是当时牲祭、占卜活动留下的部分遗存。这一切可见，当时的这种宗教活动已有相当复杂的仪式，也只有具备专门的宗教技能的巫师才能从事如此的活动。当时，齐家文化的社会已经进入了父权制时代。至此，史前时代社会的分工与分化，如上述的专职巫师等，都已具备了基本的规模。然而，这一变革并未到此止步，尽管往后的分工与分化的历程只是已形成的这一层面的延伸、发展和深化。

在人类创造具有剥削、压迫和阶级这类现象的社会之前，就已创造了超越人类自身及自然而受到人类崇拜的神。人们为了从神那里获得佑护，便侍奉神。随着人类关于神观念的发展，出现了殉、牲一类的祭祀行为，导致神权的产生。同时，伴随宗教信仰及宗教行为的日益复杂，先是为了祭祀等宗教活动临时推举出“巫师”，后来，祭祀等宗教行为成了某些人的专门活动，乃至出现了专业巫师。巫师是半人半神，是沟通人与天地诸神的桥梁。至此，宗教成了某些人的专门活动，人们在侍奉神的同时，也要侍奉巫师。

既然剥削、压迫及阶级这类社会现象，是从无剥削、无压迫及无阶级社会中脱胎出来的，那么，维护剥削、压迫和阶级统治的最初的那些代表性人物，为了达到自己的目的，最便利又最能为人们所接受的办法，就是从传统中寻找武器，并加以扩充和宣扬。在思想领域内的最好武器，就是已经存在的神权，所以，诸民族的最初阶级社会的那些统治者，不是搞政教合一，就是搞王权神授这类统治把戏，其根本原因即出于此。

基于上述可知，侍奉神、巫师和统治者，是历史进程中依次出现的三种不同的社会现象，同时又在一定的历史阶段导致这三种社会现象相互联结。从西水坡直接见到的只是侍奉巫师的现象，何况包括这位巫师在内的所有埋葬现象，还可能是出于某种宗教目的而向神做出的奉献行为。同时，无论是后岗一期文化，还是当时整个中国社会，都未进入上述的后一历史境域，因此，难以依据这类搞祭祀活动时留下的遗迹，认定遗留这遗迹的社会“已进入父系氏族社会”，“发展到军事民主制阶段”，更不能说“阶级已经产生”。

第十四讲

墓葬反映出的社会和文明进程

山顶洞，长约 12 米，宽约 8 米，面积为 90 多平方米，可容纳十几人居住。洞里自然分为“上室”和“下室”。上室在洞口处，是他们的住室。下室在洞的深处，是他们的墓地。山顶洞周围的广阔地区是供他们狩猎、捕鱼、采集的生活基地。

山顶洞下室的墓地里，埋葬着一位青年妇女、一位中年妇女和一位老年男子。在这些死者的周围撒着赤铁矿粉粒。随葬品有石器和装饰品。对下室死者的安排，正是上室生者的生活写照。这种男女老少埋在一起，随葬生产工具和装饰品的现象，反映着血缘亲族关系密切及共同劳动、共同消费的生产关系。随葬品彼此没有多大差别的现象，意味着氏族成员的平等。死者周围有赤铁矿粉粒和随葬品的现象，表明他们有了埋葬的习惯，以及他们思维的进一步发展，已经产生了原始宗教观念，有了迷信色彩和一种对超现实存在的意识。

与氏族制度的结构相适应，那时的村落已有一定的布局。半坡遗址是一处典型的氏族村落，总面积约 5 万平方米，包括居住区、制陶窑场和公共墓地三部分。

妇女在氏族的地位是比较高的。有一些地方发现了以妇女为中心的埋葬习俗。在陕西省华县元君庙和华阴县（现华阴市）横阵村，发现了几十个母系氏族的迁移合葬墓。这些同坑埋葬的死者都是迁移而来合葬的，人多少不一，男女老少都有，迁移合葬过程比较复杂。人死后，大概是先把尸体做临时处理，遇到母系氏族中一个地位较高的妇女死亡时，就先直接把她的尸体仰卧埋在葬坑里。然后将与她同氏族的早死者的尸骨迁来，排在一起，同墓合葬。这种以妇女为中心的葬俗，表明她们在氏族中占有重要地位。另外，从半坡遗址和陕西省临潼县（现西安市临潼区）姜寨遗址墓葬的随葬品来看，女性一般比男性多。这种现象也是妇女社会地位高的体现。

集体劳动和生产资料公有的性质，决定了母系氏族公社的产品分配必然是全体氏族成员共同消费。半坡遗址和姜寨遗址里储存东西的地窖，密集地分布在房屋之外。有的 10 多个集中地分布在一个地方，形成窖群。这可能就是集体储存的一种形式。从墓葬来看，氏族成员死后大多数以基本相同的葬式埋葬在同一墓地内，随葬品绝大多数是生活用的陶器和装饰品。

在父系氏族中滋生着奴役关系。在皇娘娘台的遗址中发现一座成人合葬墓，一男二女。男性在正中仰卧，左右两侧各有一女性，均为侧身屈肢，下肢向后屈，双手屈于面前，相互面向男子。在柳湾属于齐家文化的墓葬中，有的男性仰身直肢卧于棺中，青年女性侧身屈肢，面向男性，卧于棺外。这些墓葬中的女子，无论她们与墓中的男性是否为夫妻关系，都显然是居于依附的地位，而且似乎处于奴隶的地位。

1. 山顶洞下洞

山顶洞由上洞和下洞组成，上洞接近洞口，较为宽敞，有烧火的灰烬等，应当是住宿的地方。下洞比较集中地摆放人骨，人骨旁有许多红色的赤铁矿粉末，还有不少装饰品，看来是有意的埋葬。如果这个推测不至大错，那么山顶洞下洞就是当时的亡人入葬的地方，并且是我国至今所发现的最早的墓地。

2. 仰韶瓮棺葬

在仰韶时代前期，庙底沟类型的墓地到现在为止从来没有被发现过。只是在北首岭、王家嘴、泉护村、庙底沟、王湾、土门、苗湾、赵城、谷水河、邱公城、二郎岗、阎村、马鞍河、大河村、点军台和下王岗诸地点，见到过少数的几座土坑墓，只是埋葬着成年人，还有数量相当多的瓮棺葬。王家嘴、庙底沟见到的是单人墓，却没有随葬品，墓中的人仰身直肢，头向东；王湾见到的也是单人墓，随葬品中除装饰品外，还有陶碗；下王岗是一座男女合葬的墓，墓中男女平列仰身直肢地躺在墓坑内，随葬品包括彩陶器座、陶钵等好几件日常器皿。与下面谈到的半坡类型瓮棺葬的情况相比，庙底沟类型的瓮棺葬较为复杂一些。

如果单从墓中人的年龄和葬具来看，庙底沟类型的瓮棺葬可分为两类：一是用尖底瓶作葬具，墓中人为孩子，可见于泉护村、王湾及点军台等地。由于受尖底瓶瓶口大小限制，不能放入尸体，所以只能对葬具进行处置：有的葬具仅是半个尖底瓶；有的是将尖底瓶锯开后对合而成；有的用一尖底瓶的上半部与另一尖底瓶的下半部对合起来；也有的是将两个尖底瓶的上半部或它们的下半部对合组成；还有的是将尖底瓶和陶缸配套成葬具，处置得比较复杂、多样。虽然这些葬具部件及组合各有不同，但是都以横置的形式埋于墓坑内。二是用陶缸及器盖组合为葬具，基本上被用于实行二次葬的成年人，皆以竖置方式埋于墓穴内，所用陶缸的底部往往有一小孔。这种墓葬见于土门、阎村及邱公城等地，大致分布于伏牛山两侧地带，位于前述尖底瓶葬分布区的东端南部。瓮棺葬差异的背景，还有待深入研究与揭示。

对于半坡类型埋葬习俗的认识，虽然远远地超过了庙底沟类型，但是这个时期各地的埋葬习俗基本是一致的，其主要的共同点如下：

（1）成年人死后，均被埋在居住地附近的公共墓地内。元君庙、横阵、史家、姜寨及王家阴洼被揭示出来的情况表明，墓葬按一定的形式或秩序编排，组成墓地。

（2）除姜寨、北首岭用瓮棺埋葬成年人的少数做法之外，绝大多数的成年人均被葬于简单的土坑竖穴墓内。个别墓内有二层台，甚至在二层上铺砌砾石，或用红烧土块铺垫墓底，而且仅极少数墓主人享用席或木质葬具，绝大多数死者均无葬具。

（3）对死者实行一次葬和二次葬。一次葬的尸体放置形式，除在半坡、北首岭及姜寨见到的少数俯身、侧身或屈肢之外，基本上为仰身直肢，头向西或西偏北。当然，头也有向东偏南或北偏东的，那可能是王家阴洼墓地结构与其他不同的缘故。在其他各地，尸体均同半坡类型居民一样，对死者要进行再次葬仪，那时死者的肌肉已经腐烂，“葬式”也就只能放置死者的尸骨了。二次葬者尸骨被安置于墓穴内的姿势，或和仰身直肢的一次葬者一样，不仔细观察的话，很容易将其误认为一次葬，或按人体骨骼的相对位置堆置于一起，但其头骨均朝西，面向天，只有在骨骼保存较差的情况下，才实行仰身直肢的位置安葬。在半坡及姜寨的一些尸骨保存完整的一次葬者的墓穴内，发现了墓中人的手指骨或趾骨不在人体应有的位置。有些研究者据此和民族学资料类比，结果将这一现象视为“割体葬仪”。

（4）随葬品均以陶器为主，装饰品及其他物品很少发现。随葬陶器的基本组合相同，一般都使用钵、罐及小口尖底瓶。直到半坡类型晚期时，才出现使用葫芦口瓶或蒜头瓶代替小口尖底瓶，也作为随葬陶器基本组合中的一种。

那时，一般诸墓地的随葬陶器均置于墓中人的自小腿骨往下的部位，即墓穴的东头，而在王家阴洼墓地，随葬陶器被置于专设的位于骨架腰部左侧的上坑内，坑呈椭圆形，这反倒是一种特例。其他随葬品放置的情况是骨镞在尸体的胫骨之间，生产工具一般放在腰部，装饰品则见于死者生前佩戴的躯体部位，食物在陶器内。在元君庙墓地见到的妇女装饰品的放置处，从半坡陶盆上的人面形花纹图案来考虑，可以推知元君庙半坡类型妇女将头发盘结于头顶，梳成高耸的圆锥形发髻，用骨笄束系。在发髻下方，过额部、耳际和枕骨下方，系一彩色（推测为红色）饰带，并注意到她脖颈上佩戴的骨珠项链，可推测半坡类型妇女装扮得十分美丽。

（5）半坡类型孩子的埋葬方式，一般与成年人不同。大人们将孩子的尸体置于陶瓮、陶钵或陶盆中，有时置于加上陶碗组成的葬具内，埋入居住地内，或就在某一房屋附近挖成的圆形竖穴内。这类瓮棺葬的葬具组合基本上有三类：第一类是将孩子的尸体先放在陶瓮内，上扣一钵；第二类是上扣的不是钵，而是陶盆，少数再在钵或盆上加扣一陶碗；第三类是在陶瓮上再扣上一件陶瓮，多半是由于尸体太大的原因，此类发现极少。

瓮棺葬者除葬具外，基本上没有随葬品，个别可在墓葬内见到随葬品，也是数量极少。例如，姜寨确指为孩子的183座瓮棺葬中，有随葬品的只有7座，顶多也只有1件陶器随葬而已。

半坡类型用作瓮棺的陶瓮底部没有小孔，这与最先所述的庙底沟类型有所不同，而在作瓮棺盖用的陶钵或陶盆的底部中央，可见到钻成的或敲击成的小孔。半坡类型居民在埋葬尸体时，常在钻成的或敲击成的小孔上盖上一小块陶片。这一小孔可视为亡者灵魂出入的通道，这应与当时宗教的灵魂观念紧密相关。上述的这两种小孔应为庙底沟居民所制，与半坡类型居民在瓮棺盖上钻击的方向完全相反，推测这可能是灵魂“上天入地”观念存在差异的表现。这也是目前尚不能确认而又值得深思考究的又一问题。至于半坡类型实行小孩和成年人异地埋葬的原因，应与当时成丁礼制度有关，认为小孩生前未通过成丁礼而进入成年人行列，死后也不能被埋入成年人的墓地，这也是推测。

半坡类型的埋葬习俗，不同地区也有所不同。例如，河套地区就把亡者安葬在石板拼成的石棺内，与渭河流域见到的情况有所不同，现存材料还难以全面说明半坡类型葬俗的地域性差别。从半坡类型墓葬较多的渭河流域所表现出的地域区别来讲，大致以泾水为界的东西两区的埋葬习俗也有所不同，主要表现在：泾水以西地区的王家阴洼、北首岭、半坡及秦岭南侧的何家湾及紫荆墓地，均以单人墓为主，合葬墓极少；后者以年龄相近的同性合葬墓占多数。泾水之东的横阵、元君庙及史家墓地，则是以合葬墓为主，且以年龄不同的异性合葬墓为最多，年龄相近的同性合葬墓较少。临潼姜寨一期和二期的埋葬习俗，分别与前述两地相同，即一期同于泾水以西地区，二期与泾水之东的地方没有差异。可否依此以年代早晚解释泾水东西两地存在的埋葬习俗呢？即泾水以西的埋葬习俗属于半坡类型前期；泾水以东的埋葬习俗年代较晚，属于半坡类型后期。

横阵、元君庙和半坡及北首岭墓地中同属半坡类型前期的墓葬，以及可基本归于半坡类型后期的史家和王家阴洼墓地，均存在如前所说的埋葬习俗的地方性差别，使人难以依据姜寨墓地所表述的埋葬习俗上的年代加以区别，否定半坡类型葬俗客观存在的地域区别。问题之关键是如何认识姜寨墓地所呈现的现象。姜寨濒临泾水，正处于上述两地区的交界处，这里很可能在姜寨一期时，接受的是来自泾水以西的半坡类型居民的习俗，而到了二期，则是受泾水之东的居民影响形成的习俗。姜寨是半坡类型的东西两部分居民争夺的一个地区，它的一期墓地是半坡类型的西部居民建造的，二期则为东部居民建造。

无论是东区还是西区，以上埋葬亡者的墓葬，除半坡个别位于居住区外，都组成了一定结构形式的墓地。也就是说，至今还未见到半坡类型墓葬在墓地和居住区以外单独存在的情形。

如前所述，半坡类型村落布局规整有序，而规整有序的村落布局，则受制于住在村落内居民的关系及其体现，以及维护这一关系的准则。半坡类型墓地均位于村落的旁边，是建造规整有序村落的居民安葬死者的处所。在远古时代，人们对死后世界的构想，尽管可能出现一些偏离现实的虚幻，但归根结底，依然是基于现实生活的向往。因此，半坡类型墓地如同它的村落一样，存在特定的结构，并以一定的方式构成一个特定的布局。

王家阴洼墓地明显地分为两区。东区的31座墓葬头向一律北偏东，西区的32座墓葬却都是头向东南。

半坡及王家阴洼的情况，说明了泾水以西的半坡类型墓地，无论是在早期还是晚期，都以一定标志被分割成不同数量的区块。

泾水以东的不同时期半坡类型墓地的结构，正像泾水以西见到的情形一样，也是由某种形式的区块结合起来的。

横阵墓地没有被完整地保存下来，已发掘的部分只是原来墓地的一部分。

史家及元君庙见到的情况，有点不同于横阵。史家墓地被分割为几个墓区，墓区又被合葬墓所分割。迄今对已发掘的半坡类型墓地所做的研究，以及对元君庙墓地结构的解析，更接近当时的实际情况。

墓地内的多人合葬墓占墓葬总数的63%，相当于单人墓葬的2倍。合葬墓内的亡者的葬式，大多为二次葬者，但也有少数为一次埋葬的。这说明合葬于这两类的任何一座同一墓穴的亡者，并不是同时或在相近时间内死亡的。在任何一座合葬墓的左右，可能有同时的单人墓，但在大多数情况下，都是同一时期的另外的合葬墓。可见，一墓区内存在的若干同属一时期的墓葬，不是基于墓中人死亡时间排列的。把不同时期的亡人集合起来葬于一个墓穴，抑或将同一时期死亡的人埋在不同墓葬内，都是违反依死亡先后实行定穴安葬原则的。这类现象与横阵墓地的长条形大坑被合葬墓所分割的情形相同，也是对墓区实行分割的另一种表现形式。可见，元君庙墓地存在被再划分为墓区及合葬墓这样三级区块的现象。

3. 大汶口墓葬

铜石并用时代的墓地情况，以及埋葬习俗的变化，又是怎样的呢？

铜石并用时代早期的墓葬以大汶口文化发现为多，仰韶文化、大溪—屈家岭文化和薛家岗第三期文化等也发现了不少。仰韶文化后期的墓地，主要见于郑州大河村、后庄王、洛阳王湾和陕州区庙底沟二期等处。各地墓葬一般比较集中。成年人均为长方形土坑墓，宽仅容身，全部为单人葬。各地头向不尽一致，王湾为北偏西，大河村为南略偏西，庙底沟则基本为南向。仰卧直肢，仅个别为屈肢或俯身葬。很少见有随葬品。

大溪文化晚期一般为单人葬，个别有母子合葬。成年人多长方形竖穴或墓坑不明，婴儿有瓮棺葬。成年人葬式以仰身直肢葬为主，个别为屈肢葬和俯身葬。随葬品有明显差别，多的一墓有 50 余件，少的一二件或根本没有。随葬品中有生产工具，如石斧、穿孔扁斧、锛等；生活用具，如陶圈足盘、杯、瓶、碗、钵、罐等；还有玉璜、玉玦、象牙镯、绿松石坠饰等装饰品；有的墓用象牙、鱼或龟随葬。

屈家岭文化的埋葬习俗与大溪文化晚期基本相同，只是屈肢葬更少一些，也未见随葬鱼或龟的。婴儿用瓮棺葬，葬具为瓮或罐上盖以盆、钵、鼎或豆等，与仰韶后期者略同。

在长江下游的薛家岗三期文化中曾发现 80 座墓葬，但因在早期文化层上，墓况不明，骨架也全部腐朽无存，仅能据随葬品的集中状况辨别墓葬所在。这些墓葬中随葬品一般不甚丰富，但比仰韶文化要多，包括生产工具、生活用具和装饰品等，多是生前使用过的实用器物，石斧和多孔石刀等常有使用痕迹。陶器常以鼎、豆、壶为组合，也有用鬶、甑、盆等随葬的。玉器数量颇多，有穿孔扁斧、玉镯、玉璜、玉玦、玉琮、玉管和坠饰等。

这个时期发现的墓葬最多、研究也较深入的是大汶口文化。属于这一文化的墓地，经过发掘的有山东泰安大汶口、曲阜西夏侯、邹县野店、藤县岗上村、胶县三里河、潍县鲁家口、诸城呈子和前寨、安丘景芝镇、日照东海峪、临沂大范庄、莒县陵阳河和大朱村，以及江苏邱县大墩子和新沂花厅村等多处，以大汶口的发掘规模最大。

每一个墓地中的墓葬都十分密集。一般均为长方形竖穴，小者仅可容身，大者可达 13 ～ 17 平方米以上。有木椁或木棺。木椁一般由原木交叠成井字形，顶部用原木横盖，一般无底，少数底部有排列稀疏的原木。这种椁室同墓壁之间，以及椁室内均有随葬品。木棺较小，亦多用原木，有四壁及顶、盖，随葬品一般置于棺外，个别用原木盖顶。

一般为单人葬，也有少量男女合葬或成年人与小孩的合葬。类似的情况在野店和大墩子也能见到。前寨墓地中虽没有发现合葬，但有5对时期相同、年龄相若的男女墓葬紧紧相靠。所有这些情况在新石器时代前期是没有见过的，应是家庭和婚姻形态发生了深刻变化的一种反映。

这时期的农业和手工业（制石、制陶等）都有较大的发展，相应出现了专业化分工和经常性的商业交换。这些活动并不需要，甚至已没有可能全部在氏族公社规模的基础上进行，于是家族在生产上的地位和作用就显得越来越重要了。从前那种强调亲族联系的、不巩固的、没有自营经济的对偶家庭已经越来越不适应新形势的需要，建立新的、更加巩固的婚姻和家庭关系已成为必要，一种以父系为基础、具有相对独立经济的对偶制核心家庭产生了。在大河村、点军台、黄楝树等许多地方看到的那种不大的、分间式房屋，应是为适应这种新的家庭生活而建造的。这种房屋一下子就在很大一个范围内发展起来，其原因就在于此。

这种新的对偶家庭，夫妻二人仅有分工的不同，他们都要参加社会生产劳动，都有义务供养他们的子女。因此，他们在经济关系和社会地位上都是平等的。当然，这不是说绝对意义上的平等，但至少还谈不上一方对另一方的压迫和统治。大汶口文化中所有夫妻合葬或成对埋葬都没有发现男方或女方的明显优势；在单个墓的随葬品中，女性同男性一样有多有少，就是这种平等关系的证据。至于在合葬中往往是男左女右，也不应按后世出现的左尊右卑观念去看待史前社会的习俗。我们只能说，当时似乎已形成某种制度，已不是一种随意的安排，说明新的婚姻家庭关系已成为社会普遍承认的比较稳定的因素了。

以上所述当是一般情况，至于较偏远的地区，如鲁东诸城呈子和栖霞杨家圈，还存在多人合葬这种古老的风俗。这些地方家庭和婚姻形态的变化可能要稍晚一步。

在大汶口文化的埋葬习俗中，很明显地反映出下列特点：一是家庭的分化，即家庭对氏族公社的相对独立性的加强，家庭开始从氏族中分化出来。二是劳动的分化，即生产劳动的专业化分工的发展。这种分工已不限于男女性别和年龄等级的自然分工，而且存在社会分工。例如，大汶口有10座墓中随葬较多石器、骨牙器等工具，有的一墓就有6件石斧（钺）。这类墓葬中往往伴出砺石、骨料或牙料，墓主人当是制作石器或骨牙器的手工业者。西夏侯和大范庄的一些墓葬的随葬品主要是陶器，有的一种器物即达数十件，总数则多达100余件，远远超过日常生活的需要，其墓主人很可能是专业的陶工。大汶口有些墓随葬猪头，三里河和前寨等地有些墓随葬猪下颌骨，这类墓往往较大，随葬的其他器物也较多，所以有些学者结合民族法的情况，将猪头或猪下颌骨视为财富的标志，是有一定道理的。但在大汶口和西夏侯等墓地中，一些最大或东西最多的墓葬往往不用或仅用一两件猪头随葬，随葬陶器或石器甚多的墓很少用猪头或猪下颌骨随葬。因此，用猪头或猪下颌骨随葬也部分反映了劳动分工，那些墓主人应比一般人饲养更多的猪。

由于劳动的社会分工，产品的交换便成为经常性的事情。在家庭已发展得相对独立并已有部分自营经济的情况下，劳动的社会分工和产品交换都会产生贫富分化，这也是大汶口文化埋葬习俗中表现出的第三个特点。

大汶口文化中贫富分化的现象，在许多墓地都表现得很明显，如大墩子156座墓葬中，仅8座随葬品较多（每墓25件以上），最多者55件，多数在5件以下，有些墓一无所有。西夏侯11座墓中，随葬品最多的墓有124件，最少的仅20余件。野店、前寨、三里河、陵阳河、大朱村等处也有类似的情况。而贫富差距最显著的是大汶口和陵阳河墓地，并且在个别遗址中已是非常突出的现象了。

贫富分化往往造成社会地位的分化，而社会地位的不同有时也会加深贫富分化的程度。但在某些时候，社会地位较高的人不见得每个都很富裕，而较富裕的人也不见得每个都争得了较高的社会地位，这是两个有联系又有区别的问题，不应混为一谈。在大汶口文化的墓葬中，有些迹象表明当时已出现社会地位的分化。这是当时埋葬习俗的第四个特点。

大汶口有20座墓葬随葬穿孔石斧，也就是石钺，约占全部墓葬的15%，这类墓葬一般同时随葬骨质或象牙雕筒和指环，随葬陶器、石、骨器和猪头也较多，其身份除某些石骨制作的手工业者外，多数应为武士或氏族贵族，他们同时也是较富的人。其中个别的有象牙琮、玉钺乃至鼍鼓，应当是部落乃至部落联盟的酋长。大汶口还有11座墓出土龟甲，有的穿孔或涂朱，有的中盛砂粒，一般佩于腰下。除个别情况外，这些出龟甲的墓葬一般不出石钺、雕筒或指环。这些墓葬随葬东西也较多，他们是另一批富户，其身份可能是巫师，人数仅占8%。大汶口117号墓埋葬着一位未成年男性，他不可能有什么战功，却随葬了除最大的 10 号墓以外的另一把玉斧（钺），其余尚有骨雕筒 1 件，象牙雕筒 1 件，束发器 2 个，以及玉笄、臂环和大量陶器，看来他不仅继承了财产，也继承了氏族贵族的身份，表明世袭制也已萌芽了。

因为贫富分化和某种氏族贵族世袭制的存在，一些家族在氏族内长期处于较富裕和显贵的地位。这种情况在大汶口墓地中有所表现，如最北部的一群墓，早期便是整个墓地中随葬品最丰富的，到晚期仍然如此。最南的一群墓，从早到晚都是墓坑最小、随葬器物也最贫乏的。中间一群从早到晚也不富有。但在中群和南群之间，多半还是属于南群的几座晚期墓规模较大，随葬品也较多，应是一些氏族新贵，是贫富分化和社会分化进一步发展的结果。

4. 花厅的殉葬：人殉出现

在大汶口文化的墓地中，花厅墓地比较特殊，一是出现了殉人，二是有许多良渚文化的因素或输入品。这座墓地位于江苏省新沂县（现新沂市）西南约 18 千米的花厅村北，面积初步估计约 30 万平方米。1952 年、1953 年、1987 年和 1989 年先后进行了四次发掘，发现墓葬近 100 座。墓地分南北两区，南区年代较早，所出器物完全是大汶口文化的特征，墓葬规模也都比较小。北区有的较晚，大约相当于大汶口文化的晚期或良渚文化的早期。这一墓区中除小墓外还有 10 座大型墓，它们彼此相邻，自成一片，在墓地中显得非常突出。

这些大墓一般长近 5 米、宽近 3 米，有些墓设有椁室。随葬品往往多达 100 余件，包括陶器、石器、玉器、彩绘木器和整猪、整狗等。值得注意的是，这些墓中出土的陶器和玉器等很大部分具有良渚文化的风格，只有一部分属于大汶口文化。例如，陶器中的“T”字形足鼎、双鼻壶、宽把带流杯、饰瓦楞纹或竹节纹的豆和圈足罐等，都是良渚文化的器物。只有背水壶、盉、个别镂孔大圈足豆和部分罐可算是大汶口文化的器物。先后出土的 500 余件（组）玉器中包括斧、钺、锛、琮、锥形器、琮形管、璜、环、珠、管、指环、耳坠等。这些玉器在良渚文化的遗址中差不多都能找到，有些玉器是良渚文化和大汶口文化共有的，几乎没有一种是大汶口文化特有的。特别是在琮和锥形器上有近似微雕的简化神人兽面纹，从工艺到题材都是良渚文化的产物。这种题材有明显的宗教色彩，是良渚文化居民所信奉和崇拜的对象，不大可能传播到其他地区并为那里的居民所接受。因此，这些大墓的主人应属于良渚文化。

同一个墓地中一区属大汶口文化，另一区属良渚文化；或者说小墓属大汶口文化，大墓属良渚文化，这是一种非常罕见的情况。花厅在大汶口文化分布的边区以内，而良渚文化的分布区则远在江南太湖周围的沪宁杭地区，距花厅达数百千米。在花厅出现良渚文化的大墓应是良渚贵族入侵和强行占据的结果。通过分析大墓中的殉人，这个问题可以看得更加清楚。

在花厅发现的10座大墓中有8座有殉人现象。这些殉葬者在墓中放置的位置同墓主人有明显的区别，且不止一次地发现其处置方式与猪狗相同。显然不是墓主人的亲属，而是身份较低的人。他们既同墓主人一同被埋葬，应当不是正常死亡后的安葬而是强迫为墓主人殉葬。在良渚文化的本源上发现过许多大墓，只有上海福泉山一处有殉葬的现象。假定花厅大墓的主人确属良渚文化，他们不会跑到几百千米外的大汶口文化区再把本族的人员用来殉葬，因此，殉葬的人应属大汶口文化。假定大墓的主人和殉葬者都属大汶口文化那根本说不通，因为大汶口文化腹地的一些大墓中从来就没有发现殉葬的现象，他们不会偏偏到花厅来要求殉葬，而墓中的随葬品又大多属良渚文化。假定墓主人属大汶口文化而殉葬者属良渚文化，也有说不通的地方，因为殉葬者多为小孩，有的甚至是婴幼儿，良渚文化的人是否会拖家带口跑到这里便是一个疑问；再说墓中主要是良渚器物，墓主人虽可将其作为战利品随葬，但不应缺少代表自己身份的物品，而墓中最能代表身份的物品当推饰有神人兽面纹的琮和锥形器，特别是项饰上也有带这种纹样的小琮，所以墓主人非良渚文化莫属。

良渚文化的征服者把大汶口文化的居民用来殉葬，反映了这两个集团斗争的激烈。殉葬者中缺乏青壮年男性也许是因为他们多已战死或败走了，逃不走的儿童、妇女和她们的幼儿便遭到了这样的厄运。由此看来，花厅的殉葬只是一种偶然现象，还没有形成制度，也不是阶级斗争的产物，同后来商周时代的殉葬制度是有原则性区别的。但从另一方面来看，它毕竟是贫富分化出现以后，刺激社会发生掠夺性战争的产物。敌方的俘虏既可以被强迫殉葬，自然也可以被强迫服役，从而为奴隶制的产生创造了条件。

5. 贫富之分化

龙山时代的墓地以良渚文化发现得最多，以中原龙山文化的陶寺墓地为最大。但以单个墓葬来说，则以山东临朐朱封的3座墓葬为最大。

朱封遗址位于临朐县南约5千米，东南濒猕河，1987年曾在那里发掘一座龙山文化的重椁墓。此墓在棺内随葬玉钺3件、玉环1件、松绿石管珠5件、松绿石片95件。内椁盖板上置石镞和骨镞共18件。在棺与内椁之间以及内椁与外椁之间随葬各种精美陶器50件，种类有鼎、鬶、罍、罐、盆、豆、盂、盒和单把杯等，其中32件有盖。棺与内椁间有两堆陶器底部发现彩绘，一片似长方形，长50厘米，宽30厘米，有红、黑两种颜色；另一片略呈梯形，长宽均约70厘米，有红、黑、灰、白等多种颜色。推测是两件盛放陶器的彩绘木器。内椁与外椁间的一堆陶器上也有红、黑两色的彩绘，形状已不可辨别，也可能是装陶器的彩绘木器的残迹。此外，在棺内发现有零星的红色彩绘，内椁与外椁之间也发现数处面积较大的多色彩绘。

龙山文化墓地至今已经发现不少，其中主要有日照两城镇、临沂大范庄、诸城呈子、胶县三里河、潍县鲁家口、潍坊柿子行、泗水尹家城等处，其中没有一个地方发现大墓。尹家城一墓稍大，也不如朱封大墓的规模。这种情况应该是与龙山时代已出现城市和乡村的差别相一致的。也就是说，朱封的大墓应该属于某个城市的贵族阶层，而其他许多地方的中小墓葬则应是一般乡村居民的墓葬。

朱封大墓中还有一点也是特别值得注意的，就是重椁的出现。中国古代的棺椁制度是表示等级的礼制的重要组成部分，什么人用几重椁是有规定的。朱封大墓的重椁与单椁相比，在放置随葬品的功能上并不稍胜，其所以要用单椁或重椁，最大的可能是表示地位等级的不同。如果这个推测不至大错，则龙山时代不但已出现不同等级身份的人，而且有一套反映这种等级差别的制度。

关于在龙山时代即已出现等级制度一事，还可以从陶寺墓地的情况中得到反映。这座墓地位于山西省襄汾县，面积超过了1万平方米。如连居住区等整个遗址计算，总面积达300万平方米。墓葬分布甚密，仅1978—1982年发掘的2000平方米范围内，就已发现墓葬700余座。其中北部和中部情况不同，应属两个相邻的墓区。

墓葬可分为大、中、小三种。大墓长3米左右，宽2～2.75米。有木棺，内撒朱砂，随葬品多达 100 ～ 200 件，其中往往有龙纹盘、石磬、木鼓、大量漆木器、陶器和玉石器等。

中型墓一般长 2.2 ～ 2.5 米，宽 1 米左右。一般有木棺，随葬成组陶器及少量彩绘木器、玉石器及猪下颌骨等。有的保存较好的有麻布殓衾。像这样完整的木棺和大量衣衾出土的情况，在我国史前考古中还是仅见的。

与上述大中型墓形成鲜明对比的是 87% 以上的小型墓，绝大多数无任何葬具和随葬品，仅个别的有木棺，或两三件骨笄、陶罐之类的随葬品。

大中型墓与小型墓主人的区别，不仅是贫富的差别，还应有身份和社会地位的差别。因为大中型墓中往往出玉钺和石钺，应是军事权力的象征；有些大型墓中有石磬、木鼓等，更应是特殊地位的标志。由此可见，陶寺墓地所代表的社会集团已有初步的阶级分化，这同城市的出现和城乡分化所反映的社会状况是一致的。

至于贵族坟山又是怎样的呢？

目前，良渚文化的祭坛除瑶山外，附近的汇观山也可能是另外的一座。但这两座祭坛后来都被废除，做了贵族们的墓地。

瑶山上一共埋了 12 座墓，均南北向。分为两排，前排即南排 7 座，后排 5 座，墓葬打破祭坛，且不少是跨线打破的。

墓葬的排列并不十分整齐，间距也有大有小。南排的墓打破了北排的墓一角。看来，这些墓并非同时埋葬，而是先后埋葬的，可能北排较早而南排较晚。两排墓虽都有大小，但南排相对较大，随葬品较多，并多有玉琮、石钺，北排未见这两种器物。看来随着时间的推移，人们的财富日渐增加，埋葬习俗上也略有变化。

反山墓地在瑶山西南约 5 千米。所谓“反山”，不过是良渚文化时期人工堆筑成的一个大坟山，高 6.35 ～ 7.3 米，东西长约 100 米，南北宽约 30 米，体积 2 万立方米有余，工程颇大。根据其上有比较方正的灰色上部来看，原先也可能做过祭坛，后来同瑶山一样作为墓地。已发掘的西头共发现 12 座墓，墓上统一封土 1.3 ～ 1.4 米。

墓葬均为长方形竖穴，大体分成南北两排，但不大整齐。骨骼多已腐烂，从个别墓残留的头骨和随葬品分布位置来看，推测头向朝南略偏西，与瑶山墓地基本一致。

墓内有棺床及棺木痕迹，棺木上有大片朱红色涂层，似为漆棺，有些墓似有椁室。随葬品以玉器为多，少者数十件，多者达数百件。放置位置大体相同：头上放冠上玉饰，胸腹放玉琮，右侧放玉钺，腿脚部放玉璧和石钺，脚下放陶器，另有许多玉管、玉珠等。

有一座大墓，长 3.95 米，宽 1.75 ～ 1.96 米，深 1.32 米。随葬陶器 2 件、石器 24 件、象牙器 9 件、鲨鱼牙 1 枚、玉器 170 件（组），若以单件计为 511 件，共计 547 件。另一墓较小，长 2.95 米，宽 1.45 ～ 1.65 米，深 0.3 米。随葬陶器 4 件、石器 1 件、玉器 39 件（组），以单件计为 64 件，共计 69 件。这种差别的性质，正如对瑶山墓地的分析一样，不能简单地看成贫富差别，而可能与死者生前的地位、声望和实际贡献有关。因为即使是较小的 18 号墓，仍然有棺和几十件器物，特别是几十件玉器，并且同其他大墓一起埋在一个特意筑成的大坟山上，对此，普通遗址边的小墓是无法相比的。

在良渚文化中，像反山这样的坟山多有发现，其中著名的有上海青浦福泉山、江苏武进寺墩、吴县草鞋山和张陵山等处。这些所谓山、墩实际上是由良渚文化时期的人们堆筑起来的坟山。其中福泉山的一些墓葬上还发现红烧土坯或原始砖。是否存在墓上建筑是很值得注意的。在上述坟山上都埋着较大的墓葬并出土许多玉器。相形之下，一些遗址附近的小型墓地完全未加营建，墓坑甚小，无棺痕，随葬品一般仅有几件石器和陶器，实在是鲜明的对比。像这样把贵族墓地与平民墓地完全分离开来，对贵族墓地普遍营建巨大坟山的做法，在龙山时代的各个考古学文化中是仅见的。这说明良渚文化居民的贫富分化和阶级分化都已达到相当尖锐的程度。从埋葬习俗可反映出阶级分化的现象。

龙山时代的墓地不只见于良渚文化、龙山文化的朱封和陶寺墓地，在内蒙古伊金霍洛旗的朱开沟、山东胶县三里河、诸城呈子、日照两城镇和东海峪、泗水尹家城、临沂大范庄、湖北天门石家河窑场等龙山文化和石家河遗存中也多有发现。这个时期的埋葬习俗存在以下六个共同特征：

（1）普遍存在公共墓地，但规模不如前一时期那么大，说明一个墓地所代表的社会组织与以前有所不同。假如以前常以胞族和氏族为单位，这时则可能是以氏族和家族为单位的。

（2）除良渚文化外，同一墓地中往往有大墓和小墓的差别，有时这种差别表现得十分突出。陶寺是这样，尹家城、石家河窑场等地也是这样。大墓往往有棺或棺椁，随葬上百件器物，其中不乏十分珍贵的玉器、象牙器和漆木器等。而小墓不但没有任何葬具，且绝大部分也没有任何随葬品，极少数有随葬品的也只是一两件质量甚劣的陶器和骨锥等。有些墓地大墓有专门的墓区，如陶寺。而良渚文化则有专门为埋贵族大墓而建的坟山。这说明当时已存在以家族为单位的明显的贫富分化现象。

（3）在一些大墓中，往往随葬象征军权的石钺或玉钺，象征宗教权的玉琮或玉璧。这说明富人常常是把握军事、宗教和经济特权的。他们至少已部分地脱离普通群众而成为氏族贵族。

（4）这时一般为单人葬，不见前一时期常见的夫妻合葬。只是在陶寺的大墓群中，有的男性大墓两旁有女性墓葬。这一变化究竟代表什么意义，有待进一步研究。

（5）这时除正式墓葬外，还有大量的乱葬坑。每坑里面埋数人以至十数人不等。其中有的身有伤痕，有的身首异处，有的做挣扎状。这些死者可能是战争的牺牲者或被处死的战俘乃至奴隶。

（6）在许多房屋和城墙下往往有奠基坑，其中埋小孩或成年人，他们更可能是奴隶或家童。

6. 英雄剥头皮

在远古的遗存中，头盖杯和剥头皮的风俗已被揭示。河北邯郸涧沟遗址的两座半地穴式房址中，各放置 3 个人头盖骨，位置在房屋中央，其年代应属后岗二期文化的早期。

这里所指的头盖骨是从眉弓经颞骨到枕后取下来的部位，这样取是为了获得一个完整的头盖骨。从头盖骨上的斧痕来判断，砍头的方法是将被砍者打倒在地，并捆绑起来，甚至踩在脚下，先砍后部，因为那里的斧痕最多，还有砍偏了的痕迹，这表明被砍者始终在挣扎。

用头盖骨做杯碗的风俗，曾经广泛地流行于欧亚大陆的北方草原地区，以斯基泰人为最甚。我国中原地区也很盛行。例如，郑州商城东北宫殿区的一条壕沟中就堆积着近 100 个人的头盖骨，其中有 80 多个层层叠压成两大堆。这些头盖骨多是从眉弓和耳际的上端横截锯开的，不少保留着明显的锯切痕迹，因而断口比涧沟那种用斧子砍的整齐一些，涧沟的头盖杯与西伯利亚托木斯克出土的头盖杯几乎完全相同，后者也是齐眉弓经耳际到后枕砍下来的，断口不大整齐，可以认为它是古代北方游牧民族所使用的头盖杯。可见涧沟的头盖骨也当是用为饮器的头盖杯，战士或首领用它喝酒或喝敌人的血，以显示自己的勇敢和威武，兼有赫赫战功。至于商代头盖杯的发展，除承袭龙山时代的风俗外，还应掺进了阶级压迫和民族斗争的内容。

商代晚期曾有不少人的头骨片上刻着文字，记录着战事、战功和战绩。到了商代晚期，人头或头盖骨用于祭祀可能还较普遍，所用的人头往往为敌方部族的失败者。《战国策·赵策一》记载："及三晋分知（智）氏，赵襄子最怨知（智）伯，而将其头以为饮器。"可见，用人头盖骨做饮器的风俗是有传统的，应当源于龙山时代的后岗二期文化时期。

剥头皮的风俗也曾广泛地流行于古代北方游牧民族，以及美洲印第安人之中。但是，有这种风俗的民族并不一定都要做头盖杯。两者兼而有之的，仅见于斯基泰人。涧沟也是两种风俗并行，这与部落或部族间战争的加剧大有关系。在龙山时代，生产力的发展已经有可能创造剩余的产品，从而产生了人剥削人的可能性。这时出现了贫富两极分化，甚至出现初步的阶级分化。氏族贵族为了掠夺更多的财富，而不断地发动掠夺战争。在龙山时代，武器的加剧改进、城堡的出现等，也是这个时代到处出现乱葬坑的主要原因。在这样的一个社会大背景下，必然会出现为这样的一个社会去奋战的英雄，英雄们以猎取敌人的头盖骨和头皮为荣耀，这一点也不奇怪。

7. 图画文字与刻划记号

图画文字，主要见于大汶口文化晚期，也有一些在屈家岭文化晚期和良渚文化早期，图画文字都刻在大口陶尊上，也有刻在玉器上的。这种陶尊一般是夹砂陶类，颜色为灰色或红褐色，胎壁都比较厚，接近底部时越来越厚，表面常饰有斜篮纹。图画文字一般刻于陶尊上腹部近口处，非常醒目，个别的雕刻在接近底部的位置，大多数是 1 器刻 1 字，个别的也有刻 2 字的。

大汶口文化的图画文字主要发现于山东莒县陵阳河，共 12 器 14 字，莒县大朱村 4 器 4 字，诸城前寨 1 器 1 字，总计 16 器（或残片）18 字。这些图画文字有七种，其中五种为单体字，两种有单体字又有复体字。不论单体、复体字，在形态上还是有不少变化的。例如，基本图形为一圆圈，下附另一图样，图样不同，又可出现几种不同的图画文字。有的图画文字似“太阳”、似“新月”、似“飘带左右飘起”、似“五峰山”，似“火”、似“朝霞”。有的图画文字仅知在甲骨文和金文中有类似的图形，用作人名或族名，等等。甚至有的学者推测与考证指出，或许就是原始的某某字，也为之引出图画文字的相当或相对原始的或现代的字。

上述的图画文字中有些是涂朱的，有些是不涂朱的，凡是涂朱的必先将底子抹平，有些底子抹平而未见涂朱痕迹，究竟是本来就没有涂朱，还是涂过朱以后被无意擦掉了，难以断定。

关于这些图画文字的性质，在学术界存在不同的看法。有的认为已是文字，有的认为尚不是文字。主张已是文字的又有尚属初步发展和已属比较进步的文字之别，主张不是文字的也有程度不同。有的认为只是原始记事范畴的符号或图形体系；有的认为与后来汉字形成有很大关系，是一种原始文字，原始的象形文字、图画文字或象形符号。从现有的全部资料来分析，后一种看法是比较有说服力的。

这些刻划的图形虽然有一些与实物十分相像，轮廓都很逼真，但并不是一般的图画；否则就不会专选某种器物，如陶大口尊，在专门的部位用同一种刻划的方法来做。况且有些图形已有相当程度的抽象化，笔法简练，所指事物难以确定，其结构又有一定的规律，成为一种互有联系的图形体系。所以它作为可以记事和传递信息的符号是没有问题的。文字本身就是一种可以记事和传递信息的符号。它与非文字符号的区别，不仅是信息载荷量极大，而且是以记录语言为特征的，是语言的符号化。非文字的符号则不能担负这一职能。现在没有任何证据表明大汶口文化的图画文字已能记录和传递语言，因为我们现在所见的都是单个的图形，无法表达完整的句子，而语言是以句子为基本单位的。但任何文字的起源都应有一个相当长的过程。有的学者认为，大汶口文化的图画文字在造字方法上似乎同东巴文字更为接近，因此它应该是接近早期文字而非正式文字的一种图画文字。有的学者认为，有理由相信这些图画文字应是后来形成古汉字体系的基础。

在龙山时代的各文化遗存中发现了一些刻划记号，又发现了一些与大汶口文化类似的图画文字。目前，由于这些资料比较零散，不集中、不系统，尚难进行详细的比较研究。

刻划记号，过去曾见于龙山文化和良渚文化的遗存中，主要出土于山东章丘城子崖。在那个遗址下层的黑陶片上，曾发现刻有竖形记号和叶形记号；在上层的黑陶片上发现有更多的刻划记号。不过城子崖的下层也并不单纯，除龙山文化外，还有岳石文化的遗物，那些刻划记号也不能排除属于岳石文化的可能。此外，青岛赵村的龙山文化遗址里，也曾发现有“X”记号的陶片。河南永城玉油坊上层属造律台类型的陶器中曾发现两例刻划记号。一例为一陶碗的外面，刻竖形记号和“X”记号，另一例为一高领瓮，肩上刻 5 个“V”记号。良渚文化的刻划记号主要见于浙江余杭良渚遗址群，在那里发现黑陶器上也刻有竖形以及“×”“V”“∧”“+”等 10 多种记号。上海马桥第五层的某些陶器底上也刻有“×”“+”“××”等记号。

上述刻划记号有一些分布得很广泛，如竖形、“×”“+”记号等，其中有一些与仰韶文化半坡类型的刻划记号相同，更与龙山时代以后的二里头文化和马桥四层文化的某些刻划记号相同；有的甚至与更晚一些的记事符号相同。这说明，刻划记号已为多人多处所通用，能够在一定范围内记录和传达某些思想和信息。但目前所见刻划记号的种类并不是很多，信息的载荷能力十分有限；绝大部分记号是单个的，极少数可能是两个一组或复体记号，因而无法记录语言，而文字的主要功能是记录和传达语言，所以这些刻划记号不是文字。但是，它们已经先于文字出现，并被较广泛地应用，在创造文字时，可能很自然地被吸收进去。甲骨文中的“×”“∧”“+”“|”等与龙山时代的刻划记号相同，很可能渊源于此。

龙山时代还有一些图画文字，其形体与刻划记号大不相同。例如，在陕西西安客省庄，曾发现一件陶斝足内模，上面刻着一个蝎子形，与古文“万”字很相似。湖北房县七里河不少陶器上有刻划记号和图形；天门石家河有的大陶尊上刻杯形等图画文字，陶尊形状、图画文字所在的部位、刻法等都与大汶口文化晚期陶尊上刻图画文字的作风相似。良渚文化中有些玉器上刻图画文字，如美国收藏家弗利尔（1854—1919年）购买的据传出自浙江的玉器中，有件玉锡上便刻着一个圆圈加火形的图画文字，这与大汶口陶尊上的图画文字完全一样。同批玉器中有几件璧也刻有似图画文字的画面，如其中一个璧上刻一鸟立在阶梯形基座上，基座中有一圆圈纹，下面有一新月形，这一部分也与大汶口文化陶尊上的图画文字相同。

过去研究文字起源的学者曾有种种说法，其中刘大自的主张是很值得注意的。他认为，最早的文字应有两个来源，一个是图画，另一个是记号，而后者是更早的。由这两个来源所造的字就是象形字和指示字。

现在看来，我国用刻划记号记事产生于仰韶文化早期的半坡类型，在它之前的老官台文化还有画彩的记号，年代为公元前 5000 多年。图画文字最早见于大汶口文化晚期，年代为公元前 3000 年左右。可以观察到，的确是记号产生得较早。到龙山时代，两种记事的方法都已经过或长或短时期的发展，尽管二者都还不能算是真正的文字，但距形成真正文字的时间应不会太远了。

第十五讲

远古时代的传说

传说不是历史学，但它有历史故事的内容，反映了一定的历史观点，也是一种表述形式。从史学产生的渊源上说，传说是传播历史知识最原始的形式。

远古的传说总是夹杂着相当浓厚的神话性质。随着年代的变迁，传说的本身也会有所变化。但传说里也有反映历史真实的东西。例如，殷周的第一个老祖母都是由于感受灵异而生出了儿子，这不会是后人的附会，而当是古老相传的史事。但对于传说的材料，应慎于选取。传说取材的最下限，不能晚于汉初。对于更为后起之说可存而不论。

远古传说中的故事，基本上是氏族部落领袖人物的故事。他们被认为是神通广大的神，是辛辛苦苦为群众办事的，常被描绘为公仆的形象。

相传，在遥远的年代里，黄河流域有两个著名的部落。一个部落是姬姓，它的首领是黄帝。一个部落是姜姓，它的首领是炎帝。这是两个近亲部落，它们结成了部落联盟。它们活动的地区起初是在渭河流域。后来沿着黄河两岸向东发展，到达今山西省、河南省、河北省一带。古书里有关黄帝的神话和传说特别多。黄帝被说成是一个既能发明创造，又能打仗的神。历史上的许多发明创造，如房屋、蚕丝、衣服、舟车、文字等，都写在黄帝及其妻嫘祖的名下。

传说中称颂的首领尧和舜，都被说成是黄帝的后代。尧的时候，洪水成灾。他召集了一些部落的首领商量治水的办法。有的首领推荐鲧去，尧就让鲧去了。后来舜代替了尧的职位。他把一些部落的首领找来，商量职务的分工。他们推荐了一些人，舜一一都同意了，他只是做了一个会议的主席。像这样的传说，给我们保留了部落联盟会议及原始民主的一些影子。

居住在东方的一些部落，在传说中称为夷。这些部落活动的地区，一开始在今山东省的南部，后来向四周发展，北到今山东省北部和河北省南部，西到今河南省东部，南到今安徽省中部，东到海。夷人以制造弓矢出名。“夷”字的写法，就表示一个背着弓的人。太昊、少昊和蚩尤是夷人中著名的首领。蚩尤曾和黄帝在涿鹿之野打过仗。这个地方相传在今河北省境内。这次战争经历的时间较长，也很激烈。蚩尤神通广大，能呼风唤雨。黄帝神通更大，派天女下来驱散了风雨。最后，蚩尤还是被黄帝打败了。蚩尤死后，升天为星宿，叫“蚩尤之旗”。黄帝和蚩尤都被人们当作战神去尊奉。

传说里有一个烜赫的射手，叫作羿。羿的时候，十日并出，庄稼都烧焦了，人们没有东西吃。还有许多凶恶的妖物害人。羿把太阳射下来九个，只留下了一个，还把妖物都除掉了。这个神射手也是夷人的一个首领。因他立下了大功，也被尊奉为神。

在长江流域，今湖北省、湖南省、江西省一带，有许多苗蛮部落活动。伏羲和女娲是这些部落中的著名首领。相传，伏羲是最初用绳索编织成网，作为打猎捕鱼的工具的人。女娲的时候，天的四根支柱倒塌下来，大地崩裂，到处是熊熊的烈火、浩瀚的水流，凶猛的鸟兽抓人、吃人。女娲炼成了五色石，把天补了起来；斩断巨鳌的四足，把天的四个支柱撑起来；平定了水土，除掉了凶猛的鸟兽。于是人们安乐地生活下去，她成为立有大功的女神。

上述这些部落，可说是三个部落集团。关于这三个集团的传说，与具体情况有多大出入，我们不知道。但它们是存在过的，并且对后来历史的发展也都有影响。

部落的首领为集体做出了贡献。传说中，他们本人不是神，就是神的儿子，或者既是神，又是神的儿子。在神话和传说里，他们的贡献主要是治水、耕稼和畜牧。

原在今山西省内活动的，有金天氏的一个部落。其首领昧和他的儿子台骀，都是能治水的人物。台骀疏通了汾水，修治了能够储水的大泽，安定了太原一带地方。台骀后来成为汾水之神，享受了他的后裔所建的四个国家的祭祀。原在今山东省内活动的，有少昊氏的一个部落。部落的两个首领，修和熙，也是能治水的人物，给他们的子孙留下了世代继承的业绩，他们后来也成为水神。原在今河南省北部活动的，有一个叫共工氏的部落。这是一个著名的能治水的部落，其首领发明了筑堤防水的方法，这位首领后土便成为社神。后来，因为这个部落一味简单地使用筑堤的方法，而遭到了失败。以上三个部落的首领因治水成神的故事，反映了治水在原始社会中关系到群众切身利益，有极大的重要性。首领们解决了群众切身的灾难，他们就成神了。但上述这些因治水成神的首领都带有部落的局限性。能超越部落的局限，在治水工程上做出杰出贡献的，是与尧舜同时的禹。禹在治水的时候，取得共工氏的协助，并改用新的办法，得到了很好的成绩。

禹的出生是个奇迹。相传，禹的母亲叫修己。她吞了薏苡，就生了禹。一说是禹的父亲鲧，死了3年，尸体不腐。有人用刀把鲧的尸体剖开，禹就出世了。总之，无论哪一种说法，禹都非由父母配合而生，而是另有神奇的诞生经历。

禹受舜的任命，负责治理洪水，协同兄弟部落共同工作。他吸取了筑堤防水的失败教训，重视了水向下流的性质，主要采用疏导的方法去治水，按照地势的高低，把汗漫的洪水分别引入了一定的水道，使大家脱离了严重的水害，得以在平地上安居下来。他还带领大家开沟渠，便利了农业的生产。在他治水的13年间，曾三过家门而不入，无论风里雨里都在劳动，手脚上都起满了茧子。据传说，为了开通水路，他把神灵应龙调来协助；为了开辟一条很难打通的山路，他自己化身为熊，做了人所不能完成的工作。他因卓越的贡献受到人们的尊敬，被称为“大禹”，尊为社神。他治水的故事像生了翅膀一样，超越了部落的界限，为很多地方的人所称道。

善于耕稼的首领也在不同的部落里出现过。神农氏是一个善于耕稼的部落。它的首领制造了翻土农具，并教人们如何耕种。他亲自尝了多种草，发现许多草可以治病。还有烈山氏部落的首领柱，他是个能种植各种谷物和蔬菜的耕稼英雄，后来成了农神。

在耕稼方面名声最大，差不多可以跟大禹齐名的是周部落的首领弃。弃是神，也是神的儿子。他母亲姜嫄在郊野踩到一个巨人的大脚印，身上感到震动，就有了身孕。孩子生下来，母亲不敢要他，先后把他丢在小巷里、树林里和结了冰的水道上，但孩子总是能得到保护，没有死去。母亲很惊奇，就把他收养起来。他名“弃”，就是丢弃的意思。他从小就会整治庄稼，种的菽、禾、麻、麦、瓜果都长得茂盛，帮助别人种的庄稼，穗子都大得垂下来，颗粒都很饱满。他既能发现优良品种，又能把粮食加工成食品。他做成的食品香喷喷的，连天帝都很欣赏。他后来也成为农神，叫作后稷。

后稷是跟大禹同时代的人，他同契、皋陶、伯益、大费，都帮助禹治过水。皋陶和伯益都是东夷人。伯益发明过凿井的方法。契的母亲叫简狄，她在高台上看见燕子飞来，遗下了一个蛋，她把蛋吞了，后来就生了契。大费的诞生也有类似的故事。大费是一个畜牧能手，他养的牲畜是很驯顺的。舜把同姓的女儿嫁给他，说："你的后人一定是有出息的。"后来，禹成了夏王朝的始祖，契成了商王朝的始祖，后稷成为周王朝的始祖，大费成为秦国的始祖。

部落首领们作为神的儿子，实际上反映了母系氏族社会中只知有母不知有父的状况。部落首领们得以成神的条件，也反映了在生产力低下的原始社会里，组织水利和耕牧是最重要的社会职能。尽管传说里有后人不断加工的成分，神话的内容也有后人的臆想，但是在反映原始社会的某些特点方面，在一定程度上是接近历史真实的。随着历史条件的变化，本来是为公众服务的社会职能，转化为一种高踞于社会之上的权力，而历史也就从无阶级的原始社会跨入阶级分化后的文明社会了。

远古的历史，在有文字记载以前，人们通过世代相传的神话传颂着。除了天地开辟、人类起源和洪水的神话，最重要的便是关于本族所奉祀的天神（帝或天帝）与祖神的神话。

远古人们相信天地可通，人与自然一体。各部落或部落集团所奉祀的天帝往往与祖神同位并称，但各部落间互相不能混淆，有着"神不祀其非类，民不祀其非族"的信条。

随着时代的变迁，神话的传说在流传中于部落间有了融合，文化互相有了渗透，往往原属不同部落或部落集团的天帝与祖神，归纳成同一来源的谱系，放到了同一神坛上祭祀。至于真正反映远古历史的是哪些神话传说，必须仔细去鉴别。

1. 最早的记录

关于远古神话的最早记录，在先秦的文献《诗经》及《尚书》中，比较可靠的有夏、商、周三代文献所记述的始祖传说及敬祀的神祇;《左传》《国语》《战国策》《古本竹书纪年》等先秦史书所保存的远古神话传说；先秦诸子所征引的神话传说。这些既不是三代与春秋战国所编述系统的远古历史，也不是为了保存远古神话而编纂的神话系统，而是为追述祖源或君臣应对，卿大夫之间讨论问题所征引的片段。至于诸子征引的神话，为己立说，取舍不同，其中有些或为寓言。

先秦保存远古神话较为系统的有《天问》《九歌》《山海经》，成书稍晚，但仍为《史记》所依据的还有《世本》及《大戴礼记》中的《五帝德》与《帝系》等。

《九歌》为楚国祭祀诸神的神话诗。《天问》虽编入《楚辞》流传，但依据其内容与风格，成书不会晚于战国初年。所问180余事，包括天地开辟、大禹治水、夏商周三族起源与兴亡的神话及史事，是一部以夏、商、周三代为中心的兴亡史诗。它大概形成于中原，而在楚既灭中原许多旧邦之后，流行于楚境，最终被编入《楚辞》。

《山海经》为远古神话的渊薮。其中的《五藏山经》地理多于神话，然而神话较《海经》古朴，地理范围大于《禹贡》，而详于今晋南、豫西南及河汉之间，可能成于三晋，晚于《禹贡》。《海经》以神话为主，兼叙地理民俗。大概是以各国巫祝之书编次而成的，形成有早有晚，至西汉末经刘向、刘歆父子编订成书，仍保存着先秦的面貌。

《山海经》与《世本》都已有将诸神和事物起源归入同一来源的倾向。《海经》以帝俊为中心，他原为东方海岱地区东夷的人们所奉祀的最高天神，与《世本》以黄帝为中心显然不同。然而，《世本》与《大戴礼记》都已明确归纳出以黄帝为始祖的统一谱系和以黄帝为首的五帝世次，司马迁据以作《五帝本纪》，第一次形成了华夏有同一来源的古史系统。

自清末发现殷墟甲骨文字，半个多世纪对甲骨、金文的研究，以及对古史系统的考证、辨析与整理，使我们得以较科学地辨别史料并与考古学发现相印证。从而认识到，先秦古籍记录的远古神话传说，大致是黄河、长江两大河流中下游地区各部落集团关于天地开辟、人类起源及各部落集团所奉祀的天帝与祖神的神话传说，以及关于各部落集团斗争融合及前王朝时期古国历史的神话传说。这些神话所反映的历史，大体都是新石器时代晚期，由父权制氏族部落向国家过渡时期的历史，此前漫长历史时代仅保存着一些重要阶段的创造神话，从而保留了那个时代的史影。

还有《汉书·艺文志》，所举尚有多种，但大多已经散佚；《汲冢琐语》一类先秦古籍，出土于《汉书·艺文志》以后，《汉书·艺文志》固不可能著录，或许还有其他未见著录者流传，加上还有一些仍在民间口碑相传的神话。这些见于《汉书 · 艺文志》著录或在民间流传的远古神话，从战国、秦汉延至魏晋，各家多所采辑，构成了多种三皇五帝系统。一些关于三皇五帝的古史及其理论基础，如“五德终始说”“三统说”“纬说”，均为当时政治与历史条件下的产物，实不足取。但其中所保存的一些远古神话传说，自然也具有值得重视的史料价值。至于边疆地区，新石器文化的发现已证明，当时在边疆也存在各氏族部落以及部落集团。

2. 不朽的传颂

考古学所证明的中华民族远古的人们，已有近200万年的历史，而现在所知的神话传说所反映的历史，大体只有5000～6000年。此前的遥远洪荒时代，只有若干关于开辟、创造的神话，反映着不同阶段的史影。这些创造的神话介绍如下：

（1）盘古氏

约在东汉末年，南方已流传着有关盘古的神话。三国吴人徐整的《三五历记》记载得较为详细，说天地初开，“首生盘古，垂死化身，气成风云，声为雷霆，左眼为日，右眼为月，四肢五体为四极五岳，血液为江河，筋脉为地理，肌肉为田土，发髭为星辰，皮毛为草木，齿骨为金石，精髓为珠玉，汗流为雨泽，身之诸虫，因风所感，化为黎甿。”南朝梁人任昉《述异记》卷上记述：“吴楚间说，盘古氏夫妻，阴阳之始也，今南海有盘古墓，亘三百余里，俗云，后人追葬盘古之魂也。桂林有盘古氏庙，今人祝祀。南海中盘古国，今人皆以盘为姓。”所以任昉说：“盘古氏，天地万物之祖也。”关于盘古开天地的传说，最初流传于岭南，然后传至长江流域，与《后汉书 · 南蛮传》中关于槃瓠与高辛氏女为婚的神话各有渊源，不能相混。

（2）伏羲和女娲

伏羲，又写作包牺、庖羲、宓羲、虙戏、伏戏、伏希，同名异写。《易经 · 系辞下》叙述他是始创八卦和结网罟发明渔猎的古帝。茆泮林辑本《世本 · 作篇》说“伏羲制以俪皮嫁娶之礼”才开始有了婚姻嫁娶。至东汉《白虎通 · 号》记载：“古之时未有三纲六纪，民人但知其母，不知其父。”于是伏羲“因夫妇，正五行，始定人道”。《论衡·齐世篇》也记载：“宓牺之前，人民至质朴……群居聚处，知母而未识其父；至宓牺时，人民颇文，知欲诈愚，勇欲恐怯，强欲凌弱，众欲暴寡，故宓牺作八卦以治之。”可见，都把伏羲描绘成从蒙荒朴野至文明时代的象征。

先秦文献中，伏羲与太昊完全是两个不相关的神或人，《世经》始将其合二为一，作为始以“木德王”有天下而列于三皇之首。故后世考伏羲地理，多依太昊遗裔分布与关于太昊活动范围，而推论伏羲的神话源于山东泰山以北以西，今豫西鲁东地区。

女娲见于《天问》及《山海经·大荒西经》，到汉代所记录的神话，女娲不仅曾抟土造人，使世界有了人类，还炼石补天，战胜洪水使百川东南流归于大海，是一位开天辟地、创造人类的伟大女神。《淮南子·览冥训》叙述女娲补天的伟绩，归结为“虙戏之道”，没有说明他们是什么关系。《风俗通义》说明：“女娲，伏羲之妹。”到晋代，《帝王世纪》记叙女娲“承庖牺制度”，“一号女希，是为女皇”，唐代的记录却多叙二人以兄妹为夫妇。卢仝《与马异结交诗》说：“女娲本是伏羲妇（原注：一作伏羲妹），恐天怒，擣炼五色石，引日月之针，五星之缕把天补。”李冗《独异志》卷下记有一则神话，说宇宙之开，天下未有人民，只有女娲兄妹二人在昆仑山，议欲为夫妻，又自羞耻，于是请求天的旨意。恰有两股烟升向天空，兄妹相祝说：“天若遣我兄妹二人为夫妻，而烟悉合；若不，使烟散。”祝后，烟果然合二为一，于是兄妹结婚，世界降生了人类。

伏羲、女娲的形象，汉晋以来的记载，一般都说是人面蛇身，考古发现的汉到隋石刻画像与绢画，所绘图形与文字记录一致。尤其是东汉武梁祠石室画像与东汉石刻，以及隋高昌故址，阿斯塔那墓室彩绘绢画伏羲、女娲，都是各持规矩，人头蛇身交尾合体的图像，也证实汉代文献虽未说明伏羲兄妹是夫妇，但在民间流传说他们实际是夫妇。此外，河南、四川、山东、江苏等省，也于多处发现两汉的伏羲、女娲画像，所捧除规矩之外，还有日、月或灵芝，而且一般也都是人首蛇躯，交尾合体。

在少数民族中，也流传着关于洪水漫天，人类绝灭，只剩兄妹二人，人类得以延续的神话。这类神话至今仍广泛传播于东南与西南各民族当中，尤其是苗、瑶、壮、侗、仡佬、布依等民族，关于上述传说，往往直指兄妹二人为伏羲兄妹。清人崔述已辨“太昊非包羲氏”，而徐炳昶更明确推断：“太昊氏族在东方，属于东夷集团；伏羲与女娲同一氏族，在南方，属于苗蛮集团。”其主要依据是清初陆次云的《峒溪纤志》记述："苗人腊祭日报草。祭用巫，设女娲、伏羲位。"并征引民族学调查来印证。

伏羲始画八卦的记载，也证明关于伏羲的传说可能起源于南方。直到民主改革以前，在南方一些少数民族中，其卜筮方法仍保留着八卦起源的痕迹。清人李心衡《金川琐记》有关于金川彝人"八索之占"的记载，吉林大学已故教授于省吾断定："八索之占是八卦的前身；八卦是八索之占的继续发展。""由于庖牺氏始作八索之占为八卦的起源，故《易传》遂谓庖牺'始画八卦'。"在考古学上，目前所知安徽含山县凌家滩新石器文化墓地出土的一件精致的玉龟和一块玉版上刻有历法图。这些距今有4500～5000年的遗物，是当时表示四时历法的原始八卦图，为伏羲的神话起源于南方长江下游提供了物证。

实际上，关于伏羲、女娲兄妹为婚始生人类的神话传说，是远古血缘公社内婚制在神话传说中的反映，夹杂着种种得天旨意的情节，是血缘公社内婚制已废之后，人们对于兄妹为婚以为羞耻，相信当初兄妹为婚是在万不得已的情况下受天之命繁衍人类才有的行为。这些传说广泛流传于属百越人后裔的民族和中南、西南一些民族中。含山新石器文化中又出土了迄今所知最原始的八卦图，都说明伏羲、女娲最初大概起源于长江流域，最先流传于长江下游各部落，后流传至中原，被奉为"人文初祖"；继续流传在中东南和西南少数民族中的，则仍保留着较原始的形态，是兄妹为婚始生人类的神话人物。

（3）燧人氏与有巢氏

《庄子·盗跖》叙述："古者，禽兽多而人少。于是民皆巢居以避之，昼拾橡栗，暮栖木上，故命之曰有巢氏之民；古者民不知衣服，夏多积薪，冬则炀之，故命之曰知生之民。"《韩非子·五蠹》已将原始巢居与取火的创造人格化，谓："上古之世，人民少而禽兽众，人民不胜禽兽虫蛇。有圣人作，构木为巢，以避群害，而民说（悦）之，使王天下，号之曰有巢氏。民食果蓏蚌蛤，腥臊恶臭而伤害腹胃，民多疾病。有圣人作，钻燧取火以化腥臊，而民说（悦）之，使王天下，号之曰燧人氏。"这些记载描述了农业发明以前，远古初民依靠采集渔猎生活的时代，穴居巢处与对火的重视。考古学已证明，旧石器时代已有使用火的遗迹，到旧石器时代中晚期，得益于钻孔技术，发明了摩擦取火和钻木取火。

旧石器时代，人类穴居巢处，以避虫兽，也许在旧石器时代晚期，已发明构木为巢，到新石器时代，建筑已分为南北两大系。南方从巢居发展为干栏式建筑，已发现的最早遗存为距今7000年以前余姚河姆渡遗址中的干栏式建筑，其构巢方法兼用榫卯和绑扎，在此以前应还有相当长的发展过程。黄河流域及辽河流域流行先由穴居发展为半地穴式建筑，再发展为地面上木骨泥墙构成的圆形和方形房子。后世把这种由穴居巢处到构木为巢与建筑居室的发展归结为有巢氏。

（4）神农氏

最初发明并主宰农业生产的是妇女，到新石器时代中期支配权转移到男性手中。这一伟大发明的人格化与神格化，就是神农氏。

在先秦，神农与炎帝原是传说中不同的人或神，秦汉间或许已有炎帝神农氏的说法，《史记》仍按不同的神话人物叙述；《世经》与《汉书·古今人表》才明确记叙炎帝和神农合为一位。此即按“五德相生终始”的理论做的合并。

《庄子·盗跖》说：“神农之世，卧则居居，起则于于。民知其母，不知其父，与麋鹿共处，耕而食，织而衣，无有相害之心，此至德之隆也。”完全是一幅母权时代原始社会的理想化图景。而《易经·系辞下》说：“神农氏作，斫木为耜，揉木为耒，耒耨之利，以教天下，盖取诸益；日中为市，致天下之民，聚天下之货，交易而退，各得其所，盖取诸噬嗑。”耒耜一类农具的发明在新石器时代晚期，以物易物，日中为市，也是新石器时代晚期才有的事物。这里，神农氏所代表的是原始社会行将崩溃的父权制阶段农业发展的人格化。

中国的农业起源在新石器时代已分为南北两大系，应有不同的与神农氏相关的神话人物。北方农业以稷（粟）为代表。神农与后土的神话，主要反映着北方农业的起源，也有各地的地区特点。

《国语·鲁语上》说：“昔烈山氏之有天下也，其子曰柱，能植百谷百蔬；夏之兴也，周弃继之，故祀为稷。共工氏之伯（霸）九有（州）也，其子曰后土，能平九土，故祀为社。”《左传·昭公二十九年》记载：“共工氏有子曰句龙，为后土……后土为社；稷田正也，有烈山氏之子曰柱，为稷，自夏以上祀之；周弃为稷，自商以来祀之。”《淮南子·汜论训》说：“禹劳天下而死为社，后稷作稼穑而死为稷。”

烈山，又因音义均近而写作厉山，南北朝和隋唐的记载都认为烈（厉）山在随州，即今湖北随州市境内。实则烈山氏为远古烧山开土以播农作物的人格化。直到宋代，湖北、湖南仍盛行畲耕，即烈山播种的耕作方式。

夏、商、周不可能同以禹或句龙为社，以后稷为神农，《鲁语》与《左传》关于夏以上祀柱为神农，商周同祀稷为神农的记载，也许是以周人的崇拜概述三代。东方海岱地区另有神农的祭祀对象，如伊耆氏等；南方水田农耕起源与北方旱地农耕起源年代相仿，必自有神农的传说，而文献失载，《帝王世纪》说："神农氏崩，葬长沙。"而《路史》具体指出为长沙郡之茶陵州（今茶陵县），或即传说中南方地区关于神农的葬处。

秦汉全国统一，各地传说随之统一，"整齐故事"，神农氏被列于燧人氏与黄帝之间，为"三皇"之一，并且与炎帝合并。本为代表农业起源的创造神，已被人格化。

3. 黄帝集团

西起陇山，东至太行山东麓，南至伏牛山以南，北达燕山，传说中有黄帝与炎帝两大部落集团；这些地区，在新石器时代是前仰韶—仰韶—中原龙山文化的起源、形成和发展之区。

（1）黄炎两大集团起源之区接近

《国语·晋语四》："昔少典娶于有蟜氏，生皇（黄）帝、炎帝。黄帝以姬水成，炎帝以姜水成；成而异德，故黄帝为姬，炎帝为姜。"《史记·五帝本纪·索隐》说："少典者，诸侯国号，非人名也。"黄帝、炎帝两大集团，同出少典——有蟜部落，后世成为异姓互相通婚的不同氏族与部落，在迁徙与发展中更成为有亲缘关系又具有共同文化特点的两大部落集团。晋人郭璞解说神话时说："诸言生者，多谓其苗裔，未必是亲产。"他的这种解释是非常符合神话传说的实际的。

黄帝得姓的姬水所在不详，据徐炳昶对文献、传说与考古资料的综合考察，姜水应在今陕西省境内渭水上游一带。相传"黄帝生于寿丘"，《帝王世纪》认为在"鲁城东北"，即今山东省曲阜市，这里是少昊集团的中心；《路史》认为在上邦，即今甘肃省天水市境内，渭水发源之区。从黄炎亲缘及姜水地理推断，则黄帝起源于陇山西侧，天水一带。这里正是从前仰韶文化到仰韶文化后期殿堂式建筑发现比较集中的地区。

按照《庄子·外篇·在宥》的记载，黄帝曾西至崆峒山问道于广成子，《史记·五帝本纪》也说黄帝“西至于空桐，登鸡头”。唐初李泰《括地志》原州平高县条说：“笄头山，一名崆峒山，在原州平高县西百里。《禹贡》泾水所出；《舆地志》云或即鸡头山也；郦道元云，盖大陇山异名也；《庄子》云……黄帝问道于广成子，盖即此。”唐平高县在今固原市境内，笄头山或即六盘山，或即固原稍南隆德县境内的笄头山。自古这些地方都是陇西越陇东出的通道。

（2）黄帝集团的发展

今陕北地区是黄帝集团发展的重要区域。相传黄帝葬于桥山，在汉代上郡阳周县境。汉阳周县今地为陕北靖边县东南，此处距今黄陵县桥山有数百里。北魏曾以汉之泥阳县置阳周县，今地为甘肃省正宁县，桥山也随阳周县名南迁了数百里。黄帝非具体历史人物的私名，其陵园所在，表明陕北为黄帝集团重要的活动区域。

黄帝集团另一个最重要的活动区域在燕山地区。《史记·五帝本纪》叙述，黄帝在战胜蚩尤之后，“合符釜山，而邑于涿鹿之阿，迁徙往来无常处，以师兵为营卫”。釜山，《括地志》说在“妫州怀戎县北三里”，即今河北省涿鹿县南桑干河南岸；涿鹿之阿即涿鹿山较开阔处。其地燕山山脉与太行山脉相接，自古扼东向燕山以南河北平原，越山向塞北辽西的要道。据《礼记·乐记》记载，周武王伐纣成功，立即封黄帝之后于蓟（今北京市），也说明直到西周初，仍相信燕山地区是黄帝最重要的故地。且古人相传涿鹿与今北京也有桥山和黄陵。

黄帝集团由陕北发展向燕山地区，其迁徙路线大约是顺北洛水南下，至今大荔、朝邑或临潼一带渡河，沿中条山及太行山边逐渐东北上。

《国语·晋语四》记述，黄帝之子计25人，因母不同而“为十二姓……姬、酉、祁、已、滕、箴、任、荀、僖、姞、儇、依是也”。实所举仅11姓。通检《诗》《书》《左传》《国语》《世本》，证以卜辞、金文，仅有姬、祁、任（妊）、已、姞等姓的后裔见有封国。今晋南及晋豫陕接壤地区，春秋初仍颇多姬姓小国，见于《左传》者有虞、虢、焦、滑、霍、杨、韩、魏、芮、荀、贾、狐、耿等国，其中除虞、虢、霍、韩等《左传》已说明为周所封外，其余大多可能是周以前旧国人，周仍为诸侯。祁姓祖帝尧，有唐、杜、房等国；已姓有苏、温、顾、昆吾等国；姞姓有南燕、巢、密须诸国；任姓祖奚仲，有薛、铸、挚、畴等国。这些姬姓以外的小国，除极少数在今山东省与河南省南部，大多都在陕豫晋接壤区及太行山东麓。

黄帝的苗裔，春秋时仍有姬姓之戎活动于晋陕之间，太行山东麓今河北中部有祁姓的白狄鼓国，姬姓的白狄鲜虞，鲜虞之后建中山国一直延续到战国后期。《山海经 · 大荒西经》说："有北狄之国。黄帝之孙曰始均，始均生北狄。"并非无根据的神话。

上述黄帝集团自陕北南下发展到燕山地区的路线，也得到了考古学的印证。以仰韶文化为代表的中原文化，自渭水下游越过黄河沿汾河及桑干河北上，与燕山以北红山文化在桑干河及汾河发源的河北张家口地区交汇在一起，两种文化的撞击与融合促进了文明曙光的出现。新石器文化这种扩散和汇聚与神话传说中黄帝集团的活动范围是相吻合的。

（3）黄帝集团的崇拜特征

黄帝，号轩辕氏。周人自居黄帝嫡派，说："我姬氏（姓）出自天鼋。"郭沫若考证即轩辕，是一种大鳖而为龙者。今传世青铜器有"天鼋"族徽者常见，有些属先周器。与"天鼋"并行的还有"天熊""天虎"等类"天兽"族徽。黄帝又号有熊氏，《史记 · 五帝本纪》记述黄帝"教熊、罴、貔、貅、貙、虎以与炎帝战于阪泉之野"，可见以猛兽为其氏族标志者在黄帝集团中颇多。《左传 · 昭公十七年》记载："昔者黄帝氏以云纪，故为云师而云名。"其主流姬姓，一些崇拜龙鱼属"天鼋"，另一些崇拜猛兽类"天兽"，其图腾崇拜均与对"天"的崇拜相联系。

五子族属十二姓族，不一定属同一来源，是黄帝在发展中所形成的部落集团，其中也许有相当多的是后来加入的部落，虽各有不同的图腾，但均奉黄帝为祖神或为该部落集团共同的天帝。部落集团的大酋长作为天神的化身，也袭用黄帝的称号。相传黄帝寿300年，非人寿所能及，为袭黄帝号者如轩辕氏、有熊氏等曾为黄帝集团大酋长者所传的年代。

4. 炎帝集团

炎帝又称赤帝，是炎帝部落集团所共同奉祀的天帝，也是该集团大酋长袭用的称号。相传前后袭炎帝号者八氏共530年，最后一位炎帝为榆罔氏，为黄帝所灭。

炎帝长于姜水而得姜姓。姜水，《水经·渭水注》："岐水又东，迳姜氏城南，为姜水。"前已述及，《中国古史的传说时代》断定："炎帝氏族的发祥地在今陕西境内渭水上游一带。"《帝王世纪》记述："炎帝姜姓也，母曰任姒，有蟜氏女，名曰女登，为少典正妃，游于华山之阳，有神龙首，感女登于常羊，生炎帝。"华山，古时包括秦岭，秦岭以南，概称华阳。故炎帝集团起源之区，还与今秦岭以南汉水上源一带有关。证以新石器文化的发现，这些地方从前仰韶文化到仰韶文化的遗存都比较丰富，与炎帝起源的传说相印证，似有征可信。

炎帝的后裔，有姜姓诸夏及姜姓之戎，甚至包括氐羌。发展中分为共工、四岳、氐羌三大支。

共工，是炎帝集团势力较大的一支。《国语·鲁语上》说共工曾"伯九有"。就是曾为九州姜戎的共主。并且曾与颛顼、高辛"争为帝"。据考证，共工与鲧是同一神话人物，缓读为"共工"，拼读即"鲧"。此说列举了共工和鲧神话传说相通与相同者八九个例证，颇可凭信。共工与鲧由一分为二，是炎帝集团发展中产生的分化。共工发展于今豫东北及冀南地区，《中国古史的传说时代》具体指为河南省辉县境内，范围偏小。鲧以崇山（今嵩山）为中心，发展于豫晋接壤之区。《山海经·海内经》说："黄帝生骆明，骆明生白马，白马是为鲧。"鲧往晋南发展，与黄帝集团关系密切，加之原本与炎黄有亲缘关系，所以鲧又被认定为黄帝集团的一支。

四岳，又称太岳。《国语·周语下》记述，远古时，共工治水，壅塞百川，以害天下，所以皇天震怒，共工用灭。其后大禹治水，"共工之从孙四岳佐之"，采用疏导方法治平洪水，天下大受其利，所以"皇天嘉之，祚（禹）以天下，赐姓曰姒，氏曰有夏……祚四岳国，命以侯伯，赐姓曰姜，氏曰有吕"。禹为姒姓的祖神，四岳为姜姓的祖神，其后裔在西周有申、吕、齐、许等国。齐在山东，西周封齐太公以前，传说时代已有逢伯陵在齐，为姜姓在东方之大部落。吕原在陕西，后迁河南与申都，在今南阳地区，许即今许昌市境内。相传炎帝都陈，今地为河南淮阳县，大概四岳中的一支继承了炎帝的主流。

在四岳发展之区，又有祝融八姓集团。《左传·昭公十七年》记载："郑，祝融之虚也。"其中心最初在今河南省新郑一带。以后向南发展，至于河汉之间，在今河南省南部与四岳后裔申、吕、许等国杂处。

《山海经·海内经》:“炎帝之妻，赤水之子听訞生炎居，炎居生节并，节并生戏器，戏器生祝融，祝融降处于江水，生共工。”祝融出于炎帝，其后裔有袭共工之号者。《山海经·大荒西经》又说:“颛顼生老童，老童生祝融。”《左传·昭公二十九年》说:“颛顼氏有子曰犁，为祝融。”颛顼之后也有参加祝融集团的。

相传祝融八姓的长支为昆吾，己姓，为黄帝集团十二姓中的旧姓。祝融八姓为己、董、彭、秃、妘、曹、斟、芈。楚出自芈姓，故《左传·昭公十二年》记载，楚灵王宣称:“昔我皇伯祖父昆吾，旧许是宅。”己姓之昆吾，分布在四岳后裔姜姓许国的旧地。祝融八姓部落集团形成于炎、黄两集团战胜了东方两昊与南方三苗集团之后，是交会融合的新结合。最初以今河南省中部、南部为中心，后来发展成分布于河汉之间及江汉并涉及淮河下游鲁、豫、皖接壤地区的大集团。

炎帝集团的崇拜，与黄帝集团大同小异。《左传·昭公十七年》说炎帝:“以火纪，故为火师而火名。”祝融在神话中是火神。其图腾特征与黄帝集团相似，也是以虫鱼之为龙者为主流，《左传·昭公二十九年》说:“共工氏有子曰句龙，为后土。”句龙即呈卷曲状的蛇龙。《山海经·大荒北经》:“共工之臣名曰相繇，九首蛇身，自环，食于九土。”因其为害甚虐，“禹湮洪水，杀相繇”。《归藏·启筮》说共工也是“人面蛇身，朱发”。前已叙及，共工与鲧是一分为二的神话人物，《说文》:“鲧，鱼也。”另外，传说中共工与鲧治水失败以后，被天帝殛死，鲧化为黄熊或黄龙，共工化为赤熊，这与黄帝集团的猛兽崇拜也有相通之处，而祝融也与兽、龙崇拜相关。《山海经·海内南经》:“南方祝融，兽身人面，乘两龙。”可见，炎、黄两大集团分布之区，不仅反映在新石器文化中有大致相同的序列与特点，只是在大同中存在不同的地方类型与文化中心；而且在神话传说中，也都是以对虫鱼而为龙及熊一类猛兽的图腾崇拜为特征。两大集团，其中包括祝融这个炎、黄融汇的亚集团，渊源相通，文化特征大同小异。

5. 太昊与少昊

今黄河下游，以泰山为中心的海岱地域，为北辛·青莲岗文化—大汶口文化—山东龙山文化起源与发展之区。在神话传说中，这个地域有太昊与少昊两大部落集团。

太昊分布偏北，时代也可能早于少昊；少昊分布与太昊集团交错重合而又稍南，时代也晚于太昊。两昊的后裔，一部分为诸夏，另一部分为夏、商、周三代的东夷，直到春秋时，属两昊后裔的诸小国，文化虽与诸夏接近，但仍被认为是东夷。

（1）太昊集团

太昊，在先秦及汉晋古籍中，又写作大皞、大暤，先秦记载，与伏羲是不同的神话人物。

太昊是东方的“帝”，又是风姓的神祖。《左传·僖公二十一年》记述：“任、宿、须句、颛臾，风姓也，实司大皞与有济氏之祀。”春秋时仍存在于济水流域的这几个风姓小国，守着太昊的祭祀，是东夷而“服事诸夏”。据杜预注再核以今之地理，任在山东济宁市境；宿、须句均在山东东平县境；颛臾在山东平邑县东、费县西北。《左传》又记：“陈，大皞之虚。”与炎帝所都相同，大约炎帝东迁，在今鲁西、豫东接壤地区，与太昊集团交错分布。

一方面，太昊的风姓，在甲骨文中，风与凤同字。另一方面，《左传》记述：“大皞氏以龙纪，故为龙师而龙名。”说明太昊集团有对龙的崇拜，但也和东方各部落一样有以鸟为图腾崇拜的基本特征。

（2）少昊集团

少昊，在先秦及汉晋古籍中，大多写作小皞、少皞、小暤、小颢。在东方以鸟为图腾的各部落中，最典型的数少昊集团。少昊的后裔，郯国的国君在鲁昭公十七年（公元前 525 年）朝于鲁，他讲述“我高祖少皞挚之立也，凤鸟适至，故纪于鸟，为鸟师而鸟名：凤鸟氏，历正也。玄鸟氏，司分者也。伯赵氏，司至者也。青鸟氏，司启者也。丹鸟氏，司闭者也。祝鸠氏，司徒也。鴡鸠氏，司马也。鳲鸠氏，司空也。爽鸠氏，司寇也。鹘鸠氏，司事也。五鸠，鸠民者也。五雉，为五工正。九扈，为九农正……”，共举了 24 个以鸟为氏的氏族，在部落集团中各有所司。

少昊的后裔，在传说中有著名的后益（即秦祖伯翳、伯益）、皋陶（或称皋姚）、蚩尤和羿等神话人物；在春秋时还存在许多嬴姓与偃姓诸侯。

嬴姓祖少昊，其后裔春秋时仍有徐、江、葛、黄、费、郯、谭、钟离等国。

徐为西周东夷大国，地处今安徽省泗县和江苏省泗洪一带；江，今河南省正阳县西南；葛，今河南省宁陵县境；黄，今河南省潢川县西北；费，今山东省费县境；郯，今山东省郯城县境；谭，今山东省章丘市境；钟离，今安徽省凤阳县境。此外，秦、赵均出自伯翳，祖蜚廉，蜚与费盖同字异形。这些都是少昊嬴姓，有一部分西迁在晋陕立国的苗裔。

偃姓祖皋陶，与少昊同姓。嬴、偃同字异写，为部落的分化所致。偃姓在西周春秋时尚有奄，今山东省曲阜市，为少昊所都；英，今安徽省金寨县；六，今安徽省六安市；舒鸠，今安徽省舒城县；东夷群舒，均为偃姓。

在少昊的后裔中，春秋时的莒国，即今山东省莒县，正是少昊集团的中心地区。《左传》隐公二年（公元前721年）《春秋左传正义》对莒的注疏引《世本》说："莒，己姓。"又引《谱》说："莒，嬴姓，少昊之后……"《世本》："自纪公以下为己姓。"己姓为黄帝十二姓之一，祝融八姓之首。莒先为嬴姓，后改己姓，大概是少昊集团加入黄帝集团改从己姓的部落。《帝王世纪》甚至说："少昊帝，名挚，字青阳，姬姓也。"更说明在黄帝集团取得优势以后，姬姓酋长青阳成为少昊集团的首领，而袭享少昊的称号。挚，是一种猛禽，仍保持着少昊集团的图腾特征。

6. 三苗集团

以江汉平原和长江中游地区为中心，是皂市下层文化—大溪文化、屈家岭文化—青龙泉三期文化（湖北龙山文化）起源和发展之区。在这个区域，神话传说有三苗部落集团。按照《国语·楚语下》及高诱的注，三苗是九黎的后延。九黎的分布，记载不明；三苗，战国初吴起曾明确指出："昔者三苗之居，左有彭蠡之波，右有洞庭之水，文山在其南，而衡山在其北。"吴起所说的彭蠡即今鄱阳湖，洞庭今仍名洞庭湖，文山不详所在。衡山不是指今南岳衡山，而是指江北的某一座横向，即东西走向的大山或山脉。《禹贡》："荆及衡阳惟荆州。"山南为阳，荆州在衡山以南，则《禹贡》中衡山为豫、荆两大州的界山，与今伏牛—桐柏—大别山脉相当。可见，三苗的分布以今江汉平原为中心，南到湖南，东至江西，北达河南南部及中部。考古学证明，在屈家岭文化最盛时，"向北影响到丹江和汉水中游，直抵伏牛山麓，使那里的原始文化从以仰韶因素为主，转化为以屈家岭因素为主。在洞庭、鄱阳两湖间江西修水一带的南部类型，因自身序列不清，不知始于何时。但至迟到屈家岭阶段，长江中游的原始文化因素已到达那里，并同岭南的石峡文化结合在一起，在公元前 3 千纪中叶以后，这个文化系统发展到新阶段，文化面貌发生急速变化，可能进入铜石并用时期，并同黄河中下游龙山文化阶段诸文化发生更多的接触”。考古文化的这种发展与神话传说中三苗集团的范围恰相吻合。

7. 部落集团的战争

《墨子·非攻下》说：“古者天子之始封诸侯也，万有余。今以并国之故，万国有余皆灭。”其他如《左传》《尚书·尧典》《吕氏春秋》等都有类似记载。所称万国诸侯，不过是各部落的首领。直到春秋战国，人们还保留着关于远古部落林立的鲜明印象。

由“万国”结合成几大部落集团，成为地区性部落联盟，已经历了漫长的斗争与融合，具备了王朝前古国的基本特点；这些集团间的战争更发展了王朝前古国的国家雏形特点，为王朝的建立及部落向国家的过渡奠定了基础。

相传黄帝凡 55 战，而天下大服，其中规模最大、影响最深远的，莫过于黄帝与炎帝的阪泉之战，黄帝与蚩尤的冀州、涿鹿之战。这两次大战在古代文献及注释中多有相混，近代考证也有人认为是同一次战争，因而阪泉与涿鹿这两个地方也混淆不清。按《史记·五帝本纪》记载，明显是两次不同的战争。黄、炎战于阪泉，是两大亲缘部落集团间的兼并；黄帝与蚩尤的冀州、涿鹿之战，是黄河中下游东西两大部落集团间的兼并。

（1）黄、炎阪泉之战

当距今 5000 年时，部落间的界限被加速打破，“诸侯相侵伐，暴虐百姓……而蚩尤最为暴，莫能伐”。于是“炎帝欲侵陵诸侯，诸侯咸归轩辕。轩辕乃修德振兵，治五气，蓺五种，抚万民，度四方，教熊、罴、貔、貅、貙、虎以与炎帝战于阪泉之野，三战，然后得其志。”阪泉所在，据沈括《梦溪笔谈》卷三说：“解州盐泽，方百二十里。久雨，四山之水悉注其中，未尝大溢；大旱，卤色正赤，在阪泉之下，俚俗谓之蚩尤血。”《太平寰宇记》卷四六也说，解州安邑有蚩尤城。按宋解州今为山西省运城市，安邑即今运城市安义县，盐泽今称解池。其地正当晋南涑汾渭平原与豫西伊洛平原接壤地带，此为夏人兴起之区，在夏人以前即炎、黄两大亲缘部落集团交错分布之区。

（2）黄帝与蚩尤的冀州、涿鹿之战

黄帝战胜炎帝，便成了炎、黄两集团的共主，北上与两昊战于冀州、涿鹿，两昊的军事首领，号为蚩尤。

在部落联盟时期，通常实行两个首领的制度：酋长兼为宗教首领，一般为世袭贵族；战争中的英雄被部落推举担任军事首领。当时男子以战争为职业，部落间的战争成为私有财产积累的主要手段。蚩尤不是某位英雄的私名，而是部落联盟军事首领的共同称号，因而在神话中，既是炎帝的后裔，又是两昊集团的首领，也是九黎之君，其遗迹如蚩尤冢、蚩尤城，遍布黄河中下游的许多地方。这个称号大概起源于炎帝集团或两昊集团，而九黎三苗集团也加以袭用。因两昊集团的蚩尤在与黄帝战争中所显示的威力，使蚩尤成了战争的同义词，尊之者以为战神，斥之者以为祸首。

相传蚩尤发明了用金属制造的武器。《世本》记载："蚩尤作五兵：戈、殳、戟、酋矛、夷矛，黄帝诛之涿鹿之野。"但《大戴礼记 · 用兵》记述孔子回答鲁哀公的提问，并没有这种说法。他说："蚩尤，庶人之贪者也，及利无义，不顾厥亲……何器之作！"《吕氏春秋 · 荡兵》也说："人曰'蚩尤作兵'，蚩尤非作兵也，利其械矣。未有蚩尤之时，民固剥林木以战矣，胜者为长。"蚩尤即使不是武器的发明者，也是发挥兵器威力的英雄。

蚩尤与黄帝作战的地方，《逸周书 · 尝麦解》说在"中冀"，今人考证以为在涿州市、保定市一带。涿鹿之战是冀州之战的决战，其规模《山海经 · 大荒北经》记述："蚩尤作兵伐黄帝，黄帝乃令应龙攻之冀州之野。应龙蓄水，蚩尤请风伯雨师，纵大风雨。黄帝乃下天女曰魃，雨止。遂杀蚩尤。"《庄子 · 盗跖》说："黄帝不能致德，与蚩尤战于涿鹿之野，流血百里。"相传蚩尤有兄弟 81 人，都是兽身人语，铜头铁额，食砂石子，造立兵杖、刀、戟、大弩，威震天下。黄帝与之九战不胜，在天帝派遣"人首鸟形"的玄女传授兵法之后，才制服蚩尤，"以制八方。蚩尤没后，天下复扰乱不宁，黄帝遂画蚩尤形象以威天下，天下谓蚩尤不死，八方殄服"。

蚩尤在涿鹿被打败以后，于是诸侯"咸尊轩辕为天子，代神农，是为黄帝"。但战争的实际对象是两昊集团。《盐铁论 · 结和》说："轩辕杀两暤、蚩尤而为帝。"是战败了两昊才取得炎、黄、两昊各部落集团共主（“天子”）地位的。正如打败炎帝以后，炎帝称号仍在本集团传袭一样，黄帝打败两昊以后，“乃命少昊清司马鸟师，以正五帝之官，故名曰质”。上节已叙，此时少昊已改从姬姓。黄帝灭人之国而不绝其祀，以清为少昊抚少昊原属各部落，而且在新建立的大部落联盟中仍拥有相当大的权力。

（3）颛顼与共工的战争

黄帝以后，经过与共工的大战，颛顼取得共主地位。此战最富神话色彩。《淮南子·天文训》记载：“昔者共工与颛顼争为帝，怒而触不周之山，天柱折，地维绝。天倾西北，故日月星辰移焉。”关于这一战争，《淮南子·原道训》说共工是“与高辛争为帝”，《补三皇本纪》又说是共工“与祝融战”，传闻异辞，而以与颛顼战的记载较普遍。《淮南子·兵略训》说：“颛顼尝与共工争矣……共工为水害，故颛顼诛之。”《史记·律书》也说：“颛顼有共工之阵，以平水害。”剥去神话的外衣，历史的核心其实是“争为帝”，即争夺共主地位的大酋长宝座。

共工为炎帝集团的著名首领，其领地分布在今豫北冀南，古河济之间，正是炎、黄与两昊集团交往的枢纽地区。《史记·律书》文颖注：“共工，主水官也。少昊氏衰，秉政作虐，故颛顼伐之。”

颛顼，姬姓。据《五帝德》《帝系》及《山海经·海内经》的记载，都肯定他是黄帝与嫘祖的曾孙，昌意的孙子。而《史记·五帝本纪》《帝王世纪》等则说其是昌意之子，黄帝之孙。然而，《山海经·大荒东经》又记：“东海之外大壑，少昊之国，少昊孺帝颛顼于此。”则颛顼是一位出身于黄帝集团而抚育成长于少昊集团的古帝，是东西两大集团交融的象征。大约是黄帝共主地位应由颛顼继承，因为年少而由少昊清孺养，而“昌意，虽黄帝之嫡，以德劣降居若水，为诸侯。及颛顼生，十年而佐少昊，二十而登帝”，故共工与之“争为帝”。

（4）尧、舜、禹与三苗之战

三苗，又称苗民和有苗。在经、史及诸子的记载中，与三苗之战，延及尧、舜、禹，甚至上推到颛顼。

战争的原因，据《尚书·吕刑》所述，是因为蚩尤始作乱，延及平民，互相寇掠，有如鸱鸮。苗民不遵上帝的约束，混淆天人神，又制作五刑，称之为法，使用割鼻、刖膝、阉割、黥面等酷刑，杀戮百姓，使得传统秩序泯灭。既不守信，又不遵盟。

上帝看到人间毫无美德可言，只闻到酷刑的血腥，于是施用天威平服这种暴虐，遏绝苗民，使之不得延续。命重黎绝天通地，天地神祇各有分司祀享。又命伯夷制定典礼，用刑适中；禹平水土，主名山川；稷降播种，农殖嘉谷。这三大酋长成功了，才使百姓殷富，教化开明，上下有序，天下太平。此处所说的蚩尤，《伪孔传》认为仍是指黄帝杀之于涿鹿的蚩尤，三苗只是效法蚩尤，“异世而同恶”。唐人孔颖达疏也认为是“三苗之君，习蚩尤之恶”。这些解释合乎逻辑。

战争时间很长，在今陕西省、河南省、湖北省接壤地带进行。《吕氏春秋·恃君览·召类》说：“尧战于丹水之浦，以服南蛮；舜却苗民，更易其俗。”三苗是南蛮的先民，故尧、舜所战所却所变易其俗的都是指三苗。《汉学堂丛书》辑《六韬》说：“尧与有苗，战于丹水之浦。”丹水，今称丹江，浦即水边。丹江发源于陕西省东南终南山，东南流入河南省西南淅川县境，在河南、湖北两省交界不远处流入汉水。尧、舜沿丹江两岸与三苗战，正是在伏牛山脉以南、荆山山脉以北。

战争的规模也是惊天动地的。《墨子·非攻下》记述：“昔者三苗大乱，天命殛之。日妖宵出，雨血三朝，龙生于庙，犬哭于市，夏冰，地坼及泉，五谷变化，民乃大振。高阳乃命玄宫，禹亲把天之瑞令，以征有苗。”此后三苗才逐渐衰微。《古本竹书纪年》也有类似记载。

战争的结局是三苗大败，舜于是把一部分三苗强迫迁徙到今甘肃省“三危”地区，而炎黄、颛顼集团融合所形成的祝融八姓南进丹江及江汉地区。后来，楚国即在丹江地区筚路蓝缕，以启山林，得以兴盛。考古学家发现，来自江汉地区的屈家岭文化北上到伏牛山麓，被仰韶文化的优势取而代之；随后便是中原龙山文化南下，使屈家岭文化的后延具有明显的龙山文化特征。这种远古文化遗存与三苗及中原部落集团的消长是相吻合的。

8. 各部落集团的融合与分化

黄帝战胜炎帝、两昊，尧、舜、禹战胜三苗，在黄河中下游及江汉平原间广大的地区，原有各部落集团结成了更大的联盟。

黄帝在新形成的大联盟中是共主，是号令及于各部落的最高酋长兼天帝的化身。“天下有不顺者，黄帝从而征之，平者去之，披山通道，未尝宁居。”对于不听号令的进行征伐，平服以后即撤兵离去，又开山修路，尽可能打破部落与地区的隔绝，促进部落间的交往。

按照《帝系》《五帝德》《史记・五帝本纪》等记载，从黄帝到尧、舜、禹，共主出自黄帝一系，在黄帝一系中世选或禅让。黄帝一直是新形成的部落大联盟的象征，后世成为中华民族统一的象征和始祖。

共主的权力仍受部落贵族议事会议的约束，《尚书・尧典》等所描述的各部落酋长与贵族，在尧主持下推举治水的人选及尧的继承人选。这说明尧只是“协和万邦”的共主，即令禹平洪水，功业极大，“合诸侯于涂山，执玉帛者万国”，仍没有完全脱离部落大联盟共主的旧制。其他各部落集团的显贵大酋长，如炎帝集团中的四岳、伯夷、共工、鲧，少昊集团中的皋陶、后益，三苗集团中的驩兜等，在大联盟中，地位仍很显赫，并拥有很大的权力。

《世本》记载，属炎帝集团的伯夷和属少昊集团的皋陶，都曾“作五刑”，皋陶主持决狱，“不仁者远矣”，“皋陶鸟喙，是谓至信;决狱明白，察于人情”。而“伯夷降典”用刑折中，大概是在苗民五刑的基础上进行了改革。原属少昊集团的后益（伯益），不仅与四岳等佐禹治水成功，而且懂得“占岁”及“作井”，禹“授之政，九州成”，甚至“荐益于天”，做出了禅让给后益的姿态。

以黄帝为共同天神与共祖的部落大联盟经过千年岁月，促进了原有各部落集团的融合，在此基础上形成夏、商、周三族。同时各部落集团又都有一部分按照原有传统发展，形成了夏、商、周三代的东夷、氐羌与南蛮。远古时代各部落集团的这种融合与分化，是中华民族起源时代的进化过程。这个过程打破了部落与地方的隔绝状态，完成了由地区性部落联盟向国家与民族的过渡，从而进入华夏与夷、蛮、戎、狄五方格局酝酿与形成的发展历程。

第十六讲

云南西藏的史前遗存

中国是一个统一的多民族国家。中国的历史是中华人民共和国境内各民族共同创造的历史，也包含曾经在这块国土上生存、繁衍而现在已经消失的民族的历史。中国的源头给我们展示了这样一幅各民族创造中华民族历史的壮观图景。各族的先民们在十分艰难的条件下，开辟草莱，创造历史，摆脱愚昧，在曲折的进程中，从野蛮走向文明。黄河中下游、黄河上游、长江流域以及周边地区的东北、甘青地区、东南与华南地区、西南地区各种文化的接触、影响与融合，先后出现三次文化的重新组合，促使各民族的历史不断向前发展。

中国历史一开始就是各民族共同创造的历史，揭示着我们民族历史的轨迹。这里讲的是周边地区的西南远古文化，其中包括当时的云南以及西藏等各民族的史前文化遗存。

1. 西南边疆的新石器文化

我国西南边疆的云南，由于地理条件十分复杂，直接导致两个结果：

第一，云南因具备生态环境优越、资源丰富的优势，为人类的生存和发展提供了极为重要的条件。

第二，地形异常复杂，造成了交通的阻隔，阻碍了文化的交流，妨碍了人们之间的融合。

这“第一”与“第二”，一正与一反的外在条件，使云南的史前文化和民族成分十分复杂。很久以后，只在滇池和洱海地区，才逐渐联合为较大的国家。

关于新石器文化的发现与分布，早在170万年以前，云南就出现了元谋人，创造了元谋文化，属于旧石器时代的早期。此后，在旧石器时代中期和晚期也都发现过人类化石与遗物。到新石器时代，文化遗址已遍及全省。

曾在苍山之下、洱海之滨，发掘了马龙等一批云南新石器时代的遗址。但因发掘遗址较少，迄今还无法建立一个考古学文化的编年体系。

昆明附近的滇池、抚仙湖和星云湖，都是断层陷落形成的内陆湖泊，周围有比较宽广的平坝，分布着相当密集的新石器时代遗址，有官渡、石寨山、河泊所等20多处。这些遗址有的在平地，有的在几米至几十米的小岗子上，而且都有大量的螺壳堆积，一般厚4～5米，最厚的可达9米。螺壳尾部都有一个被敲穿的小孔，是取食后的废壳堆积。出土的石器以磨制为主，种类有斧、锛、铲、刀、锤、砺石和敲砸器等。斧、锛类器物除普通型以外，还有双肩的、有段的以及有肩有段的各种类型，明显是受到了华南新石器文化的影响。陶器中以红陶为多，灰陶次之。手制，火候甚低。器形以大量泥质红陶的凸底浅盘为显著特征，但不知何用。其他器物有碗、钵、盆、罐等，有些罐带流，还有个别圈足器。陶器上的纹饰主要有各种刻划纹，也有少量几何形印纹。泥质红陶凸底浅盘的外表，常有稻壳印痕，可知这个地区的新石器时代的居民已知种稻。

洱海也是因断层陷落形成的内陆湖，面积仅次于滇池，为云南第二大湖，周围有比较宽阔的平坝，动植物资源十分丰富。新中国成立以后，又发现了20多处遗存，其中宾川白羊村、祥云清华洞和大理鹿鹅山等处均经过发掘与详细调查。

白羊村遗址，位于洱海以东的宾川县治东北约3千米，西临宾居河，高出河面约6米。由于河水长年冲刷，遗址遭到严重破坏，现存面积仅3000平方米，文化层厚达4.35米。1973年和1974年进行发掘，发现房址11座、火塘14个、窖穴48个和墓葬34座。房屋多呈长方形，较早的挖槽立柱，柱间先编缀荆条，然后在两边抹草筋泥；较晚的不挖槽，同样栽柱、编荆条和抹草筋泥，有的还有柱础。在34座墓葬中有土坑墓 24 座，瓮棺葬 10 座。土坑墓均为长方形竖穴，均无葬具，也没有随葬品。葬式十分复杂，最突出的是无头葬，其次是仰身直肢葬和二次葬，也有个别的仰身屈肢葬。无头葬共有 10 座墓，其中成年单人葬 5 座，小孩单人葬 1 座，成年 2 人合葬 1 座，成年 3 人合葬 1 座，成年与小孩各 1 人合葬 1 座，成年 10 人以上合葬 1 座。死者一般为仰身直肢，合葬墓中的死者有的为同一方向，有的相互倒置。除全部无头外，还有缺股骨或其他骨骼的，并且都是一次葬，显然是非正常死亡者。云南有的民族曾有过猎头风俗，这些无头葬也许是猎头风俗的牺牲者。瓮棺葬中有幼儿葬 9 座、成年人葬 1 座，后者骨骼不全，仅有股骨、胫骨与少许脊椎骨，也是一座无头葬。幼儿据牙齿和头骨判断多不满周岁，有的还是出生不久的婴儿。

白羊村遗址出土的石器以磨制为主，只有个别是琢磨兼施或打制的。种类有斧、锛、凿、刀、镞、网坠、纺轮、砺石、印模、杵、刮削器、敲砸器和石球等。其中，石刀颇有特色，多半月形，上背较直或稍凹，刃部呈圆弧状，近背部有二穿孔，有的刃部刻成锯齿状，可作锯用。印模系砺石改制而成，在一头刻成米字格纹，与某些陶器上的印纹是一致的。骨器不多，主要有镞、凿、锥、针等，还有一种扁薄骨器，可能是抹泥的抿子。陶器几乎都是夹砂的，以褐陶为最多，其次是灰陶，红陶甚少。均为手制，个别有慢轮修整痕迹。纹饰十分复杂，有划纹、绳纹、篦纹、剔刺纹、乳丁纹、印纹、附加堆纹等，以划纹、绳纹和篦纹为主。划纹中有细线纹、弦纹、菱形纹、三角纹、网格纹、曲折纹、斜平行线纹等。较早的绳纹纵横交叉，疏密不等，较晚的细而整齐。篦纹早期较多，有曲折纹、之字纹等。划纹和印纹中也有之字纹，它同中原磁山文化的之字纹，以及内蒙古东南与辽宁等地的之字纹，似乎不属于同一个系统。陶器造型比较简单，主要是圜底器和平底器，无盖无把，仅少数有耳。器形主要有釜、罐、匜、钵、缸等。釜均为圜底大口，有的口外有鋬手。罐有圜底和平底两种，常有复杂的纹饰。匜全为圜底宽流。此外，还有陶支脚等。

在白羊村遗址的窖穴中，曾出土灰白色的粮食粉末与稻壳、稻秆痕迹，另一窖穴中也有灰白色的粮食粉末，可知当时已种植水稻。

关于白羊村遗址的年代，曾分别对两个炭化木柱进行测试，其分别为公元前 2165 ± 105 年和公元前 2050 ± 105 年，大体相当于龙山时代。

滇东北地区的新石器文化出自滇东北，主要指昭通地区，西边与大小凉山相邻，境内多山，有五莲峰等，横江由南向北，汇入长江。这里的新石器时代遗址，主要有昭通闸心场、小过山洞、鲁甸马厂以及较南的宣威尖角洞等处。陶器多单耳平底罐、细颈小平底瓶和碗等，多泥质或夹细砂灰陶，也有打磨光亮的黑陶。纹饰有划纹、点纹和弦纹等。石器一般磨制得比较精细，主要有斧、锛。除普通石锛等，还有有段石锛。宣威尖角洞的石锛绝大部分为双肩有段式，应当与两广新石器时代晚期文化有一定联系。

金沙江中游的新石器文化，出自金沙江中游，主要是指楚雄地区，北与凉山彝族自治州接界，境内多高山峡谷。新石器时代遗址主要有元谋大墩子、龙街、张二村、马大海、下棋柳、大那乌、新发村、禄丰十八犁田、火车站等处。其中大墩子进行过发掘。大墩子位于元谋县东约 4.5 千米，南距元谋人出土地点上那蚌约 4 千米。遗址地处张二村河上游，在两条季节性河沟之间，高出河床约 14 米，南岸被河水冲刷破坏，现存面积约为 5000 平方米。1972 年和 1973 年，曾进行三次发掘，揭露面积为 496 平方米。发现房基 15 座、火塘 7 个、窖穴 4 个和墓葬 37 座，出土了石器、骨器和陶器等大批遗物。房屋均为地面起建，长方形，单间或双间，长 5 ～ 8 米、宽 3 ～ 4 米不等。一般先在四周挖基槽栽柱，柱间编荆条，再在表面抹草筋泥。房顶推测是稍倾斜的平顶，也是先在椽上编荆条，再抹草筋泥。室内地面稍加修整，垫黄土或抹草泥；有的铺一层碎石，上垫黄土。室内有椭圆形或圆角长方形火塘，大致与居住面平或稍稍下凹，周围有泥埂。整体形状和建筑技术与宾川县白羊村遗址的房屋基本相同。大墩子墓葬也同白羊村一样，有土坑墓和瓮棺葬两种。土坑墓 19 座，多为长方形竖穴，仅有部分坑壁较为整齐。未发现葬具。头向颇不一致，以东南向为主，也有东北向或西南向的。一般为单人葬，仅有 1 座为一个 30 岁左右女性与一个 6 ～ 8 岁的幼童合葬。葬式比较复杂，有仰身直肢、仰身屈肢、侧身屈肢和俯身屈肢的。最值得注意的是，这里不少人骨是在死前就断肢的。例如，一青年男性缺左上肢；另一中年男性大腿折断，置于胸腹部位；再一中年男性缺右下肢；还有一中年女性与幼童合葬，女人的右手、右腿均被砍断等，与之类似的情况还有 5 例。以上断肢缺肢者，占全部成年死者的 55% 以上，均系中青年，又以男性为多，推测是战场上被敌方残酷杀死的。绝大部分墓没有随葬品，仅 4 座有骨镯、骨珠、牙饰、角凿或石锛，大致是随身携带的装饰品和个别工具，看不出有专为埋葬所准备的随葬品。许多墓的人体部位发现石镞，如死者右颧骨和尾椎骨处，各射入石镞 1 枚；人体胸腹部位，有石镞 10 余枚；女人臀部有石镞 1 枚；人体脊椎骨旁有石镞 4 枚。这些石镞所在的部位大多是容易致命的胸腹部，当是射入体内无法拔除，尸体腐烂才掉出来的。结合前面所述断肢缺肢的情况，更证明这墓地的死者均属非正常死亡，是被敌方在战场上杀死的，因为是在战场上，所以才用得着弓箭。这种情况在我国史前文化的墓地中是仅有的，应当是原始社会发展到晚期，掠夺性战争出现的一种反映。

大墩子有瓮棺葬 17 座，主要埋在房屋附近。先挖浅坑置瓮，上盖陶罐、陶瓮或石板。人骨大多朽坏，初步判断大多是不足周岁的婴儿。其中 7 座瓮棺有随葬品，包括小陶罐、陶壶、鸡形壶和穿孔骨珠等。有随葬品的瓮棺比例之高，是我国史前文化各墓葬所仅见的。

大墩子出土的石器绝大部分是磨制的，有的是通体磨光，有的残留着打坯时留下的石片疤，打制石器为数甚少。石器种类有斧、锛、凿、刀、镞、纺轮、砺石、印模、杵、刮削器和石球等，总体特征同白羊村遗址比较接近。这里石刀也有圆角长方形和半月形两种，唯后者较少，直背弧刃，多穿双孔，未见刃部刻锯齿者。镞多扁薄无铤，平底或凹底，与白羊村的颇不相同。骨器有锥、凿、抿子、针、镞及管、珠等装饰品。鹿角制品有锥、凿、抿子等，还有少数的牙器、蚌刀、蚌饰和海贝等。

陶器多夹砂者，以灰褐陶为主，次之为橙黄陶和红陶。泥条盘筑，用陶拍整形，骨抿打磨光平。纹饰有绳纹、划纹、篦纹、剔刺纹、印纹、乳丁纹和附加堆纹等，以绳纹、划纹和篦纹为主。绳纹有粗细两种，较早的多交叉绳纹，较晚的比较规整。划纹有弦纹、菱形纹、三角纹、网格纹、曲折纹和平行斜线等。篦纹有的疏朗，有的繁缛，构成比较复杂的图案。大墩子同白羊村一样也有之字纹，但主要由压印和刻划而成，未见之字形篦纹。器物造型比较简单，基本上是平底器，只见个别的圜底器和圈足器。主要器物有罐、壶、瓮和深腹钵等，分别用作炊器、水器、存储器和食器，不少瓮用作婴儿葬具。

大墩子的窖穴内发现大量灰白色粮食粉末、谷壳和禾草类叶子，火塘的三个陶罐内发现大量炭化谷物，经鉴定属于粳稻。结合工具中有石刀和蚌刀等农具，这都说明大墩子史前居民的经济主要是稻作农业，并且畜养猪、狗等家畜，也可能驯养牛、羊、鸡等。遗址中除发现这些动物的骨骼外，还有更多的野生动物骨骼，包括水鹿、赤鹿、麝鹿、野兔、豪猪、松鼠、竹鼠、黑熊、猕猴等。水生动物有厚壳蚌、田螺和鱼类等。这说明狩猎、捕鱼和捞取软体动物，仍然是当时经济的重要组成部分。

关于大墩子遗址的年代，曾采集房基的柱洞内的木炭进行测定，年代为公元前1470±155年，可能偏晚。因为曾出土大量铜器的剑川海门口木桩的年代为公元前1336±155年，与大墩子年代十分接近，而文化面貌却相差甚远。相反，文化面貌与大墩子比较接近的宾川县白羊村遗址，其年代则比大墩子早许多。如果以后能多测几个数据，也许年代能够提早一些。

滇西北的新石器文化系指迪庆藏族自治州一带，考古工作比较薄弱。主要遗址仅维西傈僳族自治县戈登村西约1千米腊普河东岸的一处洞穴遗址。出土磨制石斧、石刀、石镞、石锥等。石刀有长方形和半月形两种，均为单孔。陶器多夹砂者，灰褐色，器形仅见单把罐和侈口罐，均为平底，底部印有树叶纹或麻织物纹。

滇东南的新石器文化系指滇东南的文山壮族苗族自治州一带，目前考古工作也较薄弱。已发现的遗址主要有麻栗坡县附近的畴阳河西岸的小河洞。该处为一洞穴遗址，洞内有溪水流出，文化堆积大部分已被冲毁。出土石器多为磨制，有斧、锛、刀和印模等，锛多为双肩的，也有靴形的，应当与华南新石器文化有一定的联系。陶器多夹砂者，以灰褐陶为主，红陶较少。纹饰以绳纹为主，还有划纹和附加堆纹。出土的动物遗骸较多，其中有鹿、熊、野猪和大量螺蛳，说明渔猎经济应占有重要的位置。

澜沧江中游的新石器文化在澜沧江中游两岸，特别是澜沧江与怒江之间的地区，曾发现一系列新石器时代文化遗址，其中有忙怀、曼志、忙亚、忙卡、大水坪、安定、丫口、大芒介、小芒介、下景张、新寨、小田、老赵田、拉叭寨、大协厂等，分别属于云县、景东和澜沧拉祜族自治县等，云县忙怀具有代表性。这些遗址大多用砾石打制石器，种类有双肩斧、靴形器、钺形器、网坠等，未见磨制石器。另有刻槽的印模，可在陶器上印出方格纹等。陶片极少，均夹砂，有绳纹等纹饰，唯因陶片太碎，器形不辨。

西双版纳地区的新石器遗址，在西双版纳地处的北回归线以南，纬度较低，已属热带地区，自然条件与其他地区有较大不同。这里发现的新石器时代文化遗址，有景洪的曼蚌囡、曼运、曼迈、曼景兰、曼厅，勐腊的大树脚、卡比寒，孟连的老鹰山等。这些遗址的石器均以砾石为原料，以打制为主，也有少量的局部磨制或通体磨制的。

种类有斧、锛、尖状器、盘状器、敲砸器、研磨器和网坠等，还有一些打剥下来的石核与石片。石斧中除普通型外，还有双肩石斧。

老鹰山有一处洞穴遗址，出土石器有磨制石斧和大量打制的网坠。陶器多夹砂者，饰有绳纹、划纹、剔刺纹和波浪纹，器形有罐、钵、碗、盘等，此外还有陶纺轮。

2. 世界屋脊的珍稀遗存

青藏高原位于我国西南边疆，全境海拔平均在4000米以上，可称为世界屋脊。其地形可分为三大区：

一是藏北高原，面积约占藏区的2/3，平均海拔在4500米以上。高原丘陵与湖边盆地相间，高差不过300～500米。这个地区气温甚低，全年平均气温在0℃以下；即使在夏季的8月，夜间最低气温也在-10℃左右。气候干燥，少雨，年降水量仅200～300毫米。冬季漫长，西风强大，土壤瘠薄，几乎不长树木，草亦矮小，为干寒的高山草地或寒漠。加上空气稀薄，故人烟稀少，北部很大一片为无人区。

二是藏南各地与高山地带，包括冈底斯山、喜马拉雅山及二者之间的雅鲁藏布江河谷地带。喜马拉雅山是世界最高山脉，终年积雪；藏南谷地气候较好，是西藏的主要农业区和人口集中的地带。

三是藏东高山峡谷区，是著名的横断山脉的北段，在不同的高度具有不同气候和生态环境。

青藏高原主要是新构造运动时期逐渐隆起的，据研究，最近10多万年便上升了1500～2000米，最近1万多年内也上升了200～300米。因此，西藏史前时期的自然地理条件比现在要好得多。大约在中晚更新世，藏北高原曾有很大的淡水湖。如色林错当时可能是一个东西200多千米，南北40～60千米的浩瀚大湖，并可能通过一些宽浅的谷地与恰规错、吴如错、孜桂错、格仁错等连在一起。到全新世早期及气候最适宜期（大西洋期），当地气候也比现在温暖得多。如藏南聂拉木细石器地层的古植物学研究，证明当时气温比现在要高3～5℃。现在的干寒气候主要是在新冰期到来以后（距今约3000年）才逐渐形成的。这就是在今天的少人或无人区能够发现一系列旧石器时代晚期到新石器早期遗迹的缘故。

中国科学院地质研究所的学者于 1956 年夏季，在黑河镇（那曲）发现了一件长 1.5 厘米的柱状石核，它是在西藏高原发现的第一件细石器制品，从而首次证实了西藏有史前人类的活动。1966 年，珠穆朗玛峰地区综合考察队在聂拉木县的亚里村和羊圈两个地点采集到 30 件细石器标本。1976 年，中国科学院青藏高原综合科学考察队在藏北的申扎、双湖一带也发现了一批细石器，连同当地群众采集的细石器标本等，一共涉及 18 个地点。与此同时，在阿里地区也发现了 3 个细石器地点。此后，通过零星调查和 1986 年与 1987 年的文物普查，又陆续发现了 22 处细石器地点，其中包括青海境内与西藏接壤地区的 4 个地点。总计各次调查的结果，发现旧石器 3 个地点，均分布在藏北高原；细石器 46 个地点，主要分布于藏北高原，也包括藏南和藏东。

目前，在西藏已发现可能属于旧石器时代晚期的 3 个地点，即那曲市申扎县雄梅区奇林乡珠洛勒、申扎县多格则乡和阿里地区日土县扎布乡，3 处均在藏北高原。第一处位于错鄂湖盆东南近珠洛河口的河谷边山麓洪积扇的前沿，第二处位于多热藏布河左岸二级阶地上，第三处在古班公湖边，高出湖相沉积面 3 ～ 5 米。在史前，这里水草较为丰富，可供人们短时期休息。这里采集的石器主要为石片石器，以及很少的砾石石器和石核石器，主要是锤击法加工，个别的使用碰砧法，并以单面反向进行修整；器形不太复杂，以刮削器为主，及较少的雕刻器、尖状器和砍砸器。这些工具主要是用来处理兽肉兽皮的，这主要反映出当时人以狩猎为主。以上这些石器因为缺乏原生地层和共生动物化石，无法确切地断定它们的年代。只能根据石器制作技术和类型，大体同富林文化和安阳小南海等旧石器时代晚期遗存相接近，推测为旧石器时代晚期。

聂拉木县位于珠穆朗玛峰西侧，珠穆朗玛峰地区综合考察队在对珠穆朗玛峰周围进行考察时，于聂拉木县的亚里村和羊圈附近采集到一批细石器。亚里村石器的地点在村南约 1.5 千米的波曲河东岸阶地上，海拔为 4300 米。阶地上覆盖有石灰华板，在其顶层中发现 1 件石器和许多植物化石，在地表面采集了 27 件石器和石制品，其中包括石核 6 件、小石叶 12 件、石片 8 件、圆头刮削器 1 件。地层中采集的为半锥形石核，左侧有修理痕迹，可为石核刮器。这里的石器绝大部分属于细石器系统，并且是比较成熟的细石器，同时有一些较大的打制石片石器，同陕西沙苑石器比较相近，推测属中石器时代或新石器时代早期。羊圈石器地点在朗弄曲河左侧阶地上，海拔约为

4900 米，采集石制品 3 件：石核、石片和石片刮器各 1 件。

目前，藏北已发现了 36 处细石器地点，分布于安多县、班戈县、申扎县、双湖办事处、文布办事处、日土县、普兰县、札达县等地。加上青海的可可西里、沱沱河沿和各拉丹东等 4 处，共计 40 个地点，分布范围将近 60 万平方千米，处于海拔 4500 ～ 5200 米。青海各拉丹东冰川海拔 6200 米，是全世界发现石器最高的地点。

这些细石器分布地点主要在湖滨平原、河流阶地和山麓洪积扇，只有个别地点位于盆地边缘的干沟崖上。这些细石器均为地面采集，没有发现原生的文化层。各地点采集的细石器有相当大的统一性。原料主要是火石、燧石、凝灰岩、碧玉和玉髓等，类型以石核为主，有圆体石核（锥形、柱形、半圆锥形、半圆柱形等）和扁体石核（楔形、船底形等）两大类，台面多稍凹或呈坡状，有的有进一步加工痕迹，用作石核刮削器。石叶较少，可能与采集时的选择有关。还有一些石片，一般短而宽，片身较厚，形状不甚规则，有的有使用痕迹。精细加工的细石器也比较少，主要是刮削器，包括长刮器、短刮器（直刃、凸刃等）、圆刮器（厚脊的、扁平的）、双边刮器和复刃刮器等。

西藏细石器的广泛存在，因多处于海拔很高的藏北高原，从而证明了这里史前时期的气候条件要比现在好，生存条件是允许人们在这里生活的，这才可能留下远古人们的遗物。

细石器遗存是西藏高原史前考古学文化中的一个重要特征和构成因素。这里的细石器同我国北方的细石器存在不少的共同点，如楔形石核、圆锥形石核和圆柱形石核等，在北方地区也有广泛的分布。至于这里所出的带侧翼的圆锥形或柱形石核、半圆锥形和半圆柱形石核，以及台面呈坡形的石核等，为其他地区所少见，这应当是西藏地区细石器的特点。在印度次大陆广泛分布着以梯形、三角形石刃为特征的几何形细石器，缺少典型的细石核，与我国细石器显然不属于一个系统。但在靠近西藏的印度东北部则出现锥形和柱形石核，还有石叶和半月形石刃等，这与印度大部分地区的细石器截然不同，相反倒与西藏细石器比较接近，这很显然受到了西藏细石器的影响。

1974 年和 1975 年，在林芝的云星、红光、居木、加拉马和拉萨市郊的纳金等地区，发现了一批新石器时代晚期遗址。云星遗址在尼洋河东岸坡地上，有清楚的文化层，堆积的有灰土和红烧土，其中出土大量的石器和陶片，以及经火烧过的动物骨骼和炭屑等。同样的遗物在其南部的红光以及红光以南、尼洋河与雅鲁藏布江的汇合处也都有广泛的散布。居木遗址在尼洋河西岸，那里有一条无名小溪流入尼洋河，小溪两边的漫山坡上、梯田里、水沟和防水沟的断崖上，都散布着石器和陶片等文化遗物。小溪南边的断崖上还发现了清晰的文化层，层中包含石器和陶片。加拉马遗址在尼洋河东岸，与居木遗址隔河相望。在山坡上、麦地里和水沟边到处都散布着夹砂褐陶片，并采集到一件细石器石叶。以上遗址的遗物基本相同，应属同一文化系统。其中，石器有打制和磨制两种，打制石器主要是盘状器和敲砸器，还有网坠。另有一件细石器的石叶，刃部有使用痕迹。磨制石器有斧、凿、刀等。斧外观较为厚重，器身琢制，仅刃部磨光。刀为长方形，穿有一孔或二孔，有的通体磨制，有的仅磨了刃部，器身琢平。陶片以夹砂者为多，泥质较少，褐色为多，红色较少，还有少量黑色者。全部系手制，大部分为素面，有些泥质陶表面经过打磨。纹饰主要有绳纹、划纹和附加堆纹。器形因陶片较碎，不易准确辨认，大致有罐（瓮）、碗（钵）和器盖（盘）三种，有桥形耳和錾，个别有流，大抵都是平底。在拉萨市东北纳金乡北侧山坡上采集到少量夹砂褐陶和红陶片，从陶质、陶色上看可能与林芝诸遗址比较接近。

墨脱县位于雅鲁藏布江下游，与林芝相邻，但比林芝海拔更低，河谷地带海拔仅500～600米，属亚热带气候，动植物资源十分丰富。雅鲁藏布江在这里出现了一个大拐弯，先从林芝往东及东北流，然后折转向南，通过墨脱转向西南。两岸山高谷深，河谷地带是重要的农业区，现为门巴族和珞巴族居住区。1973年，在墨脱马尼翁发现了磨制精致的石斧。1976年，又从门巴族和珞巴族群众那里收集到一批石器和少数陶片。出土石器的地点主要有墨脱乡墨脱村、达木乡卡布村、背崩乡背崩村和格林村、地东乡地东村和西让村等，在墨脱村还采集到一些陶片。各地点采集的石器有斧、锛、凿和纺轮等，一般通体磨光，棱角分明，仅少数有打坯时留下的石片疤。陶片均很破碎，为夹砂红陶和夹砂灰陶，饰绳纹和划纹，器形有小口罐等。从石器制作来看，这批石器遗存的年代应当比林芝所发现的新石器遗存晚。

3. 西藏东部的卡若村

西藏东部昌都市卡若区卡若村是卡若文化遗址所在地，在卡若区北约12千米处，东靠澜沧江，南临卡若水，北依子隆拉山，正好在两河交汇处，呈现三角形台地之上，面积约1万平方米，海拔为3100米。

卡若遗址是1977年昌都水泥厂施工时发现的，1978年和1979年进行了两次发掘，揭露面积1800平方米，发现房基28座、石墙3段、石圆台2座、石围圈3座、道路2条，同时出土了大批石器、陶器等文化遗物。

卡若遗址采用大量石料建房、砌圈、修路，半地穴草泥墙则采用“井杆式”木结构；生产工具为打制的石器、细石器和磨制石器，类型特殊；陶器全部是手制夹砂陶，制成平底的罐、盆、碗，以刻划纹、锥刺纹和附加堆纹为基本纹饰。其特色鲜明，与其他的考古学文化截然不同，因此被称为卡若文化。

卡若的房屋，剖视为半地穴式的、圜底的和平地起建的三大类，平视呈圆形（包括椭圆形）和方形（包括长方形）两大类；从建筑材料来看，有木骨泥墙和石砌墙两类。在卡若，绝大多数的房子为单间，但也有个别的为双间的大型房屋。圜底房屋是卡若早期的建筑形式，共有10座。其中圆形的有4座，方形的有3座，形状不明的有3座。这种房屋地面下凹，呈圜底状，周围与地面相平，没有穴壁。这几座房屋集中在一起，可推测其属于一个家族所有，不同结构的房屋可能有不同的用途。

卡若晚期地层发现砾石铺筑的两条道路；发现石墙3段，均为平地起墙，砾石砌筑，属晚期遗迹；发现石圆台2处，属晚期，用大块砾石围圈；发现石围圈3座，亦属晚期，均为半地穴，平面呈圆形或方形，不像是房屋遗迹，用途也不详。

卡若出土生产工具8346件，其中石器占95.6%，其余为骨角器和陶质器具。石器中又分打制石器、细石器和磨制石器，并以打制石器为多，占全部石器的85.6%，而且逐渐增多。打制石器的原料为细砂岩、石英岩和石英砂岩的砾石。一般不修理台面，直接在较平的砾石面先用锤击法单向打出石片，再将石片加工成各种器具。打制石器的种类大致有砍砸器、敲砸器、切割器、尖状器、刮削器，这五种占绝大部分，除此之外还有雕刻器、锄状器、铲状器、斧、矛、镞、钻、砧等，细石器约占全部石器的8%，同样也逐渐有所增多。细石器的原料是玛瑙、硅质岩、石英和燧石等，加工工艺与藏北高原的细石器相近，但稍有进步。卡若石核远不如藏北石核比例高，而且种类复杂得多，有船底形、楔形、锥状、柱状、龟背状和板块状等。细石叶较多，长2～3.8厘米，一般长与宽之比为6∶1左右，两侧往往有使用过的痕迹。细石器种类主要有镞、尖状器、雕刻器、刮削器等多种，多经第二步加工，还有未经第二步加工而仅有使用痕迹的石片刮器，在数量上以刮削器、石片刮器和尖状器等占绝对的优势。石镞颇像尖状器，缺乏我国北方细石器中那种典型的凹底三角形镞。磨制石器的数量是最少的，仅占全部石器的6.4%，而且逐渐减少。所用石料主要有硬玉、火山岩、硅质蛇纹岩、流纹岩、大理岩和板岩。一般通体磨光，仅少数是局部磨制的。不少磨制石器是用切割法取材的，切割的方法是两面对割和单向切割，前者采用较多。穿孔器主要有石刀和重石两种，石刀的穿孔方法有刻槽穿孔和锥形钻穿孔，后者较多。重石则全部用锥形钻穿孔，遗址中发现了相应的钻具。石刀钻孔有的是对穿，有的是单向钻穿，重石则全部是对钻穿孔的。

磨制石器的种类有斧、锛、凿、刀、重石、研磨器、镞、矛和切割器等，其中数量较多的是锛、凿、刀、重石和研磨器。斧有梯形和长条形两种，斜弧刃，横剖面近于长方形，通体磨制，有的有切割痕迹。锛体较薄，亦有梯形和长条形之分，刃部平直，少数锛两端开刃。凿多呈长条形，横剖面有方形、长方形、梯形和五边形等。刀有73件，约占全部磨制石器的1/7，以圆角长方形者为多，次为直背弧刃的半月形和凹背弧刃的新月形，也有个别凸背直刃的半月形刀。穿单孔的约占85%，少数有双孔或无孔，应当为收割所用的主要器具。研磨器81件，包括磨谷物的石磨盘、石磨棒及研磨其他东西的磨盘与磨石等。重石达252件，几乎占磨制石器的50%，实际上包括有孔重石（大约是套在掘土棒上使用）、石球（狩猎用流星索的加重部分）、菱形石（一面或两面有浅窝，当是钻具的轴碗）三种器物。

骨角器有366件，占工具总数的4.4%，多用兽肢骨及鹿角为原料，经过劈裂、裁断、修理、粗磨、精磨和穿孔等几道工序制作而成。种类有骨角锥、骨针、骨刀梗、骨抿子、骨印模、骨卡子和刻齿骨片等。其中骨刀梗一边有凹槽，是镶嵌细石片用的。骨抿子可能是制陶工具，用来抿泥和打磨陶器表面。骨印模系用兽肢骨的一端刻成8个乳丁，用以压印陶器花纹。刻齿骨片往往在骨片的一边或两边刻成等距离的锯齿，有的骨锥的一边也有刻齿，其中一部分可能是压印陶器纹饰（篦纹）的，大部分不知用处。骨卡子是两头尖的小骨器，或称钓针，是一种渔具。

陶质工具仅有纺轮一种，仅见6件，且均由陶片改制而成，没有发现专制的陶纺轮或石纺轮，可见卡若文化的纺织业并不发达。

卡若所在的昌都市位于青藏高原的东坡和横断山脉的北部，属于山地寒温性针叶林地带。根据卡若遗址的孢粉分析，推测当时的山坡地带有茂密的森林，阴坡发育有松林，阳坡发育有栎林，林下生长有各种蕨类和草本植物；沟谷地带生长着耐旱的蒿、藜、麻黄等。蕨类植物中凤尾蕨、里白、桫椤植物的存在，说明当时的气候比今日温暖湿润得多，有利于发展农业生产。

前面说到的半地穴式房屋和那座唯一的双室屋中，都发现了大量粮食朽壳和炭化谷粒，经中国科学院植物研究所鉴定为粟。结合生产工具中有大量铲形器、锄形器、石刀和磨谷器等农具与粮食加工器具的情况，可推测出，当时的粟作为农业经济作物已占有十分重要的地位。

卡若遗址中发现了大量动物遗骸，经鉴定有猪、狐、獐、马鹿、狍、藏原羊、青羊、鬣羚、牛、猕猴、兔、鼠兔、家鼠和喜马拉雅旱獭等，其中猪骨个体比野猪小，多属幼年或老年，牙齿构造也比野猪简单一些，应为家畜。其余各种绝大部分应是狩猎的对象。可推测出，家畜饲养和狩猎也都是当时重要的经济活动。

此外，还有石器、骨角器和陶器的制造，以及纺织与皮毛加工等，则是当时主要的手工业。卡若不但纺轮少，制作不精，织物也很粗糙。在一件陶器的底内留有布纹痕迹，每平方厘米范围内经纬线各仅 8 根。比起仰韶文化的织物，经纬线要稀得多。

日用陶器中卡若陶器数量虽不少，但类型简单，差不多只有罐、壶、盆、碗 4 种，且全部是平底器。除个别罐、壶有耳或流外，一般无嘴无流、无耳无把、无足无盖，造型极为简单。陶器的质地差不多都是夹砂的，只有夹粗砂和夹细砂之分。器表的颜色有黄、灰、红、黑四种，以黄色和灰色为最多，红色和黑色均甚少。由于烧制技术不高，火候不匀，颜色也很不纯。所有陶器均为手制，以泥条盘筑法为主，小型器物则用手捏。一般先做平底，再在上面盘筑器壁。大型的器物为分段制作，然后再拼合在一起，为了使拼合处牢固，往往在外面加一道附加堆纹。陶器的纹饰比较丰富，按其制作方法可分为刻划纹、绳纹、抹刷纹、附加堆纹、剔刺纹、压印纹、篦纹、篮纹和彩绘等 9 种。刻划纹的陶器占全部纹饰的 22.1%，多饰于盆和罐的上腹，其图案有平行线纹、平行带纹、网格纹、菱形纹、三角形纹、连弧纹、叶纹和贝纹等。剔刺纹多饰于器口、颈部或上腹部，有麦粒形、圆形、方形、三角形和指甲形纹等多种。压印纹多饰于附加堆纹上，有的饰于器物口部或近底部，纹样有圆圈纹、布纹、菱形纹等。

彩绘陶极少，占陶片总数的0.1%。为黑色折三角纹和菱形纹，有的先绘彩地，再饰刻划纹。就罐而言，种类比较复杂，但可大致分为夹粗砂的罐，一般器体较瘦高，口部较大，纹饰简单，且带烟熏痕迹，个别的口部有遗留，当为炊器；夹细砂的罐，器体矮胖，口部甚小，表面经打磨，饰有美丽的刻划纹，个别有黑色彩绘，整体大小悬殊，小的高仅为11.4厘米，大的高为42.4厘米，应是主要的存储器。壶近似小口罐，也是夹细砂，表面经打磨并饰刻划纹，只是小口长颈，器身相对较高，有的颈部有把，应当是装水用器。盆多敞口，斜腹或折腹，口径一般在30厘米以上，最大的达48.2厘米，应当是主要的盛器。个别的有烟熏痕迹，似亦可作为炊器。碗形略似盆，只是较小，当是饮食器。

在卡若未发现墓葬，装饰品也就发现得不多，仅有50件，种类却很复杂，计有笄、璜、环、珠、镯、项饰、贝饰、牌饰和坠饰等，所用质料有石、玉、骨、贝等。大部分磨制精细，具有较高的工艺水平。其中最值得注意的有牌饰、项饰和贝饰。牌饰用大小不同、形状各异的骨片制成，上面或有穿孔，或刻有横槽，或刻花纹。如其中的一枚梯形骨片，上端有穿孔，表面有圈点纹若干组成十字形，两侧刻成锯齿状，当为佩饰或服装上的坠饰。项饰共有2串，由长方形珠和管状珠若干穿缀而成，反映出当时人的一种审美观念。贝饰10枚，由宝贝穿孔而成，也是坠饰。宝贝产于南海，既出于卡若遗址，应是当时的远地的直接以物交换或是在当地的间接交换。

在卡若遗址各层和备房基址中采集的木炭标本，曾经测定，共获得41个碳-14年代数据，经树轮校正后，最早应为公元前3955±310年，最晚为公元前2005±120年；绝大多数在公元前3500—公元前2300年，这大概就是卡若文化的真实年代。卡若文化大约持续了1200年。卡若文化是一种具有鲜明特征的地方性文化，但它毕竟不是孤立发展的，其中的一部分因素表明，它同相邻原始文化有过多方面的交往与联系。

卡若细石器中的锥状石核和柱状石核，以及从这种石核上剥离下来的细长石叶，在藏北高原有较多的发现，也同样见于甘肃地区的马家窑—齐家文化系统。卡若文化的磨制石器中颇有特色的长条形石斧和石铸也见于马家窑—齐家文化系统。卡若陶器均为平底，基本器形只有壶、罐、盆、碗；马家窑文化的陶器除极少数圈足器外也基本是平底器，器形也以壶、罐、盆、碗为主。卡若文化陶器上的刻划纹饰，如波折纹、菱形纹、贝形纹、平行线纹、正倒三角纹和网格纹等，同样也是半山—马厂期彩陶的常见纹饰，只是装饰的手段不同罢了。卡若遗址多木骨泥墙的平顶房屋，马家窑—齐家文化也多见这种房屋。特别是卡若遗址发现了许多粟的朽灰和炭化物等，而粟作农业历来是中国北方的传统农业，南方历来种稻而很少种粟，卡若的粟作农业很可能是受马家窑文化影响而产生的。卡若文化与马家窑文化年代相近，位置相隔也不算太远，相互间发生某些关系是可能的。从总体来看，似乎马家窑文化对卡若文化具有更多的影响。

卡若文化对四川和云南的新石器文化具有明显的影响，如四川省岷江上游汶川、理县等地的条形石斧和石锛，西昌礼州遗址的半月形石刀，陶器全部夹砂并用平行刺点纹组成三角纹和菱形纹的作风，以及罐、壶、钵等器形，都是卡若文化中常见的。云南省滨川白羊村的平背弧刃半月形石刀、条形石斧和石锛、宽叶形石镞，陶器多夹砂并饰绳纹、刻划纹、剔刺纹、压印纹、附加堆纹等的作风，以及木骨泥墙的平顶房屋等，都与卡若文化中同类因素相似。云南省元谋大墩子的凹背弧刃或直背弧刃石刀，两端开刃的石凿，柳叶形和三角形石镞，梯形石斧和石锛，骨抿子，陶器夹砂并饰绳纹、刻划纹、剔刺纹、篦纹、附加堆纹等，还有某些小口罐、盆、钵等器形，也都与卡若文化的同类因素相似。白羊村和大墩子的新石器文化均晚于卡若文化，显然是卡若文化通过澜沧江和金沙江河谷等南下，影响了云南地区的新石器文化。

《新唐书·吐蕃传》中曰："吐蕃本西羌属，盖百有五十种，散处河、湟、江、岷间，有发羌、唐旄等，然未始与中国通。" 按照这种说法，西藏居民当是北方迁去的。卡若文化以及西藏其他新石器文化乃至旧石器文化的发现，说明西藏居民有非常悠久的历史和自身的发展谱系，并不是从外地迁来的。但是，如果说在发展中受过北方民族的影响，甚至有部分羌人或氐人南下西藏，从而造成文化乃至种族的某种融合，那倒是符合历史实际的。

在中国 960 多万平方千米的土地上，中华远古文明之中蕴含藏地的特质，也为中华民族的文明增添了无限光彩。

第十七讲

东北地区最早的新石器时代文化遗存

这里讲的东北地区，包括黑龙江、吉林、辽宁三省和内蒙古自治区的赤峰市（指原昭乌达盟）、哲里木盟（即通辽市，包括这两个行政区以北的属于锡林郭勒盟的范围）、兴安盟、呼伦贝尔盟（即呼伦贝尔市）以及河北省的承德、唐山、廊坊三个地区（包括北京市和天津市与上述三个地区邻近的部分）。总的地貌环境是，大兴安岭、小兴安岭、张广才岭和长白山等主要山脉构成外围，东北平原被环绕其中。这一地区自旧石器时代早期开始就有了人类活动，而在后来的中华文明形成和发展的过程中亦起过十分重要的作用。因此，对该地区原始文化的研究素来为学术界所重视。

东北地区最早的新石器时代文化遗存，相对于目前所知旧石器时代最晚阶段而言，无论其反映的生产发展还是社会之进步，都达到了一个全新的阶段。在那个时代，我们已经深深地感到来自东北的古风的猛烈浩荡，那古风就是东北地区最早的新石器时代的文化遗存。

1. 农业对于兴隆洼尚不重要

东北地区新石器时代的历史发展，起讫约自公元前 6 千纪后叶到公元前 3 千纪末，与黄河流域的新石器时代大致可以对应。

兴隆洼文化时期，是迄今所见东北地区最早的新石器时代文化存在的时间，它处于公元前6千纪的后半段左右，与中原的裴李岗文化和老官台文化的时间大体相当。属于这一时期的考古学文化目前只发现了兴隆洼文化和左家山一期文化。兴隆洼文化主要分布于西拉木伦河流域和燕山南北，包括整个赤峰市和哲里木盟的西南部，以及医巫闾山到北京之间的辽西、冀东北地区。分布在西拉木伦河流域，尤其是其北半部的这种文化遗存，是该文化最典型的部分；左家山一期文化的分布范围迄今只了解到处于第二松花江和东辽河之间的长春一带。

兴隆洼文化因发掘于内蒙古敖汉旗兴隆洼的遗址而得名。兴隆洼文化的陶器所反映的这一考古学文化的主要特征：制作陶器的陶土均混杂有细砂，而多数筒形罐的陶土中，均匀地掺入一种被砸碎的黑灰色石渣，这显然是由于筒形罐用作炊器，为防止久烧致裂，才做如此的处理。陶器烧制温度不高，陶质较疏松，大部分器物的陶胎较厚，有的罐底厚达2厘米。陶色不纯，多呈灰褐或黄褐色。皆为平底器。钵的成型用了包模贴筑法，筒形罐则可能是泥圈套接而成的，但也不排除部分采用包模贴筑法的可能，罐底单做，采用“帮包底”的方法使之与器壁黏合在一起。器类为筒形罐和钵两种。筒形罐占大多数，最常见的是敞口斜直壁的筒形罐。陶器外表满施纹饰，主要由片状工具逐一压印而成，这种压印纹以交叉状和之字状，即连续折线所呈的纹样所占比例最大。在兴隆洼文化分布区内，各地的文化面貌多少有些差别。例如，辽西走廊发现的陶片中，有一种略呈弧线状的纹饰，这在西拉木伦河流域是见不到的。

兴隆洼文化目前可分成第一期的代表特征如下：筒形罐外表普遍施交叉状压印纹，这种纹饰系以片状工具在陶器表面压下一道纹痕后，将该工具抬离器表，变换方向再压出另一道与前者交叉，这样施纹既费工时，又难以使纹饰整齐美观，故此纹饰显得原始，陶器口沿没有任何的附加装饰。第二期的筒形罐许多施之字状压印纹，系以片状工具的两端轮换作为支点，为器表连续折压所致。这种压印方法提高了效率，且可将之字纹组成纹带，使纹饰图案规整，显然，这种之字纹是由第一期的交叉纹发展演化而来的。此外，许多筒形罐口沿外加贴一圈泥条，形成厚唇沿。第三期的筒形罐已不见交叉纹，之字纹又十分规整，而且，之字纹筒形罐一般不加别的纹饰。兴隆洼文化目前可分为以上三期。

兴隆洼文化在其分布范围内结束的时间并不是一致的，在非兴隆洼文化分布重心的燕山一带京、津、唐地区，晚于兴隆洼文化第三期的另外一种文化遗存中，仍能见到个别属于兴隆洼文化延续的标志物，那么据此可知，在西拉木伦河以北这一典型的兴隆洼文化分布区内，该文化于三期以后很可能还延续了相当一段时间。兴隆洼文化对周围地区的影响是显而易见的。从左家山一期文化中可看出，至迟在兴隆洼文化第三期时，它的文化因素已深入东北地区腹部。

左家山一期文化目前只有吉林省农安县左家山遗址经过发掘，别处的发现尚不多。该文化陶器特征有夹砂陶和夹蚌陶两种陶质，前者居多。陶色不纯，呈灰褐或黄褐色。多以泥圈套接法成型。筒形罐为器类大宗，其他有鼓腹罐、钵和斜口器。素面无纹的陶器约占一半。有纹饰者分刻划纹和压印纹两种，刻划纹有平行线、菱状、席状、之字状、人字状和弦纹等，压印纹则有连点线、之字状及篦点之字状，这些纹饰绝大多数组成横向平行的带状图案，也有不少呈平行阶梯状，后者为东北地区仅见的纹饰图案。

左家山一期文化中有一定数量的厚唇沿筒形罐，器表饰压印之字状横向纹带，这种筒形罐与兴隆洼文化第二期或第三期的风格相似，这说明左家山一期文化的时间应相当于兴隆洼文化的第二期到第三期，同时表明左家山一期文化受到来自兴隆洼文化的一定影响。

兴隆洼文化居址，即村落布局与房屋建筑，在西拉木伦河流域被发现。它一般坐落在靠近水源的山坡上，村落由数列成排的房址组成，每排房址数量不等。最初定居时，人们在村落外围挖成一圈宽约 2 米的壕沟，壕沟围成直径 170 米左右的一个圆圈。然而，壕沟和许多房址内的堆积中也存在兴隆洼文化的废弃物，壕沟本身又被兴隆洼文化的房址打破，且壕沟外也出现了属于该文化的房址，这说明整个村落或相当一部分，曾经过废弃又重建的过程。

兴隆洼村落内的房址面积大小不一，均为圆角方形或近长方形的半地穴式建筑，较为常见的房址边长多在 6 ～ 8 米。房址中间有一圆形灶坑。居住面往往有相当一部分经过砸实。有的房址居住面上还有埋设立柱时留下的柱坑，这些柱坑一般设于灶址两侧而成对称的两排，每排两三个。由此推测，那些未发现柱坑的房址大体也应在与此相近的位置立有木柱，以承架屋顶，可能是由于就地立柱而难以发现其痕迹。地穴以上部分的建筑无从推测，但从有的房址中存在被烧毁的木炭来看，地穴以上是使用了木质构件的。所有房址皆无门道。另外，一些房址中还发现了窖穴。

属于左家山一期文化的左家山遗址，坐落在临河的台地上。所发现的一座半地穴房址应为边长约 3 米的方形，其中一条边的中部有斜坡门道。在房址中部略偏一侧设一瓢形灶坑。立柱之柱坑共发现 8 个，门道两侧与房址边相接处各有 1 个，其余按等距分置在房址另外三条边的内侧，立柱直径 20 厘米左右。在与门道相对的一条边的外侧附近还有 1 个口径为 66 厘米的圆形坑，比房址居住面要深一些，内出有兽骨、蚌壳等物，可能是属于该房址的一个窖穴。

农作物的迹象，所出土的生产工具中没有能够确认属于农业工具的，因此兴隆洼文化先民即使已开始经营农业，也不会在经济生活中为主。至于所发现的那些动物骨骼，绝大多数可能是人们猎获的野生动物遗骸。

在兴隆洼村落内发现过两种骨鱼镖，其中一种是常见的鱼镖，长 17.5 厘米，单排 3 个倒刺；另一种只发现残品，称骨梗石刃鱼镖，系在骨梗尖端附近的一侧边槽中嵌粘小石片作为刃部，同时在这部分之后也制成倒刺。两种鱼镖的存在和对它们的精细加工，反映出渔业在当时人们生活中是很受重视的。靠近渤海沿岸的辽西走廊地区，渔业的谋生意义相比这里，无疑会显得更为重要。

另外，兴隆洼村落还出有一些胡桃楸的果核，以此种野生植物果实作为食物，这说明胡桃楸也是先民经常采集的植物果实。

上述可见，狩猎、渔业和采集很可能是兴隆洼文化先民主要的谋生手段，而农业尚未有那么重要。这与当时黄河中下游地区以农业为主的生产形态构成了较为明显的差别。

手工业技术在兴隆洼文化时期主要是制石、制骨和制陶三项内容。石器主要是打制而成的。骨器制作得十分精致，都经过磨光，在工具中所占比例也很大。制陶业显然并非最初发生的阶段。因为最早的兴隆洼文化陶器种类已在两种以上，并且已普遍施用压印纹来使陶胎紧固，特别是制作炊器时有意在陶土中加进沙粒，证明当时已经懂得通过掺料来改变陶土某些性能的道理。一些筒形罐上常见对钻的缀合孔，一方面说明此时已掌握了陶器修补术，另一方面反映出制作者爱惜陶器的心理，从而说明这时生产一件陶器是需要付出相当代价的。采用泥片包模贴筑的陶器成型技术及陶器的基本轮廓线，都显示出与此时的黄河流域广大地区文化遗存有相同的一面，但与后者相比，毕竟还存在相当的原始性，这一时期东北地区的手工业生产固然有自己的特色，但技术水平尚不如黄河流域先进。

至于兴隆洼文化的社会组织，通过兴隆洼村落得到发掘的部分，有可能了解社会组织结构的一些情况。当时的人们经常活动的地方应在房址的两排立柱之间，面积约13平方米，如减去灶坑及兽骨、石器、陶器等物所占面积，还有7～8平方米。居住面上遗留物品比较分散，屋内睡人之处当相对固定，应该不会将余下的所有空间占满。由此推测，居住在这所房址内的成员应为4～5人，相当于一个家庭的居所。需要注意的是，兴隆洼村落中的房址不仅有炊事用具，还有生产工具，有的甚至还存在储藏食物之窖穴，从而显示出这种家庭在经济上具有相当的独立性。兴隆洼村落有一定数量的房址存在坍毁后于原地重建的现象，他们不在其他空地另选新址，说明房址在各排中的位置受有关制度的制约，因而，必须固定在一定排列和某一排列中的一定位置。兴隆洼村落的房址有10多排，同时存在的房址也有若干排，那么，每一排的住户内部的某种关系，应当比与其他排的住户间的某种关系更为密切。由此，兴隆洼村落至少存在三级组织。其一，同居一室包容3～4人，可称作家庭的单位，这是最低一级；其二，一排房址所反映的，高于家庭单位的中间一级组织；其三，由若干排同时并存的房址组成的整个村落，这是最高一级。如果借用民族学的概念，或可将家庭以上的两级组织分别称为家族和氏族。在兴隆洼村落之间，相联系的村落在两个或两个以上，人们还会组成类似氏族集团的群体，这是一种更高一级的组织。

兴隆洼文化先民的社会组织结构是多层次的，其中若干个家庭虽受统一的组织之制约，但从生产到生活上都已显示出一定的独立性。像这样一种较为复杂的社会结构，应该是原始社会发展到较高阶段的标志。

2. 裸妇、神偶与宗教

红山文化始于内蒙古赤峰市红山遗址的发掘工作。由于在这个地方所做的考古工作在东北地区是最多的，因此红山文化的知名度最高。

红山文化所延续的时间可与仰韶文化大略对应。红山文化的前段时期，从公元前5千纪初期到公元前4千纪初期，以前的这段时间，约相当于中原的半坡文化阶段，也包括庙底沟文化初期。

红山文化（指红山文化前段）、赵宝沟文化、富河文化、上宅文化、新乐文化、左家山二期文化和小珠山一期文化，为目前已知的七种这一时期的考古学文化和居民的分布，是东北地区的原始居民创造的考古学文化。

有关此时的红山文化考古工作不多，已知西拉木伦河流域是它的主要分布区，赵宝沟文化则大体分布在由滦河、西拉木伦河和医巫闾山组成的包围圈之内，显然，它和红山文化在西拉木伦河以南的区域，有一个不小的共同分布面。从目前所了解到的情况来看，在红山文化和赵宝沟文化共同分布区内，二者的村落往往相邻对峙。那么，促使红山文化和赵宝沟文化的先民采取这一特殊定居方式的原因，恐怕多半是经济上的需要。此时的西拉木伦河以北是富河文化的主要分布区，在那里，富河文化与红山文化的居民也存在交错分布的区域，但这块区域的面积目前尚不清楚。上宅文化和新乐文化的发现范围分别与西拉木伦河流域的西南及东南相邻，前者目前只见于平谷、三河两县的洵河流域；后者只知在沈阳及其附近的地区。左家山二期文化的遗址至今除吉林省长春市一带以外，尚无确定的发现。至于小珠山一期文化，基本上分布在丹东以西的辽东半岛一带。

从考古学文化特征、阶段的划分和文化渊源来看，红山文化具有一个独特的陶器群，此时它的特征是以夹砂陶为主要陶系，泥质陶亦占相当比重。

夹砂陶主要是灰褐色，最常见的纹饰是之字状压印纹，除延续兴隆洼文化那种直线或弧线状的之字纹外，还出现了一种弧度很大的之字纹，三四道平行线为一组的划纹也有一定数量，素面陶很少。弧壁筒形罐是该陶系主要器类，其上之字纹或横压竖排，或竖压横排，两种兼施者为数也很多，罐底多见席印纹，其他器类也有斜口器等。

泥质陶最常见的是红陶或灰陶的敛口钵，有相当一部分口沿外表烧成一圈橘红色，习称“红顶钵”，钵多为素面，少数于口沿外施彩，彩陶图案基本上是用直线条组成的几何形纹，使用弧线彩绘的现象极少，彩色以红色为主，此外，还有小口鼓腹罐和大口弧腹罐等。除小口鼓腹罐为泥条盘筑外，其他陶器凡能辨明制法者，皆采用包模贴筑和泥圈套接成型。

红山文化包含两个发展阶段：早期的之字纹有很多接近兴隆洼文化第三期：横压竖排的之字纹行与行之间往往有些重叠，不够规整，筒形罐口沿外常见一周楔点、泥钉或短泥条等装饰；斜口器口下无錾；钵仅素面一种。这一期相当于中原略早于半坡文化的一段时间，即公元前 5 千纪前叶。晚期新出现一种大口小底的筒形罐，其上横压竖排的之字纹趋于图案化，十分规整，行与行之间常均匀地留有空行；一些罐的口沿开始贴一圈细而薄的附加堆纹；斜口器口下有鋬，有鋬的一侧器口较早期低矮，并出现凹弧；钵类中新见红顶和口沿施彩的做法；小口鼓腹罐为新出现的器类。这一期的年代当对应半坡文化阶段，较晚的遗存可至半坡文化晚期，即此期时间相当于公元前 5 千纪后叶到公元前 4 千纪初期。

红山文化的之字纹系由兴隆洼文化发展而来，筒形罐也应是本地区以前的文化因素之延续；但泥质陶的出现，尤其是晚期红顶钵和彩陶钵的流行，表明它受到了来自西南方面后岗一期文化的强烈影响。

赵宝沟文化经过发掘的遗址主要有内蒙古敖汉旗的赵宝沟、小山和河北省迁安县（现迁安市）安新庄，该文化陶器所反映的文化特征是：夹砂陶为主要陶系，陶色多呈灰褐或黄褐色；尚有少量泥质陶，表皮或灰或黑。陶器的主要制法是包模贴筑和泥圈套接。盛行压印或划成的几何纹和压印之字纹，还有少量动物纹，几何纹数量最多，且花纹繁缛、结构复杂。器类有属平底器的弧壁或直壁筒形罐、鼓腹罐、盂和敞口钵，属内凹底器的椭圆底罐、尊形器和器盖（个别椭圆底罐和尊形器为平底），属圈足器的圈足钵和圈足圆腹罐等。

赵宝沟文化可分为三个发展阶段：第一期的几何纹较为散漫并缺乏一定的规律，有的甚至只是一些压、划直线的不定组合；器类有筒形罐、鼓腹罐、盂、平底钵和圈足钵。此时大体相当于上述较半坡文化略早的阶段，即公元前 5 千纪前叶前段。第二期的几何纹已很发达，但斜向纹痕与横截陶器之平面间所夹锐角的角度较小，整个器表图案往往给人以“扁平”之感而不能一目了然；器类增加了椭圆底罐和圈足圆腹罐；筒形罐中新见个体较大者，敞口钵中还出现了相当数量的红顶钵。此期约对应半坡文化早期，即公元前 5 千纪前叶后段到后叶前段之时。第三期的几何纹斜向纹痕与横截陶器之平面间所夹锐角的角度较大，器表图案明晰易识；器类方面又新出现尊形器和器盖。年代约与半坡文化晚期相当，即大体处在公元前 5 千纪后叶后段。

约以努鲁儿虎山为界，赵宝沟文化有着一些地域上的差别，其中努鲁儿虎山以南至辽西走廊一带的赵宝沟文化产生的时间可能较早；而在其北面的该文化尚未见到早于第二期的资料。南部赵宝沟文化最早的遗存中有与当地兴隆洼文化相似的成分，故而推知，兴隆洼文化应是赵宝沟文化的来源之一，赵宝沟文化和红山文化存在重合分布的区域，前者的夹砂陶陶质以及某些之字纹纹样都和后者十分接近，这是两种文化的先民长期交流的结果。在赵宝沟文化周围的上宅文化、富河文化和新乐文化中，都能见到赵宝沟文化某些因素的流布，反映了赵宝沟文化对它们的影响。

富河文化迄今所发掘过的遗址主要集中在内蒙古巴林左旗的乌尔吉木伦河流域，有富河沟门、南杨家营子等。其陶器都是夹砂陶；压印之字纹为主要纹饰，大多是横压竖排，以篦齿状工具压印成的篦点之字纹别有特色，许多筒形罐口沿外贴有一周附加堆纹；器类仅有筒形罐、钵和斜口器，筒形罐占绝大多数。兴隆洼文化中也出现过一些通体施横压竖排之字纹的筒形罐，因此，兴隆洼文化的一些成分应是形成富河文化的主要渊源。至于目前发现的富河文化的年代，当在赵宝沟文化第三期之时。

上宅文化经发掘的有北京平谷县（现平谷区）上宅、北埝头和河北省三河县（现三河市）孟各庄 3 处遗址。陶器中有大量的夹砂陶和少量的泥质陶，有些夹砂陶同时还夹杂着滑石粉。大多数陶器有纹饰，主要是刮抹条纹和之字纹。器类以筒形罐最常见，其次是各种钵类，有平底钵和圈足钵，两者中又都有弧壁敛口和直壁敞口之分，前者中还有一些是红顶钵。上宅文化目前可划分为两个阶段，年代分别与红山文化早、晚两期相当，红顶钵的出现是这一文化较晚阶段的标志物。以北埝头为代表的上宅文化之字纹筒形罐为兴隆洼文化第三期的延续物。但刮抹条纹的大量存在表明该文化主体内容并非由兴隆洼文化发展而来，也许这个主体内容的渊源在永定河、子牙河的下游一带，但尚未得到揭示。此外，上宅文化中的一些钵类与东面的赵宝沟文化有关。

新乐文化目前只有沈阳市新乐遗址经过一定规模的发掘。其陶器主要是砂质陶，器表常见规整均匀的竖压横排之字纹或弦纹，前者较多。除少量鼓腹罐、圈足钵和斜口器外，主要的器类只有弧壁筒形罐一种。该文化筒形罐上之字纹很像是兴隆洼文化第三期的继承者，由此可知，兴隆洼文化对该文化的形成有过影响；另外一些陶器，如鼓腹罐和圈足钵则是同赵宝沟文化进行接触、交流后的产物。不过，占器类多数的弧壁筒形罐和有相当比重的弦纹，足以说明构成该文化主体部分的因素另有来源。新乐文化的年代约与赵宝沟文化的第一期或第二期相当。

左家山二期文化作为一种独具特色的考古学文化，在 20 世纪 60 年代初期就已被识别出来，而经过发掘的该文化遗址目前只有吉林省农安县左家山一处。该文化陶器有夹砂陶与夹蚌陶两类陶质，素面陶和有纹饰的陶各占一半，最常见的纹饰是之字纹，器类只有筒形罐和钵。筒形罐上之字纹往往分两部分，靠上边的是刻划而成的横压竖排之字纹，在这以下的主体纹饰为竖压横排的压印之字纹，这种纹饰风格与红山、赵宝沟和新乐文化均有共同之处，反映了此时长春一带与东北地区西南部的联系是较强的。对比左家山一期文化，可知曾存在于本地区的阶梯状纹带、鼓腹罐等文化因素此时已不见或少见，而最有生命力的是左家山一期文化中与兴隆洼文化相近的成分，左家山二期文化的主要内容正是这一部分发展的继续。当然，除融合东北地区西南部的文化因素之外，该文化也显示了与辽东半岛原始文化相关联的一面。

小珠山下层文化的遗址发现较多，经发掘过的主要有辽宁省长海县广鹿岛的小珠山、大长山岛的上马石，东沟县（现东港市）的后洼、大岗。该文化陶器特征是均为夹砂陶，其中大多数含滑石粉。器表多具纹饰，压印纹多于刻划纹，前者中主要是之字状、席状、网状和横线或由这四种纹饰构成的组合图案，后者中常见的有网状、横线、横线中加短竖线以及若干平行线为一组组成的错向三角纹。器类以直口筒形罐为大宗，其中许多在口下安有两个对称的小耳；此外，还有少量的小口鼓腹罐、钵、杯、勺等。相当数量压印之字纹的存在，表明小珠山下层文化受到了来自辽河下游原始文化的影响。

上述情况说明，红山文化前段时期的东北地区，尤其是其南部，不仅文化面貌多种多样，而且组成一种文化的因素也往往来自多个方面。此时，在东北相当广的地区内，原始居民空前活跃，有分化，有融合，在新的基础上彼此交流和相互影响，从而创造出一种生机勃勃的繁荣局面。

此时的村落大致处在两种地貌环境中，一种是在山地之间，属此种环境的村落往往坐落于坡顶之上，附近常有小溪或泉水；另一种位于山地与平原间过渡地带的矮坡或台地，附近均见较大的河流等。这时的房址皆为半地穴式建筑，除上宅文化北埝头的房址为椭圆形以外，其余各文化最常见的房址仍是方形或圆角方形。反映出这时房屋结构进步水平主要是草拌泥的应用和壁柱的设置。这一时期半地穴房址内壁柱的设置，主要是出于筑墙、护壁和支撑屋顶的需要。另外，此时东北地区西南部相当一部分的房址已设置了门道，表明在出入口的安排上比以前有了明显改进。当然，这一时期不同地区的房址存在差别，各考古学文化在房屋建筑上也无不显现出自身特点。

赵宝沟文化的房址平面多为方形，少数是长方形，面积一般在 20 平方米左右。富河沟门的富河文化房址，系顺山坡倾斜之势而建，背山的一面穴壁较高。房址多数是方形，少数是圆形，面积通常在 20 平方米左右。北埝头上宅文化房址为不规则椭圆形。极少数在靠近一侧的穴壁处有几个柱坑。灶址情况不详，而在房址中部附近普遍有一个或两个埋在地面下的陶罐，罐内有灰、炭等物，可能是保存火种的容器。孟各庄的上宅文化房址为方形，保存较好的一座边长约 4.5 米，贴四壁均等地埋置 16 根壁柱。居住面中央有一个 0.2 平方米的灶台，台高仅 5 厘米，台旁有保存火种的陶钵，在南壁略偏一侧设有宽 0.7 米的斜坡门道。新乐文化房址都是圆角长方形，中部有圆形浅灶坑，面积最大的为 95 平方米，由于被焚烧，屋内留有许多炭化残木柱，粗者直径 20 厘米，细者直径 10 厘米左右。该房址周壁有 34 个间距为 0.8 ～ 1 米的壁柱，这些壁柱除四隅外，大部分没有柱坑，而是挤入穴壁，立于地面。在距四壁约 1 米的地方，基本上按等距埋设一周共 11 根粗大的立柱，在这一周立柱以内还有 6 根立柱被埋在灶址周围。如此之多的木柱支撑，可知房屋四壁和屋顶都十分结实、牢靠，反映了一种较高规格的建筑形式，和一般房址那种简单的结构形成显著差别，这很可能是村落的公用场所，或兼作首领居住之处，系全村中心性建筑。

生产经济至迟在红山文化前段时期，东北地区西南和中南部的农业生产已得到了初步的发展。像新乐出土的这种具有统一规格且加工精致的磨盘和磨棒，理应被视作加工种植农业产品的工具，尽管它们还兼有加工、采集果实的功能。红山文化、赵宝沟文化和上宅文化都发现相当数量的磨盘、磨棒。磨盘一般为圆角长方形，形体扁薄、规整；磨棒横剖面呈半圆或半个椭圆状，两端宽窄、厚薄均等，在经常与磨盘接触的一面留有与磨棒长轴方向垂直的磨擦痕。小山有两套磨盘、磨棒，出土时一件磨棒横置在磨盘上，另一件紧靠在另一个磨盘旁边，两件磨棒的长度分别为 31 厘米和 18.5 厘米，与它们一起的磨盘宽度分别是 29 厘米和 19 厘米。可见，这里的磨盘、磨棒与新乐的一样，也是配套有序的。可以肯定，三种文化的农业都有了一定的发展。

有关当时的农业生产情况，还可以从许多遗址都出土长且宽的大型磨制石斧来研究，如上宅遗址的石斧，长 21 厘米、顶宽 7.2 厘米、刃宽 8.7 厘米、厚 3.6 厘米。孟各庄和小山遗址则都有一种两侧磨平的大型石斧，均以坚硬的玢岩制成，这种斧大都在中部残断，系砍伐较粗树木时常遇到的现象。上述这些大型石斧的功能之一，当是原始居民进行火耕农业时以之砍倒树木。在红山文化、赵宝沟文化和上宅文化中，还常见一种鞋底状正尖刃石器，其刃部有与石器长轴平行的磨擦痕，可知是挖或刨土的工具。在赵宝沟发现的这种石器，石质不太坚硬，长和宽分别为 11 ～ 16 厘米和 6 ～ 13 厘米，厚一般有 1.4 厘米，顶部都打出一个缺口，可便于插入木柄。如像石铲那样用来挖土，则这种石器上窄下宽的体态及尖刃就显得有些不适，因此，它应像现在的镢头（或称“锄”），用作刨土的工具（其安柄方式系选用带折钩的木柄，将石器顶部插入折钩中）。这种石器目前尚无统一的命名，就其功能而言，暂可称作“石锄”。石锄的存在说明人们砍光烧尽树木杂草后，用它来刨开土壤，以埋植谷种，可见已经脱离了那种只将谷种撒在地表的农业阶段，从而显示出一定的进步性。大型石斧和石锄较为普遍的发现，说明这种有所进步的原始农作已经历了相当长时间的发展。

原始农业的经营，通常与一定规模的集体劳作相联系。在对集体劳动得到的产物进行分配时，该集体内也会存在与之相应的某种分配形式。如前所述，新乐和小山的遗迹都是村落或村落中部分房址的居民进行公共活动的场所，成堆的谷物和多套磨盘、磨棒均出于这些房屋，而不见于同一遗址经过发掘的其他房屋，或许说明谷物是在全村或低于村落一级的中心处经脱壳后分配给各个家庭。由此可知，当时的农业生产中确实包含大量的集体劳动。此时，东北地区西南和中南部已出现了一些主营种植农业的村落。在农业发达的地区，甚至同一考古学文化内部，原始居民的生产经济也多少存在差别。它和以前的兴隆洼文化的经济状况无太大差别，即仍以狩猎和采集为主要的谋生手段；位于广鹿岛、大长山岛的小珠山一期文化遗址的堆积中往往有大量贝壳，还出土了石质的渔网网坠，因此，捕捞海洋生物可能是那里的居民一项主要的生计来源，而农业所占比重尚不明显。总体来看，与华北地区毗邻的上宅文化、赵宝沟文化和红山文化的农业发展水平较高，这说明黄河流域农业人口向东北方向的迁徙或其农业技术的传播，可能是促成东北地区农业得到初步发展的主要动因。至于东北其他地区，大致可分为东北平原和其周围地带两种情况，如新乐文化所显示的那样，农业已有所发展，辽河下游一带经营农业的水平还可能接近红山文化、赵宝沟文化；属山区或高原的，恐怕多数地方与富河文化类似，仍处在以渔猎和采集谋生的阶段，即使对农业有所经营，其水平大概也只相当于萌芽状态。

此时的手工业仍主要是制石、制骨和制陶。除富河文化以外，东北地区西南和中南部的磨制石器都比兴隆洼文化时期明显增多。如在石器的种类上，除仍有前一时期就已出现的石斧、石凿和不详用途的饼形器外，又增加了石锄、石锛、石刀、石矛和石镞等新的器类。上宅、赵宝沟、新乐三种文化的磨制石器基本上是通体磨光的，这一点与以前的兴隆洼文化有些相似，而红山文化的石斧往往仅在刃部的两面采用磨光加工，器体其他部分则保留遍布琢痕的粗糙面，这种做法和黄河流域的半坡文化是基本一致的。

上述地区的人们通过长期实践，对岩石性能有了一定的了解，能根据不同用途之需要选用合适的石料来制作各类磨制石器。另外，在东北地区西南和中南部属于此时的玉制品也有一定的发现，其种类尚少，迄今所知的有属工具类的小型锛形或凿形器（可能被用作雕刻工具），还有玉珠等装饰品。在新乐文化中，很可能制造玉器和使用玉质工具都已被限定在一部分人之中。制骨工艺的水平与前一时期相比，尚看不出有何重要发展，只是在狩猎占经济生活比重较大的富河文化和左家山二期文化遗址中，发现的骨制品种类较多一些。制陶技术比以前也有了明显进步。陶器的烧制温度普遍提高，致使陶质变得坚硬。陶胎也都比较薄，基本不见兴隆洼文化时那种厚壁厚底的陶器。一些地区开始流行泥质陶，其中红山文化的泥质陶比重居诸文化之首。陶器成型的方法有包模贴筑和泥圈套接或泥条盘筑。形制较为复杂的器形，先分段做出各部分，再捏合成器。例如，赵宝沟文化的尊形器即分别做好直壁的领部、弧壁的腹部和一个假圈足，再将它们捏合在一起，领部与腹部接缝处常见到一卷戳压纹，系将这两部分捏合在一起时留下的遗痕，见于上宅文化、赵宝沟文化和新乐文化的圈足钵，也是将分别制成的钵身与圈足相捏合而成。由于尚未发现陶器外表有绳纹或篮纹等拍印纹饰的例子，也未见陶拍或陶垫等拍打或压磨的工具，因此，还很难说此时已采用了与黄河流域相同的使陶胎更为紧实的拍打等方法。此时东北地区西南和中南部制陶工艺的提高，还表现为陶器种类的增加。仅以器底而言，就有平底、圈足、假圈足、内凹底和椭圆形底等多种形式，除平底外，其他都是不见于前一时期的新内容。此时纺织术情况的实物资料比较缺乏，只是了解到陶纺轮的数量比兴隆洼文化时期有所增加，但它基本上还是用陶器残片改制而成的。用植物茎、秆、叶进行编织应是一项十分普遍的手工劳动。许多红山文化的筒形罐在做成后曾置于编织物上以待晾干，致使罐底常可留下类似席子的印痕，从这些印痕来看，编织物之经、纬多呈十字交叉状。

综上所述，此时的手工业技术比前一时期有了显著发展，但各个部门发展程度不是很一致。从总的方面来看，比同时期黄河中下游地区尚显得有些落后，靠近华北的东北地区西南部手工业水平较高，东北的其他地区则略逊一筹。

陶器是原始居民展现其艺术思想的一块重要园地。在谈到东北地区此时陶器纹饰上的艺术成就时，应将赵宝沟文化陶器的几何纹视为其突出的代表。新乐发现 12 个石珠和 1 个玉珠，外观均呈圆柱状，珠孔多由两面对钻而成。石珠最宽者为 1.1 厘米，最长的为 1.25 厘米，玉珠比石珠大些，长、宽分别为 1.6 厘米和 1.4 厘米，遗憾的是，还不能肯定它究竟是作为装饰品的项链中的串珠，还是另有用途。出于同一房址的鸟形木雕系这一时期罕见的木质艺术品，其长度约有 40 厘米。鸟形构造十分抽象，只有喙与眼略可辨认，其他部位多卷曲缠绕，鸟的尾部延伸成木柄，其长度约占整个木雕的 2/3，木柄尾端渐细，可能曾插在某件物体上，由此看来，这件木雕所体现的鸟很可能是曾被人们供奉的神物。把它理解为新乐文化部分先民崇奉的对象，该不致有误，而这部分先民与小山遗址的那件尊形器上的鸟或许有一定的关系。

远古时候，掌握宗教权力者，同时在日常社会生活中也实施着一定的职权。小山和新乐已有村落或村落中部分居民的首领的居所，而上述出在这两座房址中的特殊艺术品几乎都具有宗教方面的含义。可见，居于小山和新乐这两个村落类似首领之职的人物，同时也在一定范围内主持着公共的宗教活动。此时能说明原始宗教情况的，还有上宅遗址及其出土遗物和富河沟门所见到的卜骨。上宅遗址位于泃河旁一处开阔的台地，事实上，其全部遗存均在这台地的一道天然沟内，没有关于周围存在该文化遗址的迹象，因此，这是一处特殊的遗迹，从中看不出与当时人们所从事的生产和日常起居生活有什么直接的联系。沟内遗物中除含有大量日用陶器外，还有一些做成动物形象的陶、石制品，令人称奇。艺术品的存在，说明这里很可能是人们用来举行某种宗教仪式的场所，恐怕就是为求得大自然的庇佑和关照而行类似“祈年”之礼的地方。富河沟门遗址发现一些卜骨，均系鹿的肩胛骨，无钻凿，仅在肩胛骨的一面有灼烤的痕迹，当时人们根据灼烤后在肩胛骨另一面产生的裂纹，即所谓兆痕来判断所占卜之事将出现的结果，此为我国目前所知最早的卜骨。至于当时是否已出现专行占卜的巫师，还不能得出肯定的结论。

小山和新乐都是具有类似村落首领身份的人物的居所。从这些房址出土的遗物来看，谷物脱粒和复合工具的制作也都是在这里进行的，从而反映出这些类似首领者还实行着分配粮食和控制部分制石业的权力。像小山的斧杖和尊形器，新乐的玉、石珠和鸟形木雕，这些虽然都是具有宗教意义的特殊产物，但都是珍贵的工艺品，毫无疑问，这些工艺品系类似首领的人物享有。由此看来，这些特殊人物不仅在公共经济和宗教事务上掌握着相当可观的职权，而且他们的生活条件也超出了一般居民的平均水平。囿于目前资料所限，尚不能较全面地揭示当时东北地区西南和中南部的社会发展状况，但个别村落成员经济地位较高这一事实至少暗示了此时的社会较上一时期已发生了一些变化。

在红山文化后段时期，约自公元前 4 千纪前叶后段到公元前 3 千纪初期前后，东北地区的原始居民处在一个新的发展阶段。在东北地区南部，已发现属此时的六种考古学文化中就有四种分布在这个地区，即红山文化后段、小河沿文化、偏堡子文化和小珠山中层文化。另外两种是分布在长春附近的左家山三期文化和穆棱河、兴凯湖一带的新开流文化。

红山文化后段的居民空前活跃，其分布区域明显超出了红山文化前段的发现范围，除仍分布在西拉木伦河南北的广大地区外，南面已达锦承铁路附近，向东可至西辽河东流折向南流的转弯一带。老哈河上游到努鲁儿虎山南北两侧是该文化的中心地区，那里的居民最为密集，如赤峰市市区周围曾同时存在至少有西水泉、蜘蛛山和红山后 3 处遗址，其中相距最远的西水泉和蜘蛛山之间也不超过 8 千米。

小河沿文化主要分布区也在西拉木伦河流域，东至奈曼旗，向南可达锦西一带，迄今发现的小河沿文化存在的时间仅相当于红山文化晚期，而后者的遗存主要是近年来在努鲁儿虎山南侧陆续发现的，因此，小河沿文化和红山文化居民虽肯定有过并存的情况，但二者并存的空间范围及其所反映的问题都还有待进一步了解。

至于偏堡子和小珠山中层文化，现知前者的范围在辽河下游的本溪到新民之间，后者分布于丹东以西的辽东半岛地区。

考古学文化特征、阶段的划分及文化渊源属于这时的红山文化遗存的发现较多，经相当规模发掘的遗址主要集中在赤峰市和敖汉旗一带以及努鲁儿虎山南侧，较重要的有赤峰市红山后、西水泉、蜘蛛山，敖汉旗三道湾子、四棱山，喀左县东山嘴，凌源市城子山、牛河梁，阜新蒙古族自治县胡头沟。

红山文化的陶器所反映的文化特征为：夹砂陶中除继续流行筒形罐和斜口器外，又出现了侧视如半圆状的器盖和侈口鼓腹罐；之字状压印纹无论是竖压横排还是横压竖排都十分规整，基本不见前段那种空行间隔的之字纹；许多筒形罐口沿外贴一周附加堆纹，堆纹比前一时期增厚。泥质陶数量比前段明显有所增加，有的遗址中已超过夹砂陶，其器类除前段已有的外，新见器座、豆、盆、瓮、束颈垂腹罐和无底中空的筒形器等；彩陶甚为流行，与前段的以红彩为主有别，此时大量见到的是黑彩，彩陶纹饰空前繁缛、多变，与前段很大的区别在于此时直线条较少，大量的是弧线组成的图案，主要有宽带或数行平行宽带、横向平行线、斜向平行线、斜向蝌蚪状平行线、横向长三角状平行线、钩形、鳞形、半月形、弧线三角、错叠三角、错叠菱形、错叠弧线宽带、红黑方格或由这些因素组成的花纹图案。

红山文化陶器大体可分为早、晚两期。早期的折口倚形罐口呈缓折，基本没有内敛；斜口器矮壁的一侧比红山文化前段的更显低矮；泥质陶中尚缺乏豆、盆类；彩陶图案中错叠菱形纹的每一菱格横长明显大于高，致使二者之比较大，呈不成熟菱格状，钩形纹的钩笔较粗，此期流行弧线三角彩陶花纹，其年代应与庙底沟文化中、晚期相当，即大体处在公元前 4 千纪前叶后段到后叶前段之时。晚期的折口状夹砂筒形罐的口部明显硬折，并有内敛；基本不见斜口器；泥质陶数量和种类更多，筒形器甚为流行，新见豆和盆。彩陶中错叠菱形纹每一菱格的横长与高之比缩小，呈成熟型菱格状，钩形纹的钩笔纤细，错叠三角是此时新出现的花纹。此期约相当于中原的半坡四期阶段，即公元前 4 千纪末到公元前 3 千纪初。

这一时期红山文化后段的主要文化成分是对前段红山文化的一脉相承，同时也反映出与西南面黄河流域文化的联系有增无减，这主要是早期受到庙底沟文化的影响。在前一阶段，后岗一期文化的因素传播到红山文化中，其原来的风格基本上未发生大的变化，说明那时的红山文化对黄河流域的文化因素往往只是照搬，但在这一时期，红山文化显示出空前的创造性，对从庙底沟文化传来的因素更多的是改造和融合，将后者最活跃的成分变为适合自身发展的积极因素，因此，在红山文化早期的彩陶中，经常可见与庙底沟文化有关的花纹，但绝非庙底沟式彩陶的再现，而是表现为与红山文化固有纹饰融合后的一种新的彩陶面貌。红山文化发展到晚期时，其文化影响开始向周围地区扩展。内蒙古中南部的海生不浪文化彩陶上有一定数量的错叠菱形纹，接近红山文化晚期的成熟型菱格纹图案。如前所述，错叠菱形纹在红山文化中有其发生和演变的线索，应是红山文化固有的因素，由此可见，海生不浪文化受到了红山文化晚期的影响。

小河沿文化经过发掘的地点有敖汉旗白斯朗营子、石羊石虎山和翁牛特旗石棚山。该文化陶器的特征是夹砂陶和泥质陶比例相当。夹砂陶陶色灰黄；主要是弧壁筒形罐和盂两种器类；筒形罐器壁经过拍打，其上最常见的是交叉状细线拍印纹，也有不少素面的，口外表多贴一周附加堆纹，有的在堆纹下还安有两对短泥条，对称地贴在器壁两侧。泥质陶器有红、灰、黑三种颜色；器类有各种钵类、双耳小口鼓腹罐，盆、豆、鼓腹罐，还有数量虽少但别具特色的陶尊、器座、鸟形壶和双口壶等；外表主要是素面和彩陶，也有一定数量施红衣和烧后彩绘的，彩陶颜色有红有黑，个别还有内彩，纹饰以错向平行线或于这些线之间再加施错向半重环纹最为多见。

小河沿文化的年代与红山文化晚期约略同时。其主要渊源目前尚难确认，但拍印线纹系华北地区前一时期已有的做法。因此，西南面的某种文化遗存对小河沿文化的形成应有重要的作用；而陶尊和一些几何纹彩陶图案则表现出与本地区以前的赵宝沟文化有一定的继承性；某些器物又同红山文化早期有关；此外，见于豆座上的三角形镂孔和器座上的八角星彩陶图案，还表明它受到过南面大汶口文化的影响。看来，小河沿文化的产生是相当复杂的。

属于偏堡子文化的遗址最早发现于新民县偏堡，目前只有新民县高台山经过发掘。这种文化的陶器以夹砂红褐陶为主，并有相当数量的夹滑石红褐陶，部分陶器外表施一层陶衣，常见的主体纹饰为多道泥条堆纹和几何划纹，后者中常见用复线构成二方连续的图案单元。器类主要有筒形罐、小口长腹壶和小口鼓腹罐。在太子河流域的本溪满族自治县所发现的该文化遗存面貌与新民一带的略有不同。前者代表了偏堡子文化比较典型的部分，因而这一文化可能最先在鸭绿江下游以北的辽东山区兴起，而后逐渐扩展到辽河以西。偏堡子文化陶器中的部分几何划纹与小珠山中层文化的十分相似，这是两种文化的先民存在交流的反映。

通过对吉林农安县左家山遗址的发掘，了解到左家山三期文化的陶器以夹蚌黄褐陶为主，泥质陶极少，不见夹砂陶，器表多为素面，有纹饰者以刻划的人字纹较为常见，器类主要是一种深长腹的筒形罐，还有钵、斜口器和支架。该文化的面貌除表现对左家山二期文化有所继承外，也反映出与东北地区的东部文化系统有较多联系。

小珠山中层文化经过发掘的遗址主要有辽宁省大连市长海县广鹿岛小珠山、吴家村和大连旅顺口的郭家村。该文化陶器以夹砂褐陶为主，含滑石的陶质也占一定的比重，泥质陶较少；陶器成型多用泥条盘筑，极少数黑色泥质陶器用轮制法做成。除素面陶以外，以刻划纹为主要纹饰，多见人字、叶脉、平行斜线、网格状和以复线构成的几何纹；其次为压印纹、附加堆纹和彩陶，彩陶有红、黑两种颜色，花纹与胶东半岛的紫荆山一期大体相似。器类常见筒形罐、钵和壶，此外还有类似紫荆山一期的豆、觚、鼎、盂等器物。小珠山中层文化可分为两个发展阶段，以小珠山中层和郭家村遗址三、四层（或称郭家村下层）为早、晚两期的代表，分别相当于红山文化早期和晚期的年代，其中郭家村下层有些遗存的年代或更晚些。小珠山中层文化的主要成分是由前一时期的小珠山下层文化发展而来的，但此时与胶东半岛古文化的联系颇为密切，明显地受到了来自那里的文化影响。

新开流文化因对黑龙江密山县（现密山市）新开流遗址的发掘而得名。陶器主要是夹砂筒形罐，其上盛行鱼鳞状或菱形等印纹，左家山三期文化中曾见有个别鳞状纹与此相似，可知新开流文化的年代大体也应处在这一时期。

红山文化后段时期的房屋主要仍是半地穴建筑，房址一般为方形或长方形。在偏于一侧的中部挖有灶坑，其平面近瓢形，故被称作瓢形灶。

小河沿文化房址在白斯朗营子发现的 4 座房址为不规则椭圆形，未见门道，中部或靠近中部的红烧土面系长期烧火之处，一些房屋内尚有两个对称于房址短轴的柱坑。这样的房屋只能供一个家庭的成员起居之用，粮食等生活所需物资则应存放在别处，这些小房址周围所发现的若干坑穴，正是从属于它们的窖藏遗迹。

小珠山中层文化的房址均是圆角方形，在中部附近亦有经常烧火形成的红烧面，四壁和中间多埋有立柱。晏家村展现了这种建筑的一般情况，房屋的坚固性明显超过了东北地区以往的一般房址建筑。

另外，在太子河上游的山区中还发现过偏堡子文化先民居住过的洞穴。部分主营狩猎和采集的先民仍保留了旧石器时期以来的传统，就环境条件之便而栖身于洞穴。这一古老的居住方式在该地区甚至被沿用到更晚的时代。

在生产经济及劳动分工方面，先讲东北地区的饲养业。它起于何时一直不十分明朗，但在小珠山遗址中层出土的兽骨中，猪的数量仅次于鹿而多于獐等其他动物，这里的猪被认为是饲养之家猪，也就是说，在开始进入红山文化后段时，东北地区南部的饲养业至少已有了初步的经营，其发生的阶段应比这更早。红山文化后段的晚期，东北地区南部饲养业的发达程度与红山文化早期阶段相比，其进展步伐不得不说是个飞跃。家猪饲养的进步过程，从侧面反映出农业的发展，处在这一时期东北地区南部的原住居民当中较为普遍地将农业作为主要的谋生手段。

红山文化的石耜和小河沿文化的石铲都是用于耕作的农具。与前一时期的赵宝沟文化相比，这时红山文化的石锄体积较大，而且质地坚硬，例如在巴林右旗那斯台出土的一件，其长、宽分别为 42.6 厘米和 13.5 厘米。石铲在前一时期基本上只能见到打制的，而此时小河沿文化不仅已有磨制石铲，并且在翁牛特旗石棚山墓地中还被用作随葬品。这些石铲皆通体光亮，顶宽稍窄于刃宽而略呈梯形，在靠近顶部的一侧有一个对钻孔，系为固定木柄所设。收割工具也比前一时期普遍增多。例如，红山文化和小珠山中层文化都出土了一定数量的石刀，主要有两种形式：一种是梭形，背与刃部均呈凸弧状；另一种是长方形或近长方形，系绳的穿孔一般有两个，多位于近背部一侧。除石刀外，用陶器残片改制的陶刀和蚌刀在小珠山中层文化中数量也很多。郭家村下层还发现了蚌镰，蚌镰作凹弧刃，长 12.6 厘米，较宽的一端钻有两个用于安柄的穿孔。可知，这时辽东半岛的一些原始居民有可能已开始将作物连茎带穗一起收割。这些收割工具在小珠山中层文化的吴家村和郭家村遗址中，都是数量最多的农具。在吴家村石斧和石铲一共出土 4 件，但石刀和陶刀合计达到 23 件；郭家村下层的石斧共有 7 件，而各种收割工具的总和则是 24 件。两个地点的收割工具分别是同遗址耕种或可能用于耕种的工具数量的 5.8 倍和 3.4 倍。不言而喻，这是农业生产的收获量空前增长的反映。

在上述农业发达的地区，人们对渔猎的经营仍十分重视，见于诸多文化的镞、矛等狩猎工具即为例证。郭家村下层不仅有石镞和骨镞，还有牙镞和蚌镞，该遗址共发现石器 341 件，仅石镞就占 2/3，达到 227 件，其中磨制的石镞竟有 190 件。沿海一带的小珠山中层文化常见大量贝壳，说明捕捞海产仍是该地区先民的一项重要谋生手段。

地处兴凯湖一带的新开流文化先民主要靠捕鱼为生。在新开流遗址中发现了 10 座鱼窖，一般窖内藏鱼都有数十条。出土的骨质生产工具中大部分是渔具，如鱼叉、鱼镖、鱼钩和鱼卡。鱼卡做成鱼形，在水中似小鱼游动，被鱼吞食后，卡在嘴中或鳃边，此时回收系在鱼卡上的绳索，即可将鱼捕获，由此可见当时渔民的智慧和娴熟的捕鱼技巧。此外，还有织渔网用的穿针。该文化陶器上盛行的鱼鳞状纹饰也反映出鱼类与当时人们生活的密切关系。新开流文化先民同时还从事大量的狩猎活动，并采集植物的果实，但在渔猎、采集以外，几乎不见经营农业的迹象。如前所述，所发现可能主营狩猎和采集生活的还有居住在太子河上游山区里的偏堡子文化先民。像这些主营渔猎的原始居民，在当时的东北地区，恐怕要比农业集团的分布更为普遍。

两性间的劳动分工很早就已经存在，但直至农业初步发展的阶段，在东北地区仍缺乏说明这个问题的考古资料。石棚山小河沿文化墓葬的发掘，使我们能够对这一时期男女分工情况有所了解。石棚山经发掘的 77 座墓中大多数是单人墓，男性墓多随葬石铲、石镞和骨刀等农耕或狩猎工具，而女性的随葬品中属工具类的只有纺轮、骨针和骨锥等纺织、缝纫用具。从这里可以看出，当时的男子承担着农耕和狩猎这些作为生活资料主要来源的生产劳动，而女子则大量从事纺织、缝纫等家务或辅助性生产劳动。如果说，在种植农业发生的初期，男性还很少将其主要精力转向务农，那么，使男子固定在农业生产中则无疑是农业的发展已具有较高水平的一项重要标志。

新开流遗址也发现了一批墓葬，随葬品含工具类的有两例，经过性别鉴定，墓主皆为男性。与他们葬在一起的工具有石斧、石镞、投枪头、鱼叉、鱼卡、牙刀、骨器和骨匕，其中大部分应是当时经常使用的渔猎工具。由此看来，在主营渔猎的先民那里，主要的谋生手段也是由男子掌握的。

在这新的时期，手工业的各主要项目都有了进步和发展。磨制石器的比重普遍比前一时期增加了，这是制作石器水平进步的一个重要标志。磨制石器中用于收割的石刀和狩猎用的石镞不仅数量上比前一时期明显增多，而且出现了许多新的形式。在器类方面，主要是新出现了石铲。

此时玉器的制作进入了一个全新的阶段。红山文化一些祭祀遗址发掘出的玉器，是这个时期玉制品的代表作。

在骨、牙和蚌类制品方面，此时一些地区也不乏精品。如新开流文化各种式样的鱼卡和鱼镖以及钻孔的牙镞等都是以前不曾见到的骨、牙类工具。石棚山墓葬的一位成年女性死者，左臂戴有一件镶嵌蚌珠的臂环。此器系以粗麻布做底衬，再涂一层黑色胶状物，其上嵌粘两圈小蚌珠，每一圈蚌珠都超过 30 个，蚌珠的外径 3 毫米、孔径

1毫米、厚0.9毫米。即使使用金属工具，要做成这样小的蚌珠，也不是一件容易的事。

这一时期制陶业有了长足的进步。东北地区南部的红山、小河沿和小珠山中层文化中许多陶器是由泥条盘筑成型的，郭家村下层尚见有一些轮制陶器，这是东北地区最早使用简单机械制陶的实例。小河沿文化筒形罐和盂上的交叉细线纹以及红山文化晚期的方格纹都是拍印纹饰，而郭家村下层则出现了陶拍，说明此时东北地区南部已流行用拍打和挤压的办法来紧固器壁。用陶窑烧制陶器在上一时期就已出现，而此时至少在东北地区南部绝大部分陶器已采用这种方式烧制，因而，各文化的陶器烧制温度普遍提高，颜色都比较纯正。敖汉旗白斯朗营子四棱山发现了6座红山文化陶窑，均为横穴式，由掏洞式火膛和圆角方形或长方形的地穴式窑室组成。室内设若干窑柱，窑柱之间形成分火道，多数陶窑的窑柱系用石或土砌成，窑壁也砌土、石加以拦护，窑壁和窑柱的壁面上再抹一层草拌泥，连接火膛与窑室的窑门为火道最低处，这样可使进入窑室内的火力更集中。在陶窑形制上，分为单火膛和双火膛两种，前者较多，窑室内一般设4个窑柱，形成十字形火道；双火膛连室陶窑做法较四棱山的双火膛连室陶窑先进，为两个火膛的终端共同连接一个长方形窑室，室内正对每个火膛备有两个大窑柱，在它们之间还有4个小窑柱，形成两个川字形中间夹一个十字形的分火道，窑室长2.7米、宽1米。双火膛的设置是与这种长方形大窑室相适应的，这样可以保证整个陶窑室内火力强而均匀。

纺织业也有了很大发展，这时期在绝大部分考古学文化中都发现了纺轮，而且，很多陶纺轮已不像过去那样用陶片改制而是专门做成的。小珠山中层文化陶纺轮较多，在郭家村下层发现属于生产工具的遗物共764件，仅纺轮就达142件，接近生产工具总数的1/5。小河沿文化还发现了石纺轮。此时，由于男子代替妇女担任了农业劳动的主要职能，妇女得以脱身专事纺织等辅助性生产劳动，这可能是纺织业获得进步的一个重要原因。

在陶器和泥塑的艺术造型上，小河沿文化出现了一些值得称道的精品。石棚山墓葬中的一件鸟形壶，壶口被制成张嘴待食的鸟首，呈引颈啼叫状，颈部绘一圈黑彩带，头顶中部也画一道黑彩，两眼按成凹坑。以黑彩点睛，眼周围用黑彩勾勒，笔调简朴，无论从正面还是背面观察，都能使人认出鸟头的形象，短尾上有7个小孔，可能原来插有羽毛。此时的彩陶堪称陶器装饰之冠，其时代特征主要表现在花纹的繁复、装饰的效果和多彩兼施这三个方面。多彩兼施也是此时的新创。此外，在石棚山发现的小河沿文化陶器中，见到一些刻划或画彩的特殊纹样，可能是表示某种事物的符号，筒形罐上画有若干种符号，有人认为是图像文字。

红山、小河沿和小珠山中层文化中都出有动物或人像的泥塑。在牛河梁和东山嘴两处红山文化祭祀遗址中还发现全身的人物塑像。东山嘴的这种小型人像，头、足短缺，体残高5.8厘米，系一裸体孕妇立像。大型人物像仅发现残块，呈盘腿端坐之态。牛河梁女神庙出土大型人物和猪龙的泥塑，多以木和草秸做成骨架，而后涂泥塑成。女神庙中现已发现的人像至少有6个，最大的一尊可能接近真人身体的3倍；一尊与真人大小相当的人像，其头部比较完整，残高22.5厘米、宽16.5厘米，面部施红彩，唇涂朱，两个眼窝中嵌入淡青色饼状玉片为睛，玉片直径2.5厘米，正面凸弧，背面正中琢成一个短钉，以嵌固于泥塑眼眶内，其高耸的颧骨系蒙古人种的特征，发掘者依据这尊塑像其他部位的残块判定为女性。这些人像应是得到人们崇拜的神偶，为当时东北地区乃至全国范围内罕见的艺术佳作。

关于墓葬及其反映的社会组织情况，经发掘属于此时的墓葬有翁牛特旗石棚山墓地、敖汉旗石羊石虎山的一座墓葬和新开流墓葬群。从出土的实际情况来看，这批墓葬有两点值得注意，一是以一次葬男性死者为中心构成的墓组，二是随葬品较为丰富的墓主亦均为男性。通过这两种现象可以认识到，新开流文化的原始居民中男性社会地位往往高于女性，这显然是父系社会的典型特征。石棚山墓地和新开流墓葬群向我们揭示了在红山文化后段时期，东北地区许多地方已产生了一夫一妻制的个体家庭，并处在男性得到尊重的父系社会中。

红山文化祭祀遗址集中地反映了此时原始宗教的发展情况。这种祭祀遗址目前发现4处，即阜新蒙古族自治县胡头沟，凌源市城子山，跨凌源、建平两县的牛河梁以及喀左县东山嘴，都在努鲁儿虎山南侧一线，其时代均属红山文化晚期。需要提及的是，祭祀遗址的神像，凡能判明性别者均为女性，对女神的尊奉应是母权制氏族社会精神思想的遗留，这暗示了当时的社会可能距脱离母系氏族制阶段没有多久，同时说明母权制时代也存在相当规模的宗教。因此，综合这些情况，宜将发生空前变革的红山文化后段晚期称为文明的起源阶段。

努鲁儿虎山南侧的建平、凌源、喀左一带，是红山文化祭祀遗址的密集分布区，而其他地区发现较少，甚至尚无发现。故而，在红山文化范围内已形成了上述三县一带的中心地区与其他地方的一般地区之间的差别。这也是社会发展到文明起源阶段的一种表现。

值红山文化后段晚期之时，燕山、熊耳山南北的北方古文化都有向南推进的趋势，这无疑为红山文化空前进步所引起的直接或间接的连锁反应。也就是在这一时期的前后，黄河流域及其周围地区社会面貌都发生了较大变化，与东山嘴、牛河梁性质类似的较大规模宗教中心在黄河流域也不无发现，如属于此时的陇东秦安大地湾遗址和稍晚于此时的包头阿善积石祭坛，可见红山文化发生在此时的社会变革与以黄河流域为主体的广大北方地区的发展步伐密切相关，从某种意义上说，前者是后者的一个组成部分，都是在注入了庙底沟文化新鲜血液后，大跨度地步入了原始文明起源的阶段。不过，红山文化这种“步入”过程有它自身的特点。总体来说，它发展到这一阶段所迈出的步伐跨度更大，跳跃性更明显，从而以其空前的进步在东北地区历史发展中揭开了新的一幕。

3. 先民集团过着渔猎生活

小珠山上层文化时期在公元前 3 千纪末期前后，东北地区只有分布在辽东半岛的小珠山上层文化这一种。它和以郭家村下层为代表的小珠山中层文化晚期，在时间上还缺少一段，不能形成闭环。经过发掘的小珠山上层文化遗址主要有长海县广鹿岛的小珠山、蛎碴岗和南窑，大长山岛的上马石，新金县乔东，大连郭家村。

这时辽东半岛原住居民的主要交流仍是和胶东半岛方面的联系。在陶器反映的文化面貌上，有一部分表现为它的文化变体，但主要文化的成分仍是上一期小珠山中层文化的不断延续。

小珠山上层文化的房址主要还是圆角方形半地穴式建筑。墙壁是在木质构件内外敷抹草拌泥的木骨泥墙，房顶的做法亦为木结构上加盖草拌泥。通过对郭家村遗址的发掘，了解到那时的窖穴大为增加，如在该遗址发现 4 座房址，坑穴却有 48 个。这些坑穴的大多数都属同一层位，此时的窖穴数量已超过了以往任何一个时期。窖穴一般是圆形，直径多在 1 ～ 2 米，有的现存深度约为 1 米。个别较大的窖穴发现有立柱之柱坑，说明窖穴之上还设有比较牢固的遮盖物。可见，人们对建置这些窖穴是十分重视的，这是因为窖内储藏物在人们生活中占有较为重要的地位。

此时的小珠山上层和郭家村上层所见猪骨都十分多，郭家村上层发现的猪骨超过所有动物骨骼的一半。由此可知，当时饲养猪的数量相当可观，这也从另一个方面反映了辽东半岛自小珠山中层文化以来，农业生产得到了稳定的发展。在小珠山上层和郭家村上层遗址中还发现了鲸的骨骼，但这也很难说明渔民已能捕鲸，因为鲸在海边自然死亡的可能性也是很大的。

那时，所有遗址的磨制石器都占绝对的多数。如郭家村上层的磨制石器接近石器总数的 90%，超过了生产工具总数的 50%。其中，用于收割的石刀数量较为可观，靠近顶部一侧钻孔的石斧和石铲也有一定数量的发现。磨制石锛的大量出现是以前不曾有过的。在郭家村，石锛和石刀、石斧的数量相近，已成为磨制石器中比重较大的器具，而且构型多样。其中，有一种锛分成上下两段，上段侧面厚度较小，两段之间做成折棱状，便于在上段安柄，这就是在东南沿海地区的原始文化中常可见到的有段石锛。石锛的情况说明此时的木作较以前有了很大进展。

那时的日用陶器种类繁多，应当和人们生活的需求增加有关，如新出现的陶甑，就是因当时蒸食才有所流行。磨光泥质黑陶也占相当的比重，尤其是这里面还出现了一种胎薄不过 1 ～ 2 毫米的蛋壳陶，已成为一种精美的工艺品。它原来是龙山文化先民的发明创造，很可能是其与此时辽东半岛的陶工发生交流，后者逐渐地掌握了这一技巧。另外，轮制陶器的种类和数量也比以前明显增多。总之，小珠山上层文化先民在各种主要生产项目的发展上都达到了一个崭新的水平。

在郭家村遗址东北面约 1 千米的山脊（将军山和老铁山）上，曾发现几十座属于小珠山上层文化的积石墓。这些墓均用石块砌筑成近长方形或方形，其长一般为 7 ～ 20 米，内分筑数量不等的长方形墓室，各墓室在墓中排成一列或多列，室顶往往用大石块覆盖。经过发掘，含单列的 6 个墓室，各室长、宽分别在 1.72 ～ 2.4 米和 0.97 ～ 1.16 米之间。人骨早已不存，仅个别墓室尚留有以日用陶器为主的随葬品。据推测，这些积石墓可能就是居于郭家村遗址的小珠山上层文化先民的公共墓地。类似的积石墓在大连营城子的四平山也曾有过发现。

除上述各考古学文化外，在东北其他地区涉及新石器时代遗存的考古工作仅限于调查或少量的发掘，因此，关于这些地区的文化面貌等问题尚有待了解。其中经过发掘的可能属于新石器时代的文化遗存大约有以下 4 处：嫩江沿岸昂昂溪附近的墓葬；白城市西郊的 5 座墓葬；通榆县的敖包山三五墓葬；20 世纪 30 年代在延吉县小营子发现的一批墓葬。除昂昂溪外，其他的几处墓葬至今仍未发现陶器，但随葬品中包括渔猎工具在内的数量可观的骨器，是这几处墓葬所共有的，从而说明这些遗存所代表的先民集团曾过着主营渔猎的生活。

需要指出的是，目前除小珠山上层文化外，在东北其他地区尚缺乏确属晚于红山文化后段的原始时期遗存的发现，这主要是有待考察的问题。不过，东北地区西南部在红山文化显示出文明的起源之后，确实存在一个较大的空白阶段。当然，在这个阶段内该地区绝非无人活动。但不论怎样，红山文化后段一经结束，昔日繁荣、动荡的社会局面骤然消失，则是可以确认的。看来，在进入公元前 3 千纪初期以后，东北地区西南部的原始居民发生了较大的变迁和分化，也许就此走上了一种新的发展道路，等待着我们去追寻和探索。

第十八讲

甘青地区的原始文化遗存

公元前3000—公元前2000年前后，这时期的甘青地区原始文化遗存主要分布于甘肃全境、青海东部及宁夏南部地区。这里是黄土高原的最西端，除河西走廊外，绝大部分地区地势陡峭，群山耸峙，有极厚的黄土堆积，由于开拆作用，形成若干盆地，黄河及其支流穿流其间。原始社会时期的聚落遗址就分布在这些河流的两岸。

这一时期的甘青地区，主要活跃着两支不同谱系的考古学文化。其一为马家窑文化系统，其二为齐家文化系统。从时间上看，两支文化的起始时代略有不同。前者兴起于公元前4千纪末期，约与半坡四期同时，结束于公元前2千纪初期前后；后者结束的年代已进入夏纪年，但它的源头可上溯到与半山—马厂文化的半山类型或泉护二期文化相当的年代，即公元前3千纪初期。

1. 起源与谱系

最早的甘青地区的新石器时代文化是老官台文化，秦安大地湾遗址又是老官台文化具有代表性的遗存。

大地湾新石器时代遗址共有四层堆积，年代最早的是老官台文化，其后依次为仰韶时代的半坡类型、庙底沟类型和半坡四期文化的堆积。甘青地区老官台文化的居民，分布还只限于陇东地区，半坡时期亦未超出这个范围；到了庙底沟阶段，居民的活动地域扩展到了甘肃大部及青海的东部边缘地带。在相当于半坡四期文化以前的阶段，甘青地区的新石器时代文化与关中地区同时期遗存的文化面貌基本一致，至少泾水、渭水流域这一时期的遗存如此，并与关中地区属于同一文化谱系。

自半坡四期文化后，在渭河上游及泾水上游地区，文化面貌发生了显著的分化，出现了两种不同面貌的遗存。一种以陇东镇原有的常山遗址下层遗存为代表，同类遗存在陇山东侧也比较常见。此种文化遗存依次与以灵台桥村为代表的遗存、客省庄文化在年代上有早晚之别。另一种遗存以宁夏海原县菜园村遗址为代表，这类遗存分布于陇山西侧，主要是清水河和渭河上游流域地区，在年代上，它依次早于以秦魏家为代表的遗存和齐家文化。这两种遗存经历的年代相同，相当于泉护二期文化时期，即约公元前 3 千纪的最初 200 年的时间。从二者的文化面貌及分布地域来看，在半坡四期文化以后，分布于陇山东西两侧的半坡四期文化居民已一分为二，即六盘山以东的泾水流域仍与关中地区的渭河中游保持一致，经过以常山下层、桥村为代表的遗存，发展成客省庄文化；六盘山以西的宁夏南部及渭河上游，则依次经过以菜园村和秦魏家为代表的遗存诸阶段，发展成齐家文化。

甘肃的中西部及青海东部地区，约相当于半坡四期文化的这个阶段，兴起了一支以彩陶为突出特征的马家窑文化。约为半坡四期文化的一支，演进为以菜园村遗址为代表的遗存的时候，分布于甘肃中部及湟水流域以南的青海境内的这支马家窑文化发展成为半山文化。而居住在河西走廊及湟水流域以北的青海境内的马家窑文化居民，在半山文化形成不久，也实现了文化变革，创造了马厂文化。

马厂文化起始的年代虽晚于半山文化的起始年代，但是，马厂文化延续的时间长于半山文化。半山文化终止的年代，大约不会晚于秦魏家遗存面世的时期，马厂文化结束的年代，约在齐家文化二期，即公元前 3 千纪后半叶之后段，随后，它可能转化为火烧沟文化。这已是夏纪年时期的事了。

关于半山文化的命运，是目前难解的问题，这需从半山文化与马厂文化以及它们与逐步向西推进的齐家文化的关系中加以考察。这比半山文化的命运更为难解，是至今还根本摸不到头绪而又重要的学术课题。

在年代上早于马家窑文化的分布区内的是庙底沟类型文化。在甘肃的临洮、武山等地，都发现了庙底沟类型在下、马家窑文化在上这样一种地层叠压关系。马家窑文化不仅与庙底沟类型的年代最为接近，它们之间文化内涵上的联系也很密切。从马家窑文化比较典型的器物来观察，如彩陶盆、钵的形式及彩陶中的鸟纹图案上，都可以找到二者的文化继承联系，如果与此同时还能注意到在黄河流域其他的地区，自庙底沟类型以后，彩陶不同程度地日趋衰退，而马家窑文化彩陶则表现出异样发展的现象，在认识到马家窑文化是继承了庙底沟类型发展起来的同时，或许还需要探索那些可能促进马家窑文化形成的地方因素。

2. 择地而葬的尊崇人物

马家窑文化得名于甘肃临洮的马家窑遗址，大约公元前 4 千纪的最后 200 年是其存在的时代，基本上与半坡四期文化相始终。

马家窑的陶器按质地分为泥质和夹砂两种。泥质陶颜色有红、橙黄、灰色等，它的纹饰只有彩绘一种。红陶仅见于较早阶段，灰陶亦多见于早期，并且数量极少。夹砂陶的陶胎比较粗，主要为红褐色，有的夹砂陶器上有交错的绳纹，也有的在肩、腹都施上几圈泥条堆纹，泥条上却保留着清晰的手指按压遗留下的印记。

正当中原地区的彩陶日渐衰落时，甘青地区以彩陶为特征的文化反倒日趋兴旺，正处于灿烂彩陶文化的初期阶段，彩绘都施于橙黄色的泥质陶器上，施彩陶器的表面打磨光滑。除陶器外部施彩外，在盆、钵类器物的内壁及沿面上都绘出由粗细线条、三角、圆点构成的图案。彩绘基本上用黑彩，彩色浓郁并漆黑发亮，兼具柔美、细腻均匀的线条美。而年代较早的彩陶图案，则由旋纹、弧形三角、钩叶圆点等组合在一起，并有鸟、蛙、蜥蜴等图案。一件陶瓶的肩部绘有平行条纹，条纹间又绘出一行蜥蜴，呈两两戏斗的图状。较晚阶段的彩陶，又有白彩，但依旧以黑彩为主，白彩一般绘在黑彩的一边或两边，或在黑彩上加绘白色小圆点，加以点缀，黑白分明。许多器物也会通体绘彩，图案以弧形或平行的并列条纹为主，网纹、旋涡纹也很流行，与早期不同的是，蛙、鸟、蜥蜴等都已逐渐图案化了。人面纹、人形纹也成为彩陶图案的一种。

青海大通上孙家寨墓地出土的一件彩陶盆，口径29厘米，底径10厘米，高14厘米，盆的内外壁及口沿都有彩绘。最引人注目的是它的内彩纹饰，是三组人形图案，每组5人，手拉手，面向一致，头侧各有一斜道，看似发辫。人下体处有三道，接地面的两竖道无疑为两腿，而下腹体侧的一道似为饰物，每组纹饰之间呈现弧形纹，将其隔开。整个画面笔法流畅、人物突出、形态逼真，摆动的发辫来自不同的方向，具有舞蹈节奏的韵律。

人们日常生活所使用的器皿，主要有盆、钵、碗、壶、瓶、罐、瓮及带嘴锅等。很多器物腹部有双耳。有一种带嘴锅器，其身分别用泥质陶和夹砂陶分段制成，再合为一体，泥质部分多有施彩。正至此时，至少是分布于黄河流域中上游地区的居民，开始相当广泛地使用这种不同质地的合体陶，用于烧水或者作为炊器。

马家窑文化时期使用的生产工具种类很多，在东乡林家遗址就发现了农业、手工业及狩猎等使用的工具千余件。其中，石质工具数量最多。其制法是打、琢、磨并用，通体磨光的已占多数。生产工具的种类有斧、铲、刀、锛、凿、钻、杵、磨石、砍砸器及研磨器等，其中斧、凿的数量约略相等，锛的数量最多，是斧、凿的1.7倍，刀稍多于斧或凿，铲的数量最少，仅占斧的数量的1/7。骨器基本上用羊骨制成。仅见1件石矛。绝大多数镞是骨制品，数量为石刀的1/4。由此可见，狩猎业已到次要地位，种植农业及养羊等畜牧业已成为当时居民的重要经济部门，此时使用锛、凿加工的手工业已相当发达。

农业的发展情况可以以制作用于收割的刀为例，加以说明。这种刀有石、骨、陶三种，石刀占绝大多数，其次为陶刀，骨刀数量极少。陶刀的数量仅占石刀的1/10，同时，石刀大多通体磨光，多数在靠近刃部穿孔，便于使用时系上绳带，固定在手上。其中，两端上翘并似马鞍形的，是这种文化具有代表性的工具，后来也在西北得以广泛流行。

马家窑工具的一个特点是骨柄石刃的复合工具很发达。林家遗址中发现不少细石器，其中主要是镶在骨柄上的小石叶。用石叶作刃镶在骨柄上制成的工具有石刃骨刀、石刃骨匕首和石刃骨镞等，这些工具的刃都极为锋利。石刃骨刀及石刃骨匕首的形制，与后来分布在北方的牧民使用的铜刀及铜匕首颇为相似。因此，马家窑文化居民广泛使用石刃骨刀和石刃骨匕首，当与养羊业已成为他们的重要经济活动紧密相关。

林家遗址出土的一件青铜刀及几块铜渣，引起了学术界对马家窑文化冶炼金属技术水平的讨论。这里的铜渣含铜、铁各半，不是天然矿石，也不是炼铜残渣，而是一块经冶炼但已风化成碎块，锈蚀之后的铜铁金属。这很可能是选用冶炼的矿石不当，不能铸造成型的器物，因而被废弃的合金。青铜刀经激光微区光谱分析，知其含锡量为 6% ～ 10%，另有少量的铁、银等，属于今天铜合金分类中的锡青铜。它是由两块范闭合浇注而成的，形制规整，刃口经过轻微的抢磨或锻打。这是马家窑文化至今仅见的金属制品，同时，在测定晚于林家遗址 800 年左右的永登蒋家坪遗址时，也发现了一件残青铜刀，但被测定的早于夏纪年的齐家文化的金属制品，均被断定为红铜。可见，从上述铜渣成因，以及甘青地区和整个中国冶金史来看，这件青铜刀极可能是由于当时选矿技术不成熟，在冶炼中掺杂进锡矿石的产物，因此还不能认为马家窑文化已掌握了制造青铜的技术。但是，它和铜渣一起证明了马家窑文化居民已跨过人类认识金属一般过程的最初阶段，掌握了还原氧化铜矿石以得到铜的人工冶铜技术，从而衍生出比传统的制石工艺技术更高，而劳动分工与组合方式更复杂的生产部门。

马家窑文化居民在追求陶器美的同时，也讲究自身的装扮。从上孙家寨舞蹈彩陶盆上，可以了解当时居民在跳某种舞蹈时的装束。舞者的发辫，当是用林家遗址见到的那种骨梳梳理出来的。舞蹈图画笔简略，是写意画，未能表现出舞者装束的细节。然而，从遗址及墓葬中都发现了骨笄和石、骨、陶质的珠、环、管、片形的颈饰、坠饰及镯子等，使人们增进了对马家窑文化居民追求美丽装扮的了解。

这一时期村落都坐落于临近小溪或河流的台地上，面积很大，同一村落居民数量也较多。林家遗址靠近大夏河，其堆积分作三层，年代越晚，村落中的房子、窖穴越稠密，表明随着时间的推移，人口愈益增多。

林家遗址中的绝大多数房屋均由主室及门斗两部分构成，两者都是方形。早期为半地下深穴，面积大小不等。四壁下及灶址旁都有柱洞，每座房屋内都有两个相邻的圆形灶址，灶口与地面平齐。主室通过狭窄的过道与门斗相连。门内外用草泥铺平，室内和屋顶也涂一层草拌泥。中期房屋数量比早期增加近 1 倍，房屋演进成半地下浅穴，屋基经过平整夯筑，灶为浅坑式，在地面上围一圈矮墙以加深灶膛。晚期房址数量比中期增加近 2 倍，房屋面积仍与早期差不多，除半地下浅穴外，还出现了地面建筑，房屋建在夯土层上。圆形灶，有较高的灶圈，每间房屋灶的数量为 1 ～ 3 个。地面、墙壁及屋顶都是用一种非常坚硬的红黏土草拌泥涂抹，除单间房屋外，还有连间、隔间的房屋。很多房屋中都有数量不等的生产及生活用具。这些物品多靠近墙壁下及灶址旁，基本保持在原来的位置，有的陶器内还盛有粟、稷、大麻籽等。房子周围散布着储存东西的窖穴，在一座底径为2.45米的袋形窖穴内，发现大量已经炭化的稷，其中部分穗头、谷粒、秸秆保存甚好，穗头上带有较长的细枝，捆成小把整齐地码放在坑底，以现存的堆积范围计算，稷的总量达2立方米。在这个穴底的北侧，还埋着一具人骨。这座窖穴无疑是当时储存粮食的仓库。然而内埋尸体的原因，或仓库与尸体的关系，发掘时未能查明。

同时，在林家马家窑文化的村落中，还分散着烧制陶器的陶窑。

马家窑文化的先民们死后多葬在离村落不远的墓地中，既有一次葬，也有二次葬，对于婴儿，则使用瓮棺葬。以单人葬为主，在大通上孙家寨墓地还发现有男女合葬墓。这个墓地的两座墓分别埋葬了成年男女各一人，两墓出土的彩陶壶残片经粘对乃是一件器物。这两位男女虽未合葬在同一墓穴内，但从这件彩陶壶分葬于两墓情况来看，可以认为二人的关系与合葬于一墓中的成年男女关系是一样的。除成片的墓地外，马家窑文化还存在某些大墓单独葬于一地的情况。这类墓葬的规模大大高于一般墓葬。在青海民和县核桃庄发现的一座墓为竖穴土坑，平面呈圆角方形，面积为16平方米，墓穴中放置一边长3米的木棺。棺四周用木板叠砌，底、盖由木板并排平铺而成。墓主人及绝大多数随葬品均置于棺内，有随葬陶器36件，其中彩陶9件；另有骨珠215枚，绿松石10颗。此外，还殉有羊、猪头及30多具鼠骨。这类大墓的主人享有单独择地而葬的权力，反映其生前地位不同于同一共同体的居民，当是在其共同体内受到尊崇的人物。

3. 半山类型和马厂类型

据陶器形制及组合的变化，可将半山类型和马厂类型分别划分为三期、四期。半山类型的三期，分别以兰州花寨子、广河地巴坪、兰州土谷台3处墓地为代表；柳湾800余座马厂类型墓葬，基本上反映了其四个时期的变化情况。

与马家窑文化相比，半山类型的彩陶又有了更进一步的发展，彩绘更加绚丽多姿，数量也大为增加。在一些墓地，如地巴坪，彩陶所占的比例上升到80%左右，一般情况下，彩陶可占全部陶器的60%左右。马家窑文化的彩陶以曲线图案为主，到了半山类型，增加了大量直线构成的图案。彩绘一般绘在器物的最大腹径以上部位，半山的壶、瓮等器物，器身都比较矮胖，腹部突出，这种器物上的纹饰，无论是平视还是俯视，都能使人看到完整而美丽的图案。半山的彩绘颜色以红黑相间彩为主，一般是在两道带齿的黑彩中间夹一道红彩，以此为花纹母题再组成二方连续的旋涡纹、葫芦形纹、网纹、大菱形格纹、大圆圈纹、棋盘格纹等丰富多彩的图案，这种由红黑相间的锯齿纹带组成的彩绘，是半山彩陶的显著特征，是区别于马家窑、马厂彩陶的最主要特点。半山陶器中夹砂陶的比例较低，出于墓葬中的器形都很小，主要器形是罐，常见的纹饰是附加堆纹，早期的附加堆纹细密，带有很强的装饰性。

彩陶发展到马厂类型，又发生了很大变化。马厂彩陶多半以红色陶衣为底，其上再用黑彩绘出花纹。马厂早期虽有部分红黑相间彩，但其黑彩多无锯齿，中间的红彩亦多以紫红色为主。这一时期的彩陶图案以四大圆圈纹、波折纹、拟蛙纹、小菱形网纹等为主，其中以直线构成的各种纹样特别发达，年代越晚，这个特点表现得越突出。马厂早期，彩陶还处于鼎盛时代，此后，日趋衰落。到了晚期，彩陶数量大为减少，图案单调，绘制潦草。不仅彩陶如此，其他陶器也都制作得非常粗糙，造型简单。这些反映了一个历史时期行将结束。

在马家窑文化时期，就发现过一些将器物口部做成人头形的陶器，半山—马厂文化，仍可见到这样的器物，有的头像面部还画出胡须。在柳湾的马厂墓葬中，还发现了一件塑着男性人像的彩陶壶。这类彩陶制品不是一般的日常生活用品，而应与人们的某些信仰、祖先崇拜等宗教观念有联系。

马家窑、半山—马厂文化的制陶术及彩陶绘制技法，反映了这个时期生产技术进步的一个方面，而且，从这种工艺传统的延续中，也使人们看到三者之间的密切联系。陶器基本上是采用泥条盘筑的方法制作的，一些器物的内壁仍保留泥条的痕迹。大型器物的颈、肩、腹等部位，都是先分成几段或分别盘好后，再对接起来的，最后在轮盘上修整成器。陶轮也是施彩时不可缺少的工具。绘彩时，把陶器放置于轮盘之上，借助于旋转的轮盘，用蘸满颜料的画笔，就可以绘出优美的图案。线条均匀、整齐、流畅且间距相等的平条纹，乃至波纹的纹饰颜色，深浅一致，无起笔、落笔的痕迹，当是把陶器放在转动的轮盘上作画，才可以产生这样的效果。即使是二方连续的花纹，也是在陶轮上完成的。绘制这类较复杂的图案，先在器身上将拟绘的图案画面分成若干等份而定出几点，然后转动轮子，用弧线、斜线将各点连接起来，从而完成整幅图案。利用轮盘绘制彩陶图案，也大大提高了工作效率，为彩陶的成批生产提供了有利条件。

在半山—马厂文化的村落遗址中发现的房屋，都是方形或圆形的半地穴式建筑，有单间、吕字形的双套间及多元套间等几种形式。房屋内部有灶址，很多房屋内部还有储存东西的窖穴，最大的窖穴容积可达 3 立方米。窖穴置于室内，与房屋连为一体，应是某些财产由氏族或家族公有转变为个体家庭私有的一种反映。村落中房屋、窑址的分布，都依一定的制度规划成特定的布局。兰州青岗岔半山类型遗址见到的几座房屋一字排开，门都向东；蒋家坪马厂类型遗址中的陶窑，往往 2 ～ 3 座形成一组，分布在村中。在兰州徐家坪发现过与居址分离的包含 12 座窑址的马厂窑场。这些烧陶器的窑址形制相同，均由窑室、火膛及火口组成。窑场内发现了糅合胶泥的土坑、研磨颜料的石盘和调配紫红色颜料的高边分格陶碟，显然，制作陶器的整个过程都是在这个窑场内进行的。

墓地位于村落遗址的附近，规模大小不等，有五六十座墓葬的小型墓地，也有的墓地有 100 ～ 200 座墓葬，而大规模的墓地包含的墓葬近 1000 座。从这种现象来看，在当时遍布甘青的半山—马厂文化的氏族部落中，可能已经存在聚落中心。这种聚落中心规模很大，延续时间较长，生产力的水平可能高于这一聚落中心所联系的其他村落，同时产生具有相当高的组织能力和号召力的、能领导聚落中心和其相联系的村落组成的共同体的领袖人物，并能保证这类领袖人物既能在聚落中心内保持更替的稳定性，又能使他们的活动具有强有力的组织基础。青海乐都柳湾墓地，如果还不能把它认定为半山类型的聚落中心的墓地，无疑当确定为马厂类型某一聚落中心留下的墓地。

柳湾墓地已发掘半山时期墓葬 250 余座，年代比较集中，均处在一期后段及二期前段年代范围内。而这里马厂类型墓葬达 870 余座，年代又贯穿马厂类型的始终。同时，很多墓葬的规模都超出其他地点的同类墓葬，这里普遍备有木质葬具，有做工讲究的榫卯结构的木棺，随葬大量精美的彩陶，上 10 件者占大多数，有 40 ～ 60 件者的墓数也不少，平均每个墓葬随葬了15.2件陶器，且有一定数量的墓葬随葬了成套工具。从墓葬规模、葬具及随葬器物种类与数量反映出的当地人们的生产能力，以及拥有财富的平均水平来看，其发展水平应当高于邻近地区。

半山—马厂文化的生产力水平比马家窑文化阶段有了较大提高。永登蒋家坪马厂类型遗址发现过一件残青铜刀，不过，这只是证明当时已存在使用或生产金属制品的孤例，难以依此了解这种工艺在那时生产力发展中的作用，以及在生产结构中的地位。然而，当时人们主要使用的石质生产工具，基本上经过精细磨制，提高了斧、铲、刀、锛及凿这些传统生产工具的效率，由细石器及骨柄组成的复合工具的数量相对有所增加，同时马厂类型还新出现了镰刀。还需要指出的是，从经济类型以及陶器所反映的文化差异来看，马厂类型当被分为陇西及青海东部和河西走廊各具特点的东、西两区，东区以种植农业经济为主；西区干旱少雨，不利于农业生产，畜牧业在生产中占有很重要的地位。

半山—马厂文化的分布，东不逾陇西。半山类型以洮河、湟水流域为分布中心，马厂类型的分布中心则在湟水流域，并有逐渐北移的趋势。这当与齐家文化的兴起和扩张有关。半山类型消失的年代，大约不晚于以秦魏家为代表的遗存兴起的时候，马厂类型三、四期的年代，基本上相当于齐家文化一期，或许可能延续到更晚些时候。

半山类型的消失当与马厂类型的发展有关，同时也和齐家文化西进有关。到了公元前2000年前后，马厂类型的大部分区域又被齐家文化占据，在河西走廊西部可以见到由马厂类型的一支发展而成的火烧沟文化。

半山类型和马厂类型前期所处的社会发展阶段，已进入以男性为本位的父系氏族制的前期。这一认识是依据对墓葬资料进行的分析而做出的判断。

半山—马厂文化的墓葬，基本上是土坑与洞室两类。洞室墓一般先挖一小段墓道，然后顺着山势掏出墓室，平面呈“凸”字形。很多墓葬有木质葬具，柳湾墓地既有榫卯结构的木棺，也有用圆木剖成的独木棺，还有的就在尸体下垫一块木板充作葬具，个别地方还见到用树枝覆盖尸体。景泰张家台半山类型的葬具是用石板拼砌的石棺。一般的墓葬都有数量不等的随葬品，种类主要是陶器，其次是工具及装饰品，也有用粮食、猪头及羊骨随葬的。半山类型墓葬的随葬品数量及质量，各墓间差别不大。至于马厂类型墓葬的随葬品，同一墓地的诸墓葬相差悬殊。这种反映当时人们占有财富颇为不均的情况，或许是马厂类型后期社会已发育出不同阶层所呈现出的现象。

这个时期墓葬中随葬的生产工具，因死者性别不同而有所区别。随葬工具方面的这类差别，表明了男子已在重要的生产领域中担负主要职能，而妇女在整个生产中所居的地位，已经较男子显得次要。男女在生产中所处的这种地位，决定了单偶制婚姻在当时婚姻形态中占据统治地位。

半山—马厂文化的如下葬俗，应是该文化所处社会发展阶段必须注意的现象：

（1）这一时期还存在母子（女）合葬墓。可见，当时可能仍保留了某种形式的一些母系亲权。

（2）已发现的半山—马厂文化的成对成年男女合葬墓，二者的摆放姿势、位置，都看不出他（她）们地位上的差别。

（3）合葬墓内的随葬陶器，很难区分出确属哪一个体。不少地方女性随葬陶器的数量还略高于男子。

以上综述表明，半山类型和马厂类型前期的社会，父系氏族制业已确立，但男女两性关系基本上处于平等地位。甚至，在继承制方面，女性还保留着部分亲权，在家庭经济中，妻子的地位和丈夫处于抗衡状态，有些方面还高于丈夫。至于马厂类型后期的社会制度，自然较其前期已有所前进，但目前尚无适当材料做出具体的说明。

以菜园遗址为代表的遗存的年代，约与半山类型相始终。

这种遗存的陶器的质地皆为泥质和夹砂陶，基本上呈红褐色及灰褐色。陶器素面的极少，纹饰有篮纹、绳纹、线纹、附加堆纹、戳印纹、划纹及彩绘。彩陶可分为两类，一类为输入品，菜园遗存的这类彩陶，应当来自半山类型；另一类为自造品，其彩绘均为网格组成的几何形图案。总之，这类遗存的彩陶已处于衰退阶段。

菜园遗存的工具均用石、骨、陶制作，有石锛、刀、斧、凿、骨刀、匕、耒及锥和陶纺轮等，同时还有一定数量的细石器，反映出当时只有少数人才掌握制作工具的技能。

居民住的房屋除半地穴式的外，也有不少窑洞式。半地穴式房屋的形式，分圆形袋状和方形竖穴两种。窑洞式房屋是我国西北黄土高原地区农村广泛流行的民居建筑。目前考古学发现证明，这种结构的房屋在菜园遗存前后时期，已开始在甘肃、宁夏、内蒙古及山西地区推广开来。

菜园遗存的墓葬，至今见于报道的已达120余座。这种遗存的墓穴形制多样，有竖穴土坑、竖穴侧龛、竖穴上洞和土洞侧龛墓等几种。

菜园遗存的居址及墓葬，除具有半山类型陶器外，其流行屈肢葬的情况又和兰州及广河地区的半山类型的葬式相同，可见，它和半山类型有着广泛的联系，其社会发展阶段也可能和半山类型相同。

4. 活跃的齐家文化

约在公元前3千纪的后期，甘青地区还活跃着齐家文化。随着齐家文化的西进，至公元前3千纪后期前叶，马厂类型的活动范围基本上已退至湟水流域及河西走廊的西部。甚至，在湟水流域还存在这个时期的齐家文化的居民点，而成为马厂类型和齐家文化居民交错分布的地带。但是，齐家文化侵占马厂类型地区的过程并非一帆风顺。在兰州地区存在相当于齐家文化早期的马厂类型晚期遗存，很可能是马厂类型对齐家文化进行反扑的踪迹，或者这个地区也是居民们交错杂居的地带。

菜园遗存是齐家文化的源头。在它之后，目前见到的只是以秦魏家为代表的遗存。出土的罐形斝是齐家文化罐形鬲的前身。齐家文化起始的年代，以罐形鬲的出现为标志，其终止年代已跨入夏纪年。这里叙述的齐家文化，主要是此文化在夏纪年以前的情况，同时，为把某些现象的始末清楚地介绍出来，也部分地涉及进入夏纪年时期的情况。

陶鬲是客省庄文化的基本器形。它在齐家文化的出现，反映了客省庄文化对齐家文化的影响。齐家文化居民使用的陶器，就质地而言，有泥质和夹砂两类，颜色以红色为主，灰色比例极小。陶器制作得比较精细，均经过轮修，亦有少数陶器是在快轮上成型的。泥质陶表皮均打磨光滑，有的还绘上红彩，图案均是由直线组成的几何形，如同心三角、蝶形纹、错置三角纹、横形人字纹及菱形纹等，但这时期的彩陶已进入衰落阶段，因而数量极少，这种陶质的器形的表皮多为素面，其次为篮纹，还有少量弦纹。夹砂陶器器皮多施绳纹，同时也有不少素面者。附加堆纹只见于这类陶器的个别器物。

带耳是齐家文化陶器的显著特点。多数器形均附双耳，也有三耳，乃至四耳者。双大耳罐、双耳壶、有耳或无耳夹砂罐、盆、碗、豆、尊及带把杯，是齐家文化常见的陶器。同时，在此文化中，也见到少量的鬲、盉、鸮面罐、匜及甑。而胎薄、表面磨光或着彩的双大耳罐、双耳壶、双耳高领罐及夹砂双耳罐，是齐家文化的代表性器形。

居民的住房基本上是长方形的浅穴式建筑，有单间和“吕”字形双间两种。后者通过过道连通前后室。这类房子均在地面、墙壁上先抹上草泥土，再在其上抹上白灰面。在店河见到的这一时期房屋的墙壁上，还发现用红色线条描绘的简单装饰图案。大何庄的一座方形浅地穴式建筑，门向西南，是一略向外突出的出入口，在室内中间略偏近门处，设一略高出居住面的圆形灶址。房址四角各有一柱洞，同时距地穴边缘约 1.4 米处，围绕地穴四周，共发现柱洞 10 个。这些柱洞原都插立柱子以支撑屋顶。地穴的外侧高出地穴的地面，虽未涂白灰，却平整结实，当是房屋的回廊。大何庄的这种带回廊的房屋，与大地湾四期大房子建筑结构相同。

齐家文化居民的经济，仍是以种植谷子的旱地农业为主。农业工具中有石斧、石铲、骨铲、石锄及石刀、石镰。石锄的形制基本上和夏家店下层文化的同类制品相同。石刀除长方形穿孔这一种外，还有倒梯形带孔者。当时是用动物肩胛骨或下颌骨制成刃部宽、薄的石铲，加工粮食的工具是石杵和石磨盘。在齐家文化的房址、灰坑及墓葬中都发现了粟，以及 30% 左右的墓葬中使用猪下颌骨随葬的现象，反映了种植农业发展的情况。除猪外，马、牛、羊、驴都已被饲养。羊有山羊和绵羊两个品种，遗址中常可发现成堆或成坑的羊粪，当时用猪、羊的头骨或下颌骨随葬是比较普遍的现象，个别墓葬还随葬整只羊。按大何庄出土的兽骨统计，羊骨占 21.06%。秦魏家猪、羊及牛的下颌骨共发现 518 块，其中羊、牛的下颌骨分别占 9.7% 及 7%。可见，在饲养业中，羊、牛成了次于猪的主要饲养对象。同时，大何庄出土的羊下颌骨在猪、羊、牛下颌骨总数中所占比例高于秦魏家，而且，这里的墓葬出现了以羊下颌骨代替猪下颌骨随葬的情况，反映出齐家文化进入晚期，牧羊业存在愈益发展的趋势。

在产业中，制铜业已获得重大发展，而且成为引起学术界注意的生产活动。凡是经大规模发掘的齐家文化早期后段以后的遗址及墓地，都发现了铜制品。铜器已进入当时人们物质生活中的许多领域。同时，齐家文化的铜器生产经历了一个从红铜到青铜的过程。

齐家文化早期的皇娘娘台出土的30件铜器都是红铜，其中经过鉴定的4件铜器也都被确定为红铜。属夏纪年的秦魏家出土的2件铜器为铜环和铜尖，经鉴定分别为铅青铜和锡铅青铜。可见，齐家文化居民掌握制作青铜技术的时间，当在夏纪年之内。在夏纪年之前，齐家文化发现的铜器数量已远远超过同时期的中国境内的任何一种考古学文化，并且品种多。同时，他们不仅早已掌握了冷锻技术，还掌握了单范，甚至合范铸造技术。可以肯定的是，这时当早已脱离早期金石并用时代，进入金石并用时代的发展阶段。在夏纪年的齐家文化墓葬中，还存在相当数量的红铜制品，如前述齐家坪出土的铜斧便属这种制品，同时还有采用冷锻技术制作的青铜器及铅青铜制品，故仍处于青铜时代的开始阶段。

齐家文化这样规模的制铜业，以及从采矿、冶炼、制模到熔铸等一系列复杂的工序，需要一些熟练的制铜业操作者——专门的匠人。在存在家族的情况下，这些手工业可能是某些家族的世袭专业。同时，在血缘纽带依然存在的原始社会组织中，这些手工业的发展还没有达到从农业中独立出来的地步。

齐家文化的宗教已发展到一个新阶段。占卜成为这个时期的经常性活动，遗址中常发现大量的卜骨。这一时期卜骨未加钻、凿，只有灼痕，基本上是用羊肩胛骨做成的。皇娘娘台的墓主人使用羊卜骨随葬；秦魏家随葬的羊卜骨被仔细地放在一件可从腹部扣合的高领双耳罐内。随葬羊卜骨是墓主人生前为巫师身份的标志。这类墓葬的存在当是已存在巫师阶层的例证。

齐家文化的社会已进入父权制时代。齐家文化的性别劳动分工和男女占有财富的差别，为父权制的存在提供了经济基础。在一些主要的生产部门中，男性占绝对重要的地位，妇女基本上被挤入家务劳动领域。同时，从这里鉴定了性别的单人墓随葬陶器数量的统计可知，男性人均随葬陶器6件，女性人均5件。由此推测，这与半山—马厂文化的基本情况不同，男性随葬陶器的数量已多于女性随葬陶器的数量。这从侧面反映出男子比妇女占有了更多的财富。

齐家文化时期始终存在合葬墓。合葬制盛行的时期，是这个文化前期的后段。这一时期的皇娘娘台墓地第4次发掘出来的合葬墓共计16座，占同次发掘墓葬总数的25.8%，合葬墓中死者34人，占墓地埋葬人数的42.5%。在此之前的柳湾墓地，合葬墓只占墓葬总数的6.7%，占墓地埋葬人数的13.7%。齐家文化后期的秦魏家南墓地，合葬墓占墓葬总数的18.1%，墓内死者占墓地埋葬总人数的32.2%。同时，齐家文化的合葬墓以成人合葬为主，其次为成人与儿童合葬，最后是儿童合葬。在皇娘娘台墓地中，这三种形式的合葬墓的比例依次为78.9%、15.7%和5.2%。其中儿童合葬墓只见于齐家文化的前期。在成人合葬墓中，又以成对成年人合葬为主。柳湾成对成年人合葬墓约占成人合葬墓总数的94%，皇娘娘台占80%，到了齐家文化后期，成人合葬墓就只有成对成年人合葬墓这一种形式了。柳湾在被确定了年龄、性别的成对成年人合葬墓中，除1座为两代妇女合葬墓外，其他6座均为成对成年男女合葬墓。后者的特点：一是墓中的男性都置于棺内，女性均放在棺外，有的还侧身，下肢微曲，被置于棺侧下方，左腿压于棺下；二是两座墓中，一个为同棺合葬，另一个为异棺合葬，葬式均为仰身直肢。然而，这类墓葬的男性却拥有较多的随葬品。柳湾未确定性别的成对成年人的5座合葬墓的情况，均同于前一类，都是只有一人具有葬具，另一人无棺木。可见，这里的合葬墓所表现的是夫尊妻卑的关系。这种夫尊妻卑的状况随后又得到了进一步的发展。

柳湾合葬墓中夫妻所处方位尚未固定，而在皇娘娘台及秦魏家则已成定制。皇娘娘台是夫左妻右，秦魏家固定为妻左夫右。这3处墓地的合葬墓中的丈夫，葬式均为仰身直肢，妻子则侧身屈肢，面向丈夫。皇娘娘台还存在3座成年男性带着两位成年女性的合葬墓。这些墓葬中的成年男子均仰身直肢位于墓穴中部，两侧的女子侧身屈肢，面向男子，双手屈于面前，显示侍奉、屈辱的状貌。仔细观察，可知两位女子的情况还略有区别，右侧女性腰间随葬残铜锥1件，右臂肘佩戴1件石璧，颈项佩戴钻孔绿松石小珠数枚，而左侧女性颈项佩戴数枚钻孔绿松石珠，身上有石璧2件；两位女性骨架上均有红色颜料，但右侧女性较年轻。据此可推定，墓中的一位女性当是男子的妻子，另一位女性则是男子的妾。

齐家文化的绝大多数成人合葬墓内的死者，均实行一次葬，同时埋入墓穴，故此他们当是在相近时间内死亡的。合葬墓数量众多，且女性地位卑下，难以把她们和男子同穴。无疑，这类合葬墓中的女性当是妻妾殉葬制下的牺牲品。个别墓中的女性的葬式还透露出她们在殉葬时做过一番挣扎的情形，如皇娘娘台墓中的女性，似经捆绑后仍做过挣扎，以致下葬时，悖于同类墓惯例，背向左侧的男子，双手并拢举于前方。

可见，至齐家文化时，无论是广度还是深度，夫权已达到史前时代至极的程度。然而，夫权只是父权一个方面的表现形式，父权的另一个方面的内容，即对妻子以外的亲属的控制。

在柳湾墓地以后的时间中，父权又得到进一步发展，秦魏家南墓地反映了这类情况。例如，有两墓均为成年人和小孩的合葬墓，皆为一次葬。两墓成年人都是年龄为 36 ～ 55 岁的男性，小孩皆为 6 ～ 7 岁。无疑，当被认为是父辈和其子女的合葬墓。墓中的成年人的葬式都是仰身直肢，小孩均为侧身屈肢。其实，这类父尊子卑的情况，早在皇娘娘台墓地就有相同的现象。总之，齐家文化已是父权桎梏着人们的时代。

齐家文化居民死后均被埋入一定的公共墓地。这些墓地或如皇娘娘台那样，被分割成若干区块，或如秦魏家南、北两墓地一样，被分成若干排列和墓组。墓地的统一与分割，是死者生前社会组织的联结与区分、统一和分化的形象反映。共处一考古文化墓地的死者，生前当是同一人群共同体。分割皇娘娘台墓地的区块、秦魏家南墓地的排列及这里所说的秦魏家北墓地的墓组内的死者，生前的社会组织都是以墓地为代表的共同体内的、较小的次一组的人群共同体。这样，秦魏家北墓地死者生前所在的社会组织，是划分墓地和墓组所反映的两级组织。墓组所代表的共同体在同一年代内，只有一人享有妻子殉葬的权力。这些墓组死者的人数，与在同一年代内只有一人能享有妻子殉葬权力的情况，很像民族学中所说的父权制家族。如是，墓地所代表的共同体则是高于家族的氏族。秦魏家北墓地所表述的共同体，当是由 4 个家族组成的氏族。

父系家族包含三代到四代同为一位父亲的后嗣的近亲，也包含这些人的妻子和子女，有时更包含女婿以及其他被收入家族中的亲属，即是由若干对过着单偶婚制（有的多妻）生活的夫妻及其子女组成的亲属集体。恩格斯在研究了大量父权制家庭的民族学资料后指出："这种家庭的主要标志，一是把非自由人包括在家庭以内，一是父权；所以，这种家庭形式的完善的典型是罗马的家庭。……罗马的父权支配着妻子、子女和一定数量的奴隶，并且对他们握有生杀之权。"（《家庭、私有制和国家的起源》）齐家文化的居民已把自己所处的社会制度，推进到了恩格斯所说的罗马式的父权制阶段。

第十九讲

百越先祖的海洋文化

中国的东南与华南包括今福建、广东、海南、广西和台湾，以及浙江、江西、湖南各省的偏南地区，面积有七八十万平方千米。这里地处我国的最南部，北回归线横穿其间，因而气候比较炎热，五岭以南几乎全年无冬；又因靠近海洋，受季风影响甚大，雨量十分丰富，年降水量多在1500毫米以上，属亚热带—热带季风气候。

这里的地形有两个突出的特点：一是海岸线长，岛屿众多；二是丘陵纵横，平原甚少。这一区域不但海岸线长，而且多是岩岸，港湾甚多，加上就近有很多岛屿，包括我国最大的两个岛——台湾岛和海南岛在内，使本地的许多居民长期与海洋打交道，发展了一种独具特色的海洋文化。在史前时期，已有许多居民采食海贝等物，从而在海边、河口形成了许多贝丘遗址，是海洋文化最早的遗存。

这一区域的丘陵多在海拔1000米以下，主要山脉有武夷山、罗霄山和南岭等，还有很多较小的丘陵。丘陵地区坡缓谷宽，自然资源丰富，有利于史前人类的生存与发展。但因地形过于分割，彼此不相连续，又没有一个明显的中心，所以此地的史前文化也被分割成许多小区。这些小区往往围绕着一条小河和海岸小平原发展起来，以后就在这个基础上建立起许多古代的国家，史称百越。包括钱塘江流域的于越，瓯江流域的东瓯，闽江流域的闽越，珠江流域的南越，西江中游的西瓯和红河流域的骆越等，此外在山区还有山越。因此，东南和华南的史前文化实为百越先祖的文化。

早在旧石器时代，东南和华南已有人类居住。广东曲江曾发现属早期智人的马坝人的化石，广西柳江则发现了属晚期智人的柳江人的化石，其体质特征已接近现代蒙古人种。台湾也发现过属晚期智人的左镇人的化石。至于旧石器时代晚期的文化遗址，则更是遍及广西、广东、福建和台湾等省（自治区）。

华南新石器时代早期遗存非常丰富，它可分为以独石仔、黄岩洞、青塘圩和大龙潭为代表和以甑皮岩和仙人洞为代表的两个阶段。而西樵山的细石器遗存可能属于中石器时代。

1. 珠江三角洲的大型采石场

西樵山细石器遗存位于广东南海市（现佛山市南海区）西樵山，是珠江三角洲冲积平原上一座孤立的古火山，方圆约 13 千米，还有许多小山峰，主峰海拔为 354 米。

自 1955 年以来，此处进行过多次考古调查和试掘，发现有 20 多个地点的文化遗存，但大多年代较晚，只有火石岗、旋风岗、太监岗和南蛇岗 4 处可能属于新石器时代早期甚至中石器时代。

在西樵山东麓，北起火石岗，经旋风岗、南蛇岗向南至张坑一带的山坡上，有许多燧石、玛瑙等硅质岩石料，火石岗的南坡便是丰富的燧石、玛瑙产地，它们是制造细石器的理想原料。在太监岗南坡进行的试掘，发现有含细石器的原生文化层，其中出土了细石器石核、小石叶和石片石器。在火石岗、太监岗、南蛇岗和旋风岗也都分布着许多细石器。由此可见，西樵山可能是一个细石器的制作场，也是使用细石器的人们的一个文化遗址。

西樵山的细石器制品至今已发现 1000 多件，包括石核、石叶、石片石器和石核石器。其制作方法大体上接近陕西沙苑石器和内蒙古海拉尔松山的石器，但缺乏尖笔头式石核，也没有圆刮器、雕刻器、石镞和石钻，西樵山的三角形楔形石核和带把石核亦为华北细石器遗存中所未见。可见西樵山细石器有自己的明显特点。

在广东和广西的丘陵地带，喀斯特地形袒露，有很多天然的石灰岩溶洞，其中有不少适于人类居住。大多数新石器时代的早期遗址都是在这种洞穴中发现的，独石仔和黄岩洞也属于这样的洞穴遗址。

独石仔位于广东省阳春县（现阳春市）城北30千米处，洞口朝东，高出当地河面约10米。洞内堆积分上、中、下三层，均出有数量不等的文化遗物。这里出土了石器243件，其中绝大多数是打制的，包括砍砸器、刮削器、石锤、石砧和许多石核与石片。磨制或局部磨制的仅16件，包括石斧和穿孔石器等。此外，还有骨镞、骨锥和大量野生动物骨骼，以及炭屑、灰烬、烧骨和烧石，有些地方还有大量的螺壳蚌壳。由此可知，当时的经济主要是狩猎采集和捞取水生软体动物。

黄岩洞在广东省封开县东北60千米处，高出当地河面15米。该洞曾被多次调查发掘，发现石器122件，绝大部分是打制的，主要是砍砸器和刮削器，此外还有石锤和石核等。磨制石器仅见石斧和穿孔石器各1件。从制法和种类来看，均与独石仔大致相同。与石器同出的其他遗存包括人颅骨化石、大量动物骨骼、螺壳蚌壳、炭屑、灰烬等，其经济和发展水平都与独石仔相近。

这两处遗址唯一可定为新石器时代特征的根据是几件磨制石器，其数量不及打制石器的1/10，且磨制和钻孔均很粗糙。这里没有发现任何陶器，也没有发现原始农业和养殖业的痕迹，因此它们的发展阶段应属旧石器时代向新石器时代过渡或新石器时代的开头。独石仔的年代为公元前12950±300年，黄岩洞的年代为公元前9980±300年，此数据仅供参考。

青塘圩原属翁源县，位于县城西南44千米处，后划归英德市管辖，滃江和青塘河流贯其间，该处有许多石灰岩小山，高50～100米。山多溶洞，在朱屋岩、仙佛岩、吊珠岩和狮头岩黄岩门的洞内，均发现了新石器时代早期遗存。这些洞中的堆积多数为微红色或灰色的半胶结文化层，内含大量田螺壳、动物碎骨、烧骨和炭屑等，也有个别人额骨和股骨碎片。所出石器多为打制，器形有斧、锛、砍砸器、刮削器、石砧、砺石等，也有个别局部磨制的石锛。同出少量陶片，有夹砂粗陶和泥质软陶两种，颜色不纯，有红、灰、黑等色，表面饰细绳纹等，有的似有红赭色陶衣。

大龙潭位于广西柳州市南郊，离市区仅1.5千米。遗址位于龙潭山南名为鲤鱼嘴的岩厦处，岩厦高8米，深约2.5米，大龙潭潭水即在前面流过。其遗址长约10米，宽5～8米，面积约60平方米，有两层文化堆积。上层为灰褐色土，含大量螺壳和动物骨骼；下层为黄褐色土，含大量贝壳和动物骨骼。土质已部分胶结。两层都有许多文化遗物出土。下文化层内有两处灰烬堆积，其中有烧骨、螺壳和红烧土，是固定烧火的地方。下文化层上部发现至少代表 6 个个体的人骨，当为墓葬。人骨蜷曲，似属蹲葬和跪葬。本层石器绝大部分为打制，除石核、石片外，主要有砍砸器、刮削器和尖状器，其中有 30 件为近细石器的燧石刮削器。

磨制石器仅石斧和穿孔石器各 1 件。同出骨锥、骨针、骨刀和 8 块陶片。陶片有红、黑两种，质软，饰粗细绳纹。这层的石器从制法到类型都同独石仔和黄岩洞相近，只是新出现了极少的陶片，因此总体文化特征同青塘圩更加接近。

华南最早的新石器时代遗存，包括尚没有陶器的独石仔、黄岩洞在内，为公元前 10000—公元前 8000 年。

豹子头贝丘遗址群在广西南宁地区的邕江两岸，分布着许多贝丘遗址，其中较重要的有豹子头、敢造、西津等 14 处。位置多在大河拐弯处，或在大小河汇合的三角嘴上，依山面水，遗址高出河面 3 ～ 20 米。豹子头在邕江大拐弯的北岸，高出水面约 15 米，地表有大量灰白色螺壳堆积，从被河水冲刷的断崖来看，螺壳堆积厚约 3 米，其中发现许多石器、骨器、蚌器、陶片和动物骨骼。敢造发掘的一条探沟中发现人骨 14 具，未见墓塘，有蹲葬、屈肢葬和仰身直肢葬。有的人骨较乱，葬式不明。一般无随葬品，个别的头骨旁有骨等。在西津发掘了 144 平方米，发现人骨 100 多具，也无墓塘。绝大多数是蹲葬，发现时头骨坐于四肢骨上，上肢骨屈向胸前，下肢骨作蹲踞式，呈抱膝状。此外还有少数仰身、俯身和侧身屈肢葬者。另外，在长塘发掘的一个探方中发现 15 具人骨，也是蜷曲很甚。其中两具周围撒赤铁矿粉，一具用石子围成墓塘，另一具用螺壳垒成墓塘；一具手握蚌器，另一具人骨上有一牛腿骨。

这些遗址中出土的石器大多经过磨制，但制作不精，大部分留有天然岩面或打击疤痕，器形有斧、锛、凿、刀、矛、杵等，显然比大龙潭等处的石器要进步得多。此外还有骨角器和蚌器等。陶片甚多，但无可复原者。多为夹砂粗陶，以灰褐色和红褐色为主，也有黑色的。多泥条盘筑，多饰粗细绳纹，有的内壁也有反绳纹。器壁较厚重，器形大抵多直口鼓腹圜底釜和圜底钵。豹子头曾测年代，至今没有结果。

甑皮岩在广西桂林市南郊、距市中心约 9 千米的独山西南麓，为一洞穴遗址。该洞高 8 米、宽 3 米，离现在山脚高约 5 米，洞左后侧有一含水充沛的地下溶洞。洞内新石器时代堆积约分为两层，中间有钙化板隔开。洞内有火膛、烧火堆和一个灰坑，洞内后部有一堆砾石和一些稍经打制的半成品。洞内还发现 18 具人骨，多为蹲踞葬，也有侧身屈肢葬和二次葬的。其中，有 6 人头骨穿孔，2 人有撒赤铁矿粉的痕迹，1 人随葬 2 件蚌刀。出土的石器中打制和磨制的大约各占 50%，打制石器有砍砸器、盘状器、刮削器、砧、杵等，磨制石器有斧、锛、矛、穿孔器和砺石，其中有不少是通体磨光者。同出骨器有鱼镖、锥、针、笄、镞，蚌器仅刀一种。陶片甚多，多为红陶，其次是灰陶，均有泥质和夹砂之分。多饰绳纹，也有少量划纹和席纹。器形可辨者大约有釜、罐、钵等，还有少数三足器。洞内发现有大量动物骨骼和螺壳蚌壳。其经济当以狩猎、采集为主。同出的动物骨骼中有不少猪骨，经鉴定应为家猪，这是我国最早的家畜遗存。

仙人洞在江西省万年县大源镇，是一处洞穴堆积。洞内新石器时代堆积可分为上下两层。下层发现烧火堆 10 处，灰坑 3 个。出土的石器中磨制与打制者大体相当，磨制石器有梭形器和穿孔器，打制石器有砍砸器、刮削器，另有石核和石片。骨器较多，有鱼镖、锥、针、镞、凿等，另有角凿、牙刀和较多的穿孔蚌器。陶片也较多，主要是夹砂陶，颜色不纯，大部分饰绳纹，有的里外都有绳纹，有的绳纹上加网格形划纹，有的在器口戳印圆窝纹。器形主要是圜底釜一种。上层器物较少，陶器中除夹石英砂粒者外，还有夹蚌壳末的，石器制作亦略显进步。总的来看，仙人洞的上下层文化大体相当于甑皮岩的上下层文化。从文化特征来看，甑皮岩和仙人洞下层应属新石器时代早期后段，磨制石器和陶器都已显著增加，还出现了家畜饲养，这是比前段进步的地方。但其经济的主要成分仍属狩猎采集这种攫取经济的范畴。这个阶段的年代，从各种实测结果来推算，为公元前 8000—公元前 7000 年。

沿海地区的早期贝丘遗址在广西防城各族自治县（现防城港市）临海河口的小山岗上，有亚菩山、马兰嘴山和杯较山 3 处贝丘遗址，前两处经过试掘。3 处都有大量的贝壳堆积，出土的石器绝大部分是打制的，其中有蠔蛎啄（采集贝类的打制石器）、砍砸器、网坠、手斧状石器和三角形石器等。有些圆蛋形或近球形的砾石上常有敲砸痕迹，可能也是砸击贝壳的工具。磨制石器仅见斧、锛、凿等，还有磨盘和石杵，但数量都很少。骨器有锥和镞，蚌器有铲，还有一种穿孔蚶壳，可能是做网坠用的。此外还有大量的动物骨骼。遗址中出土的陶片不多，夹砂或蚌末，颜色不纯，有红陶和灰黑陶等，上饰绳纹，也有划纹。器形可辨的多为釜、罐之类，均为圜底。

广东潮安的沿海地带也曾发现一些贝丘遗址，其中主要有陈桥村、石尾山和海角山 3 处。这些遗址中有大量的斧足类和腹足类贝壳，其中陈桥村距海岸稍远，仍主要是海贝堆积，以牡蛎壳为最多，另有少量淡水产的蚬和蚌，还有为数极多的鱼骨和海龟、海鳖的遗骸。陆生动物有牛、鹿、猪的骸骨等。这些遗骸清楚地反映了当时的经济主要是狩猎采集和捞取水生动物。遗址中出土的石器是与这种经济相适应的，以打制的为主，种类有蠔蛎啄、砍砸器、敲砸器和手斧形器等，磨制石器仅锛一种，上面仍留有部分打制痕迹。骨器为数甚多，制作精致，有斧形器、三角形刀、锥、镞、针等，还有不少经过加工的骨料。陶片多夹砂或掺贝壳末，烧制温度甚低，多外红内灰，饰绳纹、划纹和蚶壳压印纹，有的口部涂赭红色带，器形可辨的有釜、罐、钵等，均为圜底。

讲到西樵山的细石器文化的遗存问题，实际上西樵山的大部分文化遗存是以双肩石器、大型打制石器、绳纹陶或几何形印纹陶为特征的。年代比细石器遗存要晚得多。这些遗存分布在山冈上和西、南、北三边的山麓，山上地点往往在霏细岩露头的地方。在主峰大科峰以西的云路村附近发现了 7 个洞穴，它们均处于霏细岩脉上。其中最大的滴水岩纵深 37 米，洞壁上到处有火烧的痕迹以及人工剥离岩石的痕迹，洞里和附近的山上堆积着大量人工打制的霏细岩碎屑。经过试掘的虎头岩洞穴内，堆积着 1 米多厚的霏细岩碎屑以及炭渣、灰烬和烧石等。根据这些痕迹推测，可能是先烧热岩石然后浇冷水使其炸裂，再撬下石块制作成石器，以至于西樵山成了一个大型采石场遗址。

在西樵山发现的 20 多处石器地点中，大部分都堆满人工打制的石片碎屑，还有不少石器的半成品或残次品。器形有双肩的斧、锛、铲等，石片石器有刮削器、尖状器、龟背形砍砸器、矛形器等。还有用霏岗岩、细砂岩、石英砂岩制作的各种锛、凿等。这些成品、半成品或残次品等有 3000 ～ 4000 件，其中通体磨光的不足 200 件，砺石不足 20 件。比起同时期的其他遗址，这里显然是个以磨制石器为主的大型石器制造场或粗加工的场所。

在这样大规模的遗址群中，至今只发现少数几处有明确的文化层，而且堆积很薄，范围又小。保存最好的镇头西坡也只有长 20 多米、厚约 1 米的文化层，主要是淡水沙蚬等贝壳堆积。各处发现的陶片也很少，加在一起不过 100 ～ 200 片。这又一次证明了西樵山主要是采石场和石器制造场，而不是一般的聚落居址。

根据西樵山的地理位置及西樵山石器的分布情况来看，这里的石材和石器主要是供给珠江三角洲各小岛的渔猎采集民的。从西樵山没有一般的永久性聚落居址而只有一些零星的文化层来看，可以断定西樵山并没有一个专营采石和制作石器，并同其他地方进行交换的社群或部落团体，而是各地的渔猎采集民随时到西樵山采石制器，然后把成品或毛坯带回各地。离西樵山近的可能当天就返回了，离得较远的可能要住几天。他们要生火，要吃饭，要使用少量陶器，这就是西樵山有少量文化层，并且只有少量文化层的原因。

西樵山出土的陶片尽管很少，但对于确定遗址的年代和文化性质十分重要。这些陶片大体上可分为两类，一类是夹砂褐陶，常饰绳纹和刻划纹；另一类是几何形印纹陶。比照西樵山周围同类遗址的分期情况，前一类当属新石器时代晚期，后一类至少已进入铜石并用时代甚至更晚。

将西樵山与珠江三角洲的许多遗址进行比较，可以认为这是以西樵山石器制造场为纽带，以西樵山类型的石器（主要是霏细岩制造的各种有肩石器）及陶器等遗物共存为标志的一个古文化遗址的群体，应当命名为西樵山文化。这个文化的遗址主要分布在狭义的珠江三角洲大约 1 万平方千米的范围内。这里数千年前大概还只是珠江口外的一些小岛，故遗址一般都呈小岗状，并有大量的贝壳堆积。其中经过发掘的比较重要的遗址有佛山河宕、南海灶岗和鱿鱼岗、增城金兰寺、东莞万福庵、深圳小梅沙、香港深湾和南丫岛多处。但若只以霏细岩制造的有肩石器为标准，其范围可扩大到整个广义的珠江三角洲，其面积达 3.4 万多平方千米。这些地区的遗址多未经过科学发掘和详细研究，因而不了解西樵山文化周围其他原始文化的情况，所以暂时还无法肯定这些地区是否都应包括在西樵山文化的范围以内。

西樵山文化可分为三期，早期以西樵山细石器遗存为代表，中期以饰绳纹、划纹的夹砂褐陶为代表，晚期以泥质素面陶和几何形印纹陶为代表。但将来如果证明细石器遗存属于中石器时代甚至更早，则其不应包括在西樵山文化内。其实这类遗存即使没有那么早，但它与后两期的遗存差别太大，看不出有什么共同的特征，也不能算作同一文化的遗存。这里所说的西樵山文化，也只包括中晚两期，并且为了方便起见，将中期改称为早期。早期遗存目前发现较少，主要有增城金兰寺下层、东莞万福庵下层、南海观音庙口、深圳小梅沙和香港深湾 F 层等，西樵山出有肩石器及绳纹、划纹粗砂陶的遗存即属此期。西樵山镇头西坡第三层贝壳测定的碳 -14 年代为公元前

4170±140 年（经树轮校正），可供参考。晚期遗存比较丰富，西樵山镇头西坡第二层和其他地点、金兰寺中层、河宕、灶岗、鱿鱼岗等处都属此期。如果对贝壳标本测年，并将一般偏老的因素考虑进去，那么晚期年代可能在公元前 2700—公元前 1900 年，大体相当于龙山文化的年代。

这里的生产工具主要是石器，也有少量骨、角、牙蚌器。以霏细岩为主要石料的有肩石器是西樵山文化中最有代表性的生产工具。西樵山石器制作场出土的多打制为半成品、残次品，也有一部分磨制较好的；其他遗址中则以磨制为多，包括通体磨光和只磨刃部者。器形以锛为多，其次是斧，也有一些似铲者。此外，还有一些梯形的或有段的斧、锛、凿，甚至一些既有肩又有段的石器。根据各遗址石器的统计资料来看，西樵山文化中有肩石器约占 60%，早晚都有；有段石器只出现于晚期，数量要少得多。这同石峡文化中有段石器远多于有肩石器的情况形成了鲜明的对照。

在西樵山文化的许多遗址中，还曾发现石镞、骨镞、穿孔蚝壳。还有一种甚粗的穿孔骨针，似为织渔网的工具。有些遗址还有石、陶网坠。

西樵山文化的经济生活分布区全部位于珠江三角洲，现在是河道纵横的低洼平原，稻作农业和桑蚕业十分发达，但数千年前的情况完全不是这样的。因为西樵山文化的遗址一般不在平地而是在一些小岗子、土墩或沙洲上，贝丘和沙洲遗址约占一半，出土的贝类和其他水生动物大部分表现为海生或河口型。其中有马来鳄、硬头海鲇、断斑石鲈、海豚、大缸鱼、丽蚌或河蚌、蓝蚬或河蚬、蚶、牡蛎、螺壳等。陆生动物则有象、牛、猪、猕猴等。这说明当时陆地远没有现在多，大部分是小岛、沙洲，从而人们的生计只能以渔猎、捕捞业为主，而很少见到农业的痕迹。生产工具中缺乏明确的农业工具，而多半是手工工具和渔猎工具也说明了这一点。

西樵山文化的陶器种类少，数量也不算多，这是农业经济不发达的又一表现。早期以夹砂褐陶为主，泥质红陶也占一定比例，一般为手制。纹饰方面，夹砂陶多绳纹、划纹，有时有篦点纹；泥质陶则多素面，同时有彩陶和镂孔。彩陶多用红色或赭色在原色底子或白底上绘成，多横带、平行线纹，或似波浪纹等。多圈足器和圜底器，也有少数平底器。器形有釜、罐、钵、圈足盘、豆、杯和器座等，其中以圜底釜和圈足盘为最多，其他器物为数甚少。

晚期陶器的主要特点是几何形印纹盛行，泥质陶和夹砂陶都有。除绳纹、条纹、波状划纹以外，大多是曲尺纹、梯格纹、云雷纹、长方格纹等，单河宕就有 20 多种。河宕下层还发现过少量彩陶，当属晚期中较早的遗存。这时仍以圈足器和圜底器为主，主要器类是圜底釜、圈足罐、圈足盘和豆，另有少量钵和器座。深圳赤湾等地发现一种粗砂陶的炉箅，据说是烤鱼类用的，应当是本地的特产。

早期仅高要龙帆发现一批蹲踞葬，其他遗址发现个别瓮棺葬，因此无法全面了解其埋葬习俗。晚期墓葬发现较多，计金兰寺 4 座、灶岗 6 座、鲩鱼岗 36 座、河宕旧墟 77 座。一般东西向，头东脚西，长方形竖穴，有的墓坑不甚明显。河宕中下层经鉴定的墓中，发现成年男性一律头西脚东，女性一律头东脚西。这也许说明当时实行族外婚制，男女属于不同的氏族，因而才有不同的葬法。葬式多系仰身直肢，单人一次葬。河宕有两具人骨相距很近，但不能肯定是合葬。华南新石器时代早期流行的蹲踞葬，在西樵山文化早期仍存在，但到晚期已完全绝迹了。

在墓葬中，有随葬品的大约占 40%，少则 1 件，多则 3 件。随葬器物有陶器（釜、豆或圈足盘、罐和纺轮等）、石器（锛、镞、矛等）和装饰品（象牙镯、骨镯、牙约发、骨梳、佩饰等）。河宕经性别鉴定的墓葬中，女性多随葬陶纺轮，男性则多随葬锛、镞、矛等，表明当时存在两性间的劳动分工。总体来看，西樵山文化的墓葬都很小，随葬品不丰富，墓葬间的差别很小。这里主要是渔猎经济限制了社会的发展。只有等农业发展起来以后，这种情况才会改变。

对河宕人骨的研究发现，西樵山文化的居民应属于蒙古人种的南亚类型或南部边缘类型，同时有一些同赤道人种相似的特性。男性平均身高 1.66 米，女性 1.54 米，比黄河流域的大汶口文化和仰韶文化的居民都要矮一些。

考古发现，西樵山人有拔牙的风俗，其中河宕发现 19 例、鲩鱼岗 4 例、金兰寺 1 例。一般拔除 1 对上侧门齿，也有只拔 1 颗上侧门齿的。此外，河宕还有 5 例拔上中门齿或中门齿与侧门齿的，鲩鱼岗有 2 例拔上右前臼齿的。后两种部位的拔牙情况是其他地方所少见的。据《大藏经》之五十一卷《唐大和尚东征传》记载，鉴真和尚漂泊到崖州（今海南省文昌市一带）时，见“人皆雕题凿齿”，应是西樵山文化拔牙风俗的遗留。

西樵山文化与石峡文化一南一北彼此邻近，应有比较密切的关系，但是由于二者所处自然环境不同，经济类型不同，从而限制了相互关系的发展。在石器方面，主要是手工工具比较接近，如都有双肩或有段的斧、锛、凿等，只是比例不同，形状也略有差别。至于石峡文化的专门农具，如石䦆等，在西樵山文化中根本未见；西樵山文化中一些专门用于渔捞的工具也不见于石峡文化。在陶器方面，二者都有较发达的圈足器和圜底器，但石峡文化多三足器而西樵山文化不见。西樵山文化早期是没有几何形印纹陶的，到晚期则大为流行，很可能是受石峡文化影响的结果。在埋葬习俗上，两个文化都流行单人葬，长方形竖穴，东西向。但石峡文化特有的二次葬风俗不见于西樵山文化。石峡文化的大墓与小墓已有明显分化，西樵山文化中目前只发现小墓，看不出有分化的迹象。

2. 工具和武器几乎都是石器

石峡文化是因广东省曲江县石峡遗址的发现而命名的。遗址位于县治西南 2.5 千米处马坝人洞穴所在的狮头山与狮尾山之间，是两座石山之间的峡地，故为石峡。对这个遗址进行发掘，发现了大批墓葬和富有特征的器物，因而被称为石峡文化。

石峡文化主要分布于广东省的北江与东江流域，曲江坭岭、葡勺山下层、始兴新村、河源上莞墟、宝安大石寨、龙川坑子里等地，都有石峡文化的遗存。

关于石峡文化的年代，目前研究尚不充分。石峡遗址的墓葬曾被分为三期，其中一期的年代为公元前 2730 ± 155 年，三期的年代为公元前 2865 ± 185 年。前后颠倒。另有期属不明的，一说属三期的年代为公元前 2480 ± 150 年。对照与石峡文化关系密切的良渚文化和樊城堆文化的年代，可以推定石峡文化为公元前 3000—公元前 2500 年，当属铜石并用时代。

石峡文化的生产工具和武器几乎都是石器（包括部分玉器），陶器仅纺轮一种。未见骨、角、牙、蚌器，可能与酸性土壤不易保存有机质材料有关。

石器大多通体磨光，并且广泛地运用切割法和管钻法。许多器物棱角分明、线条刚直，器身薄而均匀，有的还有明显的切割痕迹。穿孔使用的多为两面钻，也有单面钻的。工具和武器主要的种类如下：

（1）䦆：是石峡文化特有的工具。长身、弓背，两头有刃，且不对称，一头较短较窄，一头较长较宽，形制很像现代的丁字镐，当是挖土的利器。

（2）斧：全部为穿孔扁斧，一般器身扁薄，上穿一孔。与黄河、长江流域普遍使用的那种剖面呈椭圆或长方形的厚重石斧不一样。

（3）锛：多为近长方形的梯形锛，有长短两种。

（4）有段锛：这是东南沿海特有的石器，石峡发现29件。

（5）有肩锛：这是华南特有的石器，石峡发现8件。

（6）凿：体形窄长，有普通凿、有段凿和圆凿三种，圆凿是石峡文化特有的，可凿圆孔，石峡曾出土大小4件一套的圆凿，其主人应当是一位木匠。

（7）钺：多为梯形斜弧刃，器身扁薄，有的是用玉材制作的，还有少数有肩石钺，其造型已与商周时期的铜钺十分接近。

（8）镞：数量甚多，仅石峡就有574件，剖面呈菱形，多数有铤。

（9）陶质生产工具仅见纺轮一种，制作精致。形制多样，有的上面戳刺美丽的花纹。

稻作农业遗存。在石峡文化的遗址中，曲江石峡和坭岭均曾发现稻谷遗存，以石峡较为丰富。在石峡下文化层有些经火烧过的草拌泥（墙壁涂料）中，或灶坑边烧过的硬土块中，有许多稻壳和稻草碎屑；有的灰坑中发现零星的炭化稻米。有9座墓葬（都是随葬品丰富的大墓）中随葬稻谷或稻米，发现时已与泥土凝结成团块。据鉴定，这些稻谷和稻米均属于栽培稻，包括籼稻和粳稻两个亚种，以籼稻为主。鉴于许多籽粒不够充实饱满，且大小不一，反映出当时品种不纯，种植技术还比较原始。除稻谷外，石峡遗址中还发现了山枣核和桃核，反映出当时还存在一定的采集经济成分。

日用陶器在石峡文化中比较发达，有泥质和夹砂两类，前者多灰褐色和灰黄色，后者多灰褐色，也有少量红陶、黑陶和白陶。大多数陶器是轮制或模制的，或者是轮模合制的。

在石峡文化中出土的随葬品比较复杂，玉器有琮、璧、瑗、璜、玦、环、管、珠、坠饰、圆片饰、鸟形饰和松绿石饰等。原料多为软玉和近玉的美石，加工比较精细，多为较大墓葬的随葬品。

在石峡共发现墓葬64座，分布密集，有不少互相叠压或打破的情况。墓葬形制单纯，基本上只有长方形竖穴一种。比较特别的常在墓底抹草泥，其中夹杂着稻壳和稻草屑，有时四壁也抹草泥。其次是入葬前烧烤墓穴，不少墓边被烧成红色。墓坑多东西向，未见葬具，只有个别墓中堆放大量石灰岩石块。

埋葬方式分为一次葬和二次葬两种。二次葬制明显不同于仰韶文化和大汶口文化中所见的二次葬方法，是石峡文化特有的葬制，绝大多数墓葬有随葬品，以随葬陶器和石器为大宗，同时有较多的装饰品。

大小墓有明显的差别。这是当时社会已明显发生分化的有力证明。

石峡文化同周围原始文化的关系不是孤立的，它们之间有着相当密切的关系。石峡文化同江西的樊城堆文化有着非常密切的关系，如石峡文化中的盘形鼎和多种特殊式样的鼎足、鬶及有段石锛等，与樊城堆文化的清江筑卫城下层和修水山背的同类器十分相似。特别有趣的是，石峡大墓出土的一组器物竟和山背跑马岭的房屋十分相似。这表明当时通过北江到赣江的河谷是一条重要的交通孔道。

石峡文化同江苏南部和浙江北部的良渚文化也有着比较密切的关系，如石峡文化中的双鼻壶、玉琮、玉璧、穿孔扁斧和有段石锛等，都是良渚文化中常见之物。特别是其中的玉琮和双鼻壶，与良渚文化同类器几乎没有区别，显然是良渚文化影响下的产物。

3. 台湾长滨的八仙洞

台湾最早的人类文化遗存是从台东长滨乡八仙洞获得的，有人称之为长滨文化。

八仙洞包含 3 个洞穴，即潮音洞、海雷洞和乾元洞。在这些洞内含陶片的新石器时代文化层之下，发现了仅有打制石器和骨器，而没有陶器的文化层。3 个洞穴共出土打制石器 6000 多件，包括砍砸器、刮削器、尖状器和经过加工修理并有使用痕迹的石片石器。同出的骨器有 100 多件，包括锥、穿眼的针和两头尖的针（钓针或网针）等。此外还有许多动物骨骼和木炭渣等。

八仙洞中，木炭的碳 -14 年代共测得 5 个标本，其中 1 个超过了 15000 年，其余 4 个距今 5000 ～ 6000 年。由此推测，也许长滨文化本身延续的时期较长，揭示了一种由旧石器时代向新石器时代过渡的文化遗存。

在台湾，可以确定为较早的新石器文化是大坌坑文化。它是因台北八里乡大坌坑贝丘遗址的发现而得名的。这种文化主要分布在台湾西海岸地带，以西南海岸最为密集，东海岸也有零星的分布。主要遗址除大坌坑外，还有台北圆山下层、台南归仁乡八甲村及高雄林园乡凤鼻头等处，大多属于贝丘遗址。

大坌坑遗址出土的陶片多夹粗砂，呈红褐色或灰褐色，烧制温度甚低，胎壁较厚。多饰绳纹和划纹，有的在口沿涂一圈红色陶衣。器形甚为简单，大致有釜、罐、碗等几种。多属圜底，个别的罐有矮圈足。

台南归仁乡八甲村所出的蚌壳曾进行碳 -14 年代测定，其中的标本距今 5480 ± 55 年（按半衰期 5568 ± 30 年计算），树轮校正的年代为公元前 4355 ± 160 年。

在福建沿海，比较早期的新石器时代遗址主要有壳坵头和富国墩。壳坵头位于闽江口以南的海潭岛上的潭县，是一处文化内涵丰富的贝丘遗址。出土的石器以打制为主，打制后稍经磨制的次之，通体磨制的极少，石器种类有砍砸器、刮削器、锛、穿孔石斧和穿孔石刀等，还有数量可观的石球。同出骨器有凿、匕、锥、镞、笄等，陶器以夹砂陶为主，掺粗砂和贝壳末，烧制温度低，颜色不纯，以圜底器为主，其次是圈足器，器形有釜、罐、圈足盘、碗、豆和支脚等。纹饰中多排印麻点纹和绳纹，其次是贝印纹，即用贝壳边缘压出的花纹；此外还有戳点纹和刻划纹，少数陶器还有红衣。

平潭南厝场是与壳坵头性质相同的遗址，白沙溪头下文化层中也可见到少量与壳坵头类似的文化因素。而金门岛上的富国墩遗址则可能是与壳坵头有密切关系的一处遗址。

富国墩又名蚵壳墩，是一处贝丘遗址，所出陶片有黑色和红色，颜色不纯，纹饰中有贝印纹、刻划纹和指甲纹等。其中贝印纹乃是用各种不同的贝壳边缘压印出的波浪纹、点线纹和直线纹，与壳坵头所见的十分相似。富国墩遗址的年代，曾用贝壳测得 3 个碳 -14 年代数据，分别是距今 6310 ± 370 年（底层）、5800 ± 340 年（中层）和 5460 ± 320 年（上层），这是以半衰期 5568 ± 30 年来计算的。若用树轮校正，当在公元前 5500—公元前 3940 年，与大坌坑文化接近。壳坵头的年代也应与此相当。

4. 独一无二的无箅陶窑

昙石山文化是因福建闽侯昙石山遗址的发现而得名的，位于闽江下游及沿海一带，是高出江面 20 余米的长形土岗，旁边是闽江的冲积平原。

昙石山有三个文化层次，上层属青铜时代；中下层是贝丘遗址，属新石器时代。昙石山文化仅指中下层的文化遗存，除昙石山外，还有闽侯庄边山下层、溪头下层和福清东张下层等处。在闽西北的清流、光泽和闽东的霞浦等地也发现过类似昙石山文化的陶器，当是昙石山文化影响所及的范围。

昙石山文化的生产工具有石器、骨器和贝制器物。石器大多经过磨制，但精磨的很少。器形有锛、斧、凿、铲、镰、刀、钺、镞等，其中锛的数量最多，一般为长方形，横剖面呈梯形、长方形或三角形，后者为特有的形制。没有发现有段石锛，只有个别的有脊石锛。骨器主要有镞、凿、锥等。所谓"贝制器"，主要是由牡蛎壳磨制而成，有的有两个穿孔，似可作铲用。陶质工具有纺轮、网坠和圆陶片等。

从昙石山遗址发现的动物遗骸，经鉴定，有印度象、叶猴、棕熊、虎、狗、猪、牛、梅花鹿、水鹿等，水生的有鱼、蚬、魁蛤、牡蛎、小耳螺等，爬行的有鳖。但因未分层次，不知是否都属于昙石山文化。溪头下文化层出土的动物遗骸有象、水鹿、狗、猪、鳖、蚬、魁蛤、牡蛎、小耳螺等。有些偶蹄类动物头后骨骼有烧烤痕迹。再结合生产工具来看，当时应有农业，人们饲养猪、狗等家畜，还狩猎和捕捞大量水生动物。

在昙石山曾发现一个烧制陶器的窑场，在 10 平方米的范围内便发现了 7 座陶窑，依缓坡而建，窑门朝东或东偏南，大多保存较好，均为无窑箅的横穴窑。像这种无窑箅的陶窑，在我国史前文化遗址中是独一无二的。

昙石山文化的陶器以夹砂陶为主，其中又有夹粗砂和夹细砂之分，颜色多为灰色，其次是红色或红褐色，并有少量黄陶和黑陶。一般用泥条盘筑，口沿轮修，晚期有用快轮拉坯者。陶器纹饰有绳纹、篮纹、方格纹、附加堆纹、刻划纹、戳印纹和镂孔等多种，也有少量彩陶。有的是红陶绘深红彩，有的是灰陶带把壶于细绳纹上也画麻点状红彩。陶器造型以圈足器和圜底器为主，有个别三足器（鼎），未见平底器。一般无嘴无流无鼻无耳，仅个别的有角状把手。器形主要有釜、豆、圈足盘、壶、杯等，也有少数鼎、簋、罐和器盖。圜底扁腹釜、圈足豆盘和圈足壶，是这个文化中数量最多并最富特征的器物。这里的炊器主要是釜，也有少数鼎，没有甑、甗一类器物，从另一方面来说，当时谷物类粮食有限，一般不会用来蒸饭吃。

在埋葬习俗方面，昙石山发掘墓葬35座，溪头第二次发掘出墓葬42座。因为两地墓葬的分布都比较密集，所以存在不少叠压打破的现象。两处墓地都各分为两片，片与片之间相距6～15米，说明当时存在不同层次的社会组织。假如每片墓里是某个氏族在一定时期的死者，那么整个墓地至少是属于胞族的。假如一片墓里只是一个家族在一定时期的死者，可能整个墓地属于某个氏族。墓葬排列不甚整齐，方向却有一致性。无论是成年人还是小孩的墓塘都是长方形竖穴，边缘不甚整齐，个别的有二层台，没有发现葬具。葬式以仰身直肢为主，也有个别仰身屈肢、侧身屈肢和侧身直肢的。较早的墓葬大约只有半数有随葬品，较晚的墓绝大多数有随葬品，随时间推移，每个墓随葬品的数量也有增长。随葬器物以陶器为多，釜、豆（簋）、壶为最常见，少数墓随葬石锛、石镞、陶纺轮等。溪头出土器物较多的墓，墓塘长2.4、宽1.35米，死者为一位42岁左右的男子，头朝西北，仰身直肢葬。随葬器物均放置在死者左侧，排成一排，计有陶釜9件，壶4件，豆、碗、杯各2件，簋、尊各1件，共计21件陶器，另在脚头随葬石铸1件。大多数墓随葬器物仅1～4件。由此看来，社会内部已有财富的差别，只不过这种差别刚刚露头，很有限。

昙石山文化的居民，根据对昙石山部分人骨的研究，发现比较接近蒙古人种中的南亚类型，并具有一部分澳大利亚—尼格罗人种的特征。男性平均脑容量为1521毫升，女性为1485.6毫升。男性身高仅163.5厘米，远低于黄河流域新石器时代居民的身高，而是与河宕西樵山文化居民的身高比较接近。在昙石山的墓中，发现一位50岁左右的男子，拔除了上颌2个侧门齿，由此可知，闽越的先人也有拔牙的风俗。虽然在古文献中并没有闽越人拔牙的记载，但是与闽越关系极为密切的台湾先民有拔牙风俗的记载。《太平御览》卷七八〇引三国吴人沈莹的《临海水土志》，就说到夷州人俗，“女已嫁，皆缺去前上一齿”。夷州就是中国台湾。清《台海使槎录》载：“哆啰社成婚，男女俱去上齿各二，彼此谨藏，以矢终身不易。”过去在台湾省南部恒春垦丁寮和鹅銮鼻石棺墓中均发现过拔牙的人骨，证明历史记载属实。台湾省的原住居民多为越人后裔，故此，福建史前居民有拔牙习俗也是情理之中的。

5. 稻谷的发现填补了台湾农业史的一段空白

芝山岩遗址在台北市士林区芝山岩一带的双溪与石角溪交汇处。芝山岩海拔 50 米，顶上和坡下都是遗址分布的地方。1979 年和 1981 年，台湾大学人类学系曾对该遗址进行发掘，在圆山文化层之下，发现了一种新的文化层，因此将其命名为芝山岩文化。

芝山岩文化的石器以磨制为主，但磨制得不精，同时还有一部分打制石器，种类有砍砸器、斧、锛、凿、刀、杵、锤、磨石、镞和网坠等。骨、角、牙、贝器也比较丰富，其中骨器有锥、鱼叉、镞和两头尖的骨针。两头尖的骨针可能是钓针，也可能是网针，总之与渔业有关。角器系用鹿角制成的，有角锥和角钩两种，后者也许是角锄。

由于遗址所在地下水位较高，不少有机质材料得以保存下来，包括木器、编织物和稻谷遗存。木器大多残断，其中有掘土棒、残木柄、残木片和残尖头器。残木片可能是桨，残尖头器经火烧后再磨尖，或可作枪头用。编织物包括草编、藤编和麻绳等。草编系人字纹织法制成的草席。藤编被发现时缠在一角锥柄部穿孔处。发现绳子两段，均用两股线搓成，质地可能是麻。

在芝山岩文化层的底部曾发现两块保留穗形的炭化稻谷，在探沟的贝壳堆积层中也筛出许多炭化稻米。遗址中出土了大量动物的骨骼，其中以鹿类为最多，包括骨、角和牙齿等，分属梅花鹿和水鹿两个品种；其次是猪，包括头骨、颌骨和牙齿等；再次是狗。猪、狗可能是家畜。其他还有鱼、鳖、龟和大量贝类遗骸。从生产工具和大量动植物遗存来看，当时已有稻作农业和家畜饲养，同时还有渔猎和捕捞业。特别是稻谷遗存的发现，填补了台湾农业史的一段空白。

芝山岩文化有一套独具特色的陶器。在 1 万多片陶片中，90% 以上为不含砂或含砂量少的泥质陶，这与壳坵头和昙石山文化正好相反。颜色不纯，有灰黑、红、褐、橙等色。均为手制，口部慢轮修整。绝大多数陶器素面无纹，有纹饰的陶片不足 4%，主要有绳纹、附加堆纹、戳印纹和刻划纹等。彩陶约占 4%，以黑彩为主，少数为橙红彩。一般饰于陶罐和陶钵上，陶罐彩纹从口到底被施于全身，陶钵有的饰外彩，有的饰内彩，有的内外兼饰彩纹。陶器种类以罐为最多，约占全部陶片的 70%。有圜底、平底和圈足之分，其中圜底罐可能是釜。其次是钵，有平底和圜底两种。其他器物还有碗、盘、豆和器盖等。从这些陶器来看，与它以前的大坌坑文化相比有极大的区别，但其中一部分绳纹陶和刻划纹陶也许是因继承大坌坑文化而发展起来的。与福建昙石山文化相比，只有豆和个别圈足罐相近，二者的关系至少不是密切的。

芝山岩文化的年代可由两个方面来推定，一是地层关系，芝山岩遗址上叠压着圆山文化的地层，表明芝山岩文化比圆山文化早；二是碳 –14 测量，共测得 3 个数据。用蚬壳测的为公元前 2145 ± 65 年（经树轮校正，下同），用木炭测的两个标本分别是公元前 1625 ± 105 年和公元前 1535 ± 125 年。比起圆山文化的年代，显得偏晚。

圆山文化因台北圆山贝丘遗址而得名，该遗址在 1953—1954 年进行发掘，以后发掘的同类遗址还有台北大安寮土地公山、淡水河口大坌坑遗址上层以及芝山岩上层等处，现知圆山文化主要分布于台湾省北部。圆山文化的石器以磨制为主，器形有斧、锛、凿、铲、镞等，比较多的是有段石锛，同时也有少数有肩石斧。同出的骨器有矛、镞、锥、针等。

圆山文化的陶器多夹细砂，棕灰色，常饰锥刺纹、戳印纹等，也有彩陶，以红色平行条纹为主，当与昙石山文化彩陶的影响有关。

圆山贝丘曾分上、中、下三层采集贝壳测碳 –14 年代，其中下层为公元前 1910 ± 80 年，中层为公元前 1590 ± 80 年。上层更晚，当已进入青铜时代。

凤鼻头文化大约与圆山文化同时，分布于台湾省西部平原的中南部和澎湖列岛。它是因高雄市林园乡凤鼻头贝丘遗址而得名的，该遗址下层为大坌坑文化，中上层即凤鼻头文化，相对年代与圆山文化处于同等位置。

凤鼻头文化可分为两期，早期主要遗址除凤鼻头外，还有台中市清水镇牛笃头遗址下层、南投县草屯镇草鞋墩遗址、屏东县恒春镇垦丁和鹅銮鼻遗址等处。其特征是以红陶为主，饰绳纹、席纹、刻划纹和附加堆纹，器形中出现鼎、豆，还有盆、碗、壶、罐等。晚期主要遗址有台中市大肚乡营埔遗址、南投县埔里镇大马璘遗址、台南市永宁乡牛稠子遗址和高雄市湖内乡大湖贝丘遗址等处。其中最常见的是灰陶和黑陶，常饰刻划纹、绳纹、条纹，有许多刻划符号。黑陶多磨光，胎壁较薄。彩陶以深红色彩纹为主，也有用黑彩的，大多为错向平行线纹、网格纹和连点纹等，与昙石山文化彩陶有相近之处。

凤鼻头文化的石器中多斧、锄、镰等，营浦和垦丁等地都发现有稻谷遗存，表明当时以稻作农业为主要经济，而许多贝丘遗址本身就说明捞取水生软体动物也是当地先民重要的谋生手段。

关于凤鼻头文化的年代，据草鞋墩遗址木炭的碳 –14 测定，为公元前 2170 ± 205 年和公元前 2050 ± 200 年，同芝山岩文化和圆山文化接近。

凤鼻头文化中的细绳纹陶可能是由大坌坑文化发展而来的，而陶器中的鼎、豆、彩陶纹饰乃至稻作农业等，则应是在福建昙石山文化等的影响下产生的。

6. 江西的樊城堆文化

樊城堆文化过去称筑卫城下层文化，并被并入山背文化中。因樊城堆遗址面积较大，保存较好，文化特征清楚，不宜归入山背一类文化遗存之中，故近来江西考古工作者提出樊城堆文化一名。

樊城堆遗址位于江西清江县樟树镇三桥乡庙下村旁，地处赣水支流肖江上源河谷地带，为一高出周围地面 1 ～ 3 米的土堆。1977 年、1978 年和 1980 年曾进行了较大规模的发掘。同类遗址有清江筑卫城、永丰尹家坪、靖安郑家坳等处，它们都是樊城堆文化的典型遗址。根据现有的资料来看，樊城堆文化主要分布于赣江流域。其影响所及，东达福建武夷山区，南抵广东北部的石峡文化区。

生产工具和武器主要是石器，还有部分陶质器具。石器几乎全部是磨制的，不少器物通体磨光。其种类有斧、锛、凿、铲、刀、钻、钺、镞和砺石等。斧多扁薄，有的为穿孔扁斧，缺乏厚重的石斧。锛有普通石锛、有脊石锛和有段石锛三种，制作均较精致。这里石刀多上宽下窄呈倒梯形，穿孔，也有两侧带缺口的刀。钺多作扁薄梯形，有的有两肩，穿孔，形制与石峡文化所出相似。石镞出土甚多，绝大部分横剖面呈菱形，有的铤身不分，多数铤身分明，有的似有双翼，很像商周时期青铜镞的祖型。此外还有少数铤身分明的三棱形镞。

陶质工具只有纺轮一种，剖面多呈梯形，也有鼓形和半月形的。有些纺轮上有戳印或刻划的螺旋纹、叶形纹、弧形纹和八角星纹等。从出土工具的种类及从樊城堆、尹家坪等处出土稻谷遗存的情况来看，樊城堆文化应是以稻作农业为主要经济的。

樊城堆文化的陶器以红陶和灰陶为主，也有少量黑陶或黑皮陶，甚至还有白陶。大多素面无纹，少数有绳纹、篮纹、戳印纹、刻划纹、弦纹和镂孔等。还有少量彩陶，系泥质黄陶上画红彩，彩纹有平行条纹、斜线纹和网格纹等，其作风与屈家岭文化的彩陶有相似之处。

陶器中以圈足器和三足器为大宗，其次为圜底或圜凹底器，平底器极少。其中炊器以鼎为主，并有少量鬶。鼎有罐形、釜形、壶形和盘形之分，而盘形鼎占大多数。一般是直壁、平底或微圜底，有子口。足部变化多端，总体是外撇呈弓形，具体式样有瓦形、剖面"T"字形、侧扁、卷边、鸭嘴形、扁管形、角形等。这种器物与广东石峡文化所出几乎完全相同，证明二者曾有着密切关系。至于靖安郑家坳所出鱼鳍形鼎足，当是受良渚文化影响的产物。饮食器中数量最多的是豆，且形制非常复杂。其中豆盘有浅盆形、浅钵形、碗形等，有的直壁，有的弧壁、斜壁或折壁;豆圈足有高有矮，有喇叭形或呈有台阶的塔座形，素面或镂孔。其他饮食器则有碗、钵、盂、杯等。盛储器有罐、壶、盆、缸等，数量均很少。器盖特别发达，捉手多呈倒圈足形，也有冠形或瓶形者，多是用于鼎的盖子。

樊城堆文化的墓葬至今发现甚少，仅在靖安郑家坳发现 10 座土坑墓，樊城堆发现 3 座瓮棺葬。土坑墓均是南北方向，一般长 2 米，宽 0.5 ～ 0.8 米，深 0.2 ～ 0.5 米。未见葬具，人骨也全部腐朽无存。随葬品大多放在两头，其中有石锛、石钺及各类陶品，包括鼎、豆、壶、罐、盆、尊、杯、钵等，烧制温度甚低，触之即碎。此外还有一些小件玉器。

樊城堆文化的年代：樊城堆文化既同石峡文化具有十分密切的关系，又同良渚文化和屈家岭文化有一定的联系，年代当与这些文化大体同时。在清江筑卫城下层所采木炭，经过碳 –14 方法测定并经树轮校正，为公元前 3215 ± 175 年，也许稍稍偏早。

中国的历史有自己的特点。因全国地域辽阔，各民族、各地区间在经济、文化上发展得不平衡。这不只是在汉族跟各兄弟民族间发展得不平衡，而且在汉族内部，在某些少数民族内部也不平衡。从更高的高度把这些不平衡的历史现象概括起来，既要看到各种社会现象中的差异，又要从差异性中看到它们的同一性，这是一项复杂的工作。

第二十讲

中国古代文明的曙光

首先，我们需要明确一下“文化史”和“文明史”的概念。原始文化即史前文化，可以上溯到100多万年前；而文明史则是社会发展到较高阶段的具有较高文化水平的历史。

古史记载的5000年文明古国，究竟是真实的历史还是一种民族的传说？

自20世纪80年代以来，经过我国考古工作者的努力，对此已经做出肯定的答复。在辽宁省发现了5500年前的“女神庙”，还有相关的祭坛、积石冢等遗存。因为“女神”是由5500年前的“红山人”模拟真人塑造的神像（或女祖像），而不是后人在若干年后根据想象而拟议创造出来的“神”。“她”是红山人的女祖，也可以说，就是中华民族的“共祖”。与“她”大量共生的玉器、陶器，反映出“华与龙”的结合，就充分说明了这一点。

近年来，由于一系列考古的重要发现，关于中国文明起源的问题成了学术界谈论的热点。中国的考古工作者正在努力探索中国文明的起源。探索的主要对象是新石器时代末期或铜石并用时代的各种文明要素的起源和发展，如青铜冶铸技术、文字的发明和改进、城市和国家的起源，等等。

为什么把探索的主要对象放在新石器时代末期或铜石并用时代呢？

因为任何一个民族和国家，其文明绝不是在某个早晨从地平线上升起来的。中国古代文明是由尚处在“野蛮”阶段的新石器时代和铜石并用时代的人民通过长期不懈的奋斗而创造出来的。

我国的铜石并用时代已经有了铜器，其成分多数是红铜，也有个别是青铜和黄铜，从而为青铜时代的到来提供了条件。这个时代出现了两种记事方法：一种是由新石器时代继承下来的刻划记号；另一种是铜石并用时代才有的图画文字。摩尔根认为，图画文字产生前后还有一系列相关联的发明，具体如下：

（1）手势或个人符号语言；

（2）图画文字或表意符号；

（3）象形文字或约定俗成的符号；

（4）表音的象形文字或用于简单记事的音符；

（5）拼音字母或书写下来的声音。

这种把文字的起源和发展归结为五个相联系的阶段的说法不无商榷的余地，但他认为，在象形文字产生以前还有图画文字，以及与二者并行的还有一种表意符号的见解，同我国的情况是基本相符的。再者，商代的甲骨文已是比较成熟的文字，故一般认为，夏代很可能已有真正意义上的文字。因此，龙山时代就已处在真正文字产生的前夕了。

私有制、阶级和国家的产生也有一个过程。铜石并用时代早期，如大汶口文化墓地所表现的那样，已经出现明显的贫富分化，这是私有制出现的最好证明。到铜石并用时代晚期出现了乱葬坑、奠基葬、头盖杯和剥头皮风俗，这明显是人奴役人的迹象。而一些富有者的大墓中又常常出土某些标示特权的遗物，人们显然已被分裂为不同的等级或阶级。铜石并用时代早期出现了中心聚落，到晚期发展为城堡。此种城堡固然同后来的都城或城邦还有很大的差别，但毕竟不同于一般的村落，已逐步发展为统治人民的中心据点，因而距国家的产生也就不远了。

从总的发展趋势来看，到了龙山时代，已经临近中国文明的门槛了。如果就中国古代文明的诸多因素或特征而言，更有不少是在铜石并用时代，甚至更早一些就已产生了，到夏、商、周才进一步得到发展。如陶器中的鼎、鬲、斝、甗、盉、豆等，玉器中的璧、琮、璜等，还有卜骨、丝绸、漆器，建筑中的夯筑技术、左右对称和前堂后室的布局，以及埋葬中的棺椁制度等都是如此。由此可见，中国古代文明的根基深深植根于遥远的古代，并早在仰韶文化后期就已经孕育着中国古代文明的某些因素，到了龙山时代就更加前进了一步，已经显露出中国古代文明的曙光了。

新中国的考古学代表了当前我国考古学这门学科的发展水平，也为从微观角度研究中国文明起源打下了基础。

我们终于找到了一条比较理想的道路，这是为认识我们中华民族的精神、灵魂而开拓出的一条宏伟道路，沿着这条空前伟大的道路超越时空，一定会使我们具有巨大的、空前的凝聚力，拥有无穷无尽的创造力。以无限的生命力继续开创未来，21 世纪必定属于中国人民。